O Modelo de Pós-Pagamento nos Contratos de Plano de Saúde e a Viabilização do Direito de Extensão do Benefício Pós-Emprego

O Modelo de Pós-Pagamento nos Contratos de Plano de Saúde e a Viabilização do Direito de Extensão do Benefício Pós-Emprego

2017

Luciana Mayumi Sakamoto

O MODELO DE PÓS-PAGAMENTO NOS CONTRATOS
DE PLANO DE SAÚDE E A VIABILIZAÇÃO DO DIREITO
DE EXTENSÃO DO BENEFÍCIO PÓS-EMPREGO
© Almedina, 2017

AUTOR: Luciana Mayumi Sakamoto
DIAGRAMAÇÃO: Almedina
DESIGN DE CAPA: FBA
ISBN: 978-85-8493-246-7

Dados Internacionais de Catalogação na Publicação (CIP)
(Câmara Brasileira do Livro, SP, Brasil)

Sakamoto, Luciana Mayumi
O modelo de pós-pagamento nos contratos de plano de saúde e a viabilização do direito de extensão do benefício pós-emprego / Luciana Mayumi Sakamoto. – São Paulo : Almedina, 2017.

Bibliografia.
ISBN: 978-85-8493-246-7

1. Assistência à saúde 2. Benefício pós-emprego 3. Direito à saúde 4. Ex-empregado 5. Extensão do plano de saúde 6. Manutenção no plano de saúde 7. Plano de saúde coletivo empresarial 8. Planos de saúde – Leis e legislação - Brasil 9. Princípios contratuais 10. Seguro saúde I. Título.

17-09354   CDU-347.764(81)

Índices para catálogo sistemático:

1. Brasil : Plano de saúde coletivo empresarial : Viabilização do direito de extensão do benefício pós-emprego e modelo de pós-pagamento nos contratos : Direito civil 347.764(81)

Este livro segue as regras do novo Acordo Ortográfico da Língua Portuguesa (1990).

AVISO: O presente trabalho não representa parecer legal ou a opinião de Pinheiro Neto Advogados sobre o assunto tratado, mas apenas de seu autor, para fins acadêmicos.

Todos os direitos reservados. Nenhuma parte deste livro, protegido por copyright, pode ser reproduzida, armazenada ou transmitida de alguma forma ou por algum meio, seja eletrônico ou mecânico, inclusive fotocópia, gravação ou qualquer sistema de armazenagem de informações, sem a permissão expressa e por escrito da editora.

Outubro, 2017

EDITORA: Almedina Brasil
Rua José Maria Lisboa, 860, Conj.131 e 132, Jardim Paulista | 01423-001 São Paulo | Brasil
editora@almedina.com.br
www.almedina.com.br

AGRADECIMENTOS

Agradeço

Ao Professor Fernando Campos Scaff, meu orientador, por ter me direcionado e incentivado ao longo desses três anos de mestrado, compartilhando seus conhecimentos, sua motivação e paixão pela vida acadêmica;

Aos Professores Marco Fábio Morsello e Cláudio Luiz Bueno de Godoy, pelas sugestões, reflexões e comentários feitos na banca de qualificação, que foram enriquecedores e fundamentais para a elaboração e aprimoramento deste trabalho;

Ao Pinheiro Neto Advogados, por ter me proporcionado a grande oportunidade de aprender o direito com profissionais que, antes de tudo, valorizam a ética e a excelência, bem como por ter proporcionado meu primeiro contato com as questões que envolvem o direito à saúde;

À Théra van Swaay De Marchi e Maria Silvia Loureiro de Andrade Marques, pessoas que tiveram um papel fundamental no meu desenvolvimento profissional, acadêmico e pessoal, por seus ensinamentos, amizade e companheirismo ao longo desses dez anos;

Aos meus pais, Eduardo Sakamoto e Jussilaine Gomes Sakamoto, pela base familiar pautada em valores e princípios sólidos, mostrando-me que, com esforço e dedicação, todos os caminhos sempre serão possíveis de serem trilhados;

Aos amigos André Luiz Marcassa Filho e Lucas Simão pelo apoio e companheirismo durante todos esses anos assim como pelos debates acerca de teses jurídicas ao longo dessa jornada;

A Deus, por me proporcionar saúde e por me guiar na concretização desse projeto acadêmico junto de tantas pessoas tão especiais, cuja experiência é única e enriquecedora.

PREFÁCIO

Tive a satisfação de ser convidado por *Luciana Mayumi Sakamoto* para prefaciar a sua obra, cujo título é *O Modelo de Pós-Pagamento nos Contratos de Plano de Saúde e a Viabilização do Direito de Extensão no Benefício Pós-Emprego*.

Reconheço, neste ato da autora, um gesto de deferência com o qual fui favorecido, uma vez que tive a oportunidade de participar, como orientador, de seus esforços para a obtenção do título de mestre em Direito Civil pela Faculdade de Direito do Largo São Francisco.

Surge assim a oportunidade para que, de modo merecido, possa eu destacar as qualidades da autora, refletida em sua obra que, inclusive, recebeu outras láureas, em especial do Instituto de Estudos de Saúde Suplementar, distinguindo este trabalho, dentre tantos outros apresentados em concurso público, como a melhor monografia sobre o tema do Direito à Saúde no ano de 2016.

De fato, os méritos deste texto são vários.

Começaram com a escolha de tratar de um tema jurídico específico, atual e de grande repercussão social e econômica.

Realmente, parece-me que a verdadeira contribuição de uma obra jurídica, tanto no âmbito da academia, como em outros espaços, costuma se relacionar com o foco, a atenção e a boa delimitação da escolha do assunto, a pesquisa vertical e o encadeamento lógico das ideias, até se chegar em uma conclusão fundamentada.

Ter clara a necessidade de se cumprir esse percurso ajuda a evitar que seja feita a mera repetição de conceitos já sedimentados no trato de assuntos genericamente considerados, tentação essa que deve ser afastada, sobretudo em trabalhos acadêmicos.

Além disso, há também de se ter claro o cuidado com a pesquisa. Essa deve perseguir, o quanto seja possível, a análise de textos que tratem do assunto também com a necessária especialização.

É certo que institutos jurídicos fundamentais como, por exemplo o negócio jurídico, o contrato, a responsabilidade civil ou a obrigação representem alicerces imprescindíveis para o estudo de uma determinada relação jurídica. Desse modo, a precisão técnica e a boa utilização desses conceitos são pressupostos a qualquer trabalho sério. Ocorre que a verdadeira contribuição está, justamente, no próximo passo, ou seja, no ponto em que, a partir de base sólida, uma formulação original ou uma diferente análise sobre um instituto novo possam ser feitas de modo consistente.

A autora enfrentou esse desafio de forma direto, sem tergiversar. Partiu logo para o enquadramento e qualificação das modalidades principais de contratos que instrumentalizam a prestação de serviços ou a securitização relacionada às demandas da saúde, o que fez logo do primeiro capítulo de seu texto.

Em seguida, no segundo capítulo da obra, foi afirmado o objetivo de relacionar a assistência à saúde com modelos contratuais típicos para então afirmar – demonstrando a precedência da operação econômica específica em relação ao negócio jurídico a ser considerado – que tais atividades se relacionam, na verdade, a figuras contratuais que ainda são, neste momento, atípicas.

Tendo clareza quanto ao que deveria vir em seguida, o texto flui, como deveria mesmo fluir, do mais amplo para o mais específico, o que faz destacando a necessidade de regulação do setor, inclusive administrativa, providência essa ainda mais necessária num ambiente de atipicidade contratual, de contratos de adesão, de contínuo acréscimo dos custos derivados da evolução tecnológica presente no atendimento à saúde, da grande repercussão social desses temas e, por fim, da ampla e correspondente litigiosidade gerada no trato de tais questões.

De um lado, portanto, existem demandas crescentes da população; de outro lado, a necessidade de que tais demandas sejam atendidas da maneira possível e para o que o Estado não dispõe, em geral, dos meios suficientes; de outro, ainda, surge a atuação das empresas privadas neste setor, com os seus imperativos econômicos e sua lógica de geração de lucros.

Esse caldo que desagua no Poder Judiciário que, bem ou mal, tem dado soluções às inúmeras questões daí surgidas.

Essas respostas têm sido satisfatórias? A autora enfrenta essa pergunta também de modo direto e expõe as consequências da intervenção estatal, muitas vezes pautada não pela lógica econômica, mas sim em ideais de equidade com difícil sustentação prática.

O texto expõe, portanto, problemas candentes no tocante às necessidades sociais de atendimento à saúde, inclusive e especialmente em situações tormentosas surgidas após a perda do emprego de alguém que, com isso, perde também uma garantia essencial do atendimento à saúde, benefício esse que muitas vezes não é meramente acessório.

Qual deverá ser a solução para esses casos, considerando a imprescindível sustentabilidade econômica para que o sistema não se inviabilize?

A obra que tenho o privilégio de prefaciar busca, pois, apresentar tais respostas, fazendo-o de modo coerente e, sobretudo, técnico, atentando para a lógica imposta pelo Direito.

É, assim, um trabalho que dignifica a sua autora, bem como a academia na qual foi gerada.

FERNANDO CAMPOS SCAFF
Professor Titular da Faculdade de Direito da Universidade de São Paulo

SUMÁRIO

INTRODUÇÃO 13

1. "SEGURO SAÚDE" E "PLANO DE SAÚDE": TERMINOLOGIA 17

2. A NATUREZA JURÍDICA VARIÁVEL DO CONTRATO DE PLANO DE ASSISTÊNCIA À SAÚDE 21
   2.1. A Estipulação em Favor de Terceiros 24
   2.2. Faceta de Contrato de Prestação de Serviço 29
   2.3. Essência de Contrato de Seguro 35
   2.4. A Atipicidade Mista do Contrato de Plano de Saúde 45

3. A RELEVÂNCIA DO SETOR DE SAÚDE SUPLEMENTAR 53
   3.1. O Início da Regulamentação do Setor 57
   3.2. A Criação da Agência Nacional de Saúde Suplementar 61
   3.3. O Sistema Misto de Saúde Brasileiro 65
   3.4. A Relevância da Coexistência dos Sistemas Público e Privado de Assistência à Saúde 77
   3.5. Panorama da Saúde Suplementar 82
   3.6. A experiência do Mercado de Saúde Privado 90

4. O SURGIMENTO DO DIREITO DE MANUTENÇÃO NO PLANO DE SAÚDE PÓS-EMPREGO 97
   4.1. O Papel da Agência Reguladora na Saúde Suplementar 109
      4.1.1. A ERA CONSU – Regulamentação do CONSU 110
      4.1.2. A Atuação Regulatória da ANS 113

4.2. A Influência do Sistema de Saúde Norte-Americano
no Direito à Manutenção no Plano de Saúde 123
    4.2.1. O Direito de Manutenção no Plano de Saúde
Pós-Emprego nos EUA 136
    4.2.2. A Correlação entre o COBRA e Direito Brasileiro 143

5. OS PRINCÍPIOS CONTRATUAIS E A CRISE DA SAÚDE SUPLEMENTAR 145
    5.1. A Relativização dos Princípios Contratuais Clássicos na Defesa do Direito à Saúde 147
    5.2. O Direito à Saúde na Ótica da Função Social dos Contratos 152
    5.3. A Essencialidade da Boa-Fé entre os Agentes do Contrato de Plano de Saúde 157
    5.4. A Equalização do Equilíbrio Financeiro nos Contratos de Plano de Saúde 161
    5.5. A Relevância do Mutualismo nos contratos de Plano de Saúde 162

6. AS NORMAS DO BENEFÍCIO PÓS-EMPREGO E SUA COMPREENSÃO 169
    6.1. A Saúde como um Bem Inestimável 169
    6.2. A Complexidade da Análise do Ordenamento Jurídico na Atividade Jurisdicional 175
    6.3. O Impacto da Flexibilização das Normas do Benefício Pós-Emprego 181
        6.3.1. Aplicação do Prazo de 30 dias para o Exercício do Direito de Manutenção 184
        6.3.2. (In)Dispensabilidade do Requisito Legal da Contribuição 189
        6.3.3. A Composição do Pagamento Integral a ser assumido pelo Ex-Empregado 194
        6.3.4. Considerações sobre o Cenário Jurisprudencial do Direito de Extensão do Plano de Saúde Pós-Emprego 205
    6.4. A Busca pela Justiça das Decisões: Intervencionismo ou Função Corretiva? 210

7. CONCLUSÃO 221

REFERÊNCIAS 229

ÍNDICE 235

INTRODUÇÃO

> "A inteligência é a capacidade
> de se adaptar à mudança".
> STEPHEN HAWKING.

A presente dissertação foi baseada em duas premissas. A primeira é que o plano de saúde é considerado, na atualidade, um dos 3 benefícios mais desejados pelos brasileiros, de modo que o acesso à assistência à saúde suplementar tem sido garantido aos cidadãos por meio dos planos de saúde coletivos empresariais, que são oferecidos pelo setor produtivo privado por meio de políticas de benefícios aos seus empregados. A segunda premissa se refere ao cumprimento pelas empresas privadas de sua função social, à medida que, embora inexistente obrigação legal, elas auxiliam o Estado no seu dever constitucional de prover saúde aos cidadãos mediante o oferecimento de plano de saúde privado.

Nesse cenário político, social e econômico, a Lei de Planos de Saúde, Lei nº 9.656, de 3.6.1998, estabeleceu que ao ex-empregado demitido sem justa causa ou aposentado, que contribuiu para o plano de saúde proveniente de vínculo empregatício, é assegurado o direito de permanecer no plano de saúde, nas mesmas condições de cobertura assistencial de que desfrutava enquanto vigente o contrato de trabalho, desde que assuma o pagamento integral. Vale mencionar, desde já, que, paralelamente aos artigos 30 e 31 da Lei nº 9.656/98, esse direito também é regulamentado pela Agência Nacional de Saúde Suplementar, na qualidade de agência reguladora do setor de saúde suplementar, responsável pela fiscalização, regulação e monitoramento do mercado.

Em razão de diversos questionamentos levados ao Poder Judiciário quanto à aplicação do direito, especialmente quanto aos requisitos de elegibilidade e à apuração do pagamento integral a ser assumido pelo ex-empregado demitido sem justa causa ou aposentado, mostrou-se relevante o aprofundamento do estudo do direito do benefício pós-emprego, que tem repercussão tanto no setor privado quanto no setor público, em termos jurídicos, sociais e/ou econômicos.

Primeiramente, os planos de saúde privados conquistaram o seu espaço no mercado ante a insuficiência de recursos e falha na gestão do sistema público de saúde brasileiro, que não consegue cumprir de forma plena a sua função de prestar assistência à saúde a todos os cidadãos, com qualidade e presteza. Dessa forma, conforme será analisado nesta dissertação, verificaremos a relevância da coexistência de ambos os sistemas de saúde: público e privado.

Em segundo lugar, também é notável o interesse social embutido no direito de extensão do plano de saúde pós-emprego, criando o chamado "*apartheid* social". Isso porque notamos uma segregação entre os cidadãos que têm condições financeiras de adquirir diretamente um plano de saúde e aqueles que não têm recursos financeiros suficientes para pagar a mensalidade do plano, sendo obrigados a depender exclusivamente do sistema público de saúde: o Sistema Único de Saúde.

Outro fator que evidencia o papel fundamental desempenhado pelo setor produtivo, no auxílio ao Estado da prestação do seu dever de prover a saúde, é que, dos 50,5 milhões de vínculos com planos privados de assistência à saúde, 33,6 milhões correspondem a beneficiários de planos de saúde coletivos empresariais, ou seja, decorrentes de vínculo empregatício ou estatutário entre o estipulante e o beneficiário do plano.

Sob o aspecto jurídico e econômico, verificamos que o direito em questão também tem sido objeto constante de ações judiciais levadas ao Poder Judiciário. Essas ações judiciais tratam, especialmente, da elegibilidade ao direito e do dever de assunção do pagamento integral pelo beneficiário.

Para a análise dessas questões, faz-se necessário analisar a natureza do contrato de plano de saúde e suas peculiaridades, bem como os seus efeitos mutantes do ponto de vista do tipo legal desse contrato no decorrer da relação jurídica mantida entre a estipulante, que é a empregadora, a operadora de plano de saúde e o ex-empregado. De acordo com a natureza do contrato, a cada estágio dessa relação ou a cada modelo de plano de saúde escolhido pelas partes contratantes, podemos avaliar as obrigações e direitos por elas assumidos, bem como ponderar o papel do terceiro, que é o beneficiário do contrato, ou, ao menos, a sua influência sobre os termos do contrato.

Ademais, com base nas características do contrato, é possível compreender a sua dinâmica em relação ao aspecto econômico. Contudo, é essencial analisarmos os princípios contratuais aplicáveis a essa atividade, como, por exemplo, a aleatoriedade do contrato, uma vez que, embora seja esperado que o beneficiário usufrua dos serviços de assistência à saúde, não é possível prever quando essa despesa ocorrerá, nem qual será a sua extensão, o que impossibilita prever de antemão se a operadora de plano de saúde terá lucro ou prejuízo com esse contrato. Esse caráter de imprevisibilidade é que contribui para assegurarmos a aleatoriedade do tipo contratual.

Após apreendermos as características do tipo legal, objeto desta dissertação, sustentaremos a necessidade de um marco regulatório da saúde, que regulamente as peculiaridades dos contratos de plano de saúde em maior profundidade, a fim de evitar definições defeituosas ou conflitantes. Afinal, se não são claros os parâmetros que os informam, são maiores as incertezas quanto aos seus limites e resultados.

Dessa forma, após termos analisado **(i)** a terminologia adequada para o plano de assistência à saúde, **(ii)** a natureza do contrato de plano de saúde em relação à mescla de características do contrato de estipulação em favor de terceiros, de prestação de serviços e de seguros, **(iii)** a relevância do setor de saúde suplementar e sua regulamentação pela ANS, e **(iv)** a origem do direito de manutenção no plano de saúde pós-emprego e a influência do sistema norte-americano, esta dissertação passará a tratar da crise da saúde suplementar diante dos novos princípios contratuais, tomados como limitadores da autonomia privada, da força obrigatória dos contratos e da própria legalidade.

Nesse contexto, verificaremos a atuação do Poder Judiciário em relação à necessidade de interpretar e viabilizar o cumprimento do direito de extensão do plano de saúde pós-emprego, sanando as lacunas legislativas existentes na Lei nº 9.656, de 3.6.1998. Com base na análise jurisprudencial dos Tribunais Estaduais e do Superior Tribunal de Justiça, avaliaremos a dificuldade do Poder Judiciário de desenvolver técnicas de hermenêutica para solucionar os litígios que são levados ao judiciário.

Embora as ações judiciais tutelem, a princípio, um direito individual, é importante partirmos do pressuposto de que se trata de um contrato coletivo, de modo que a determinação judicial a um beneficiário por meio do provimento jurisdicional, impactará todo o grupo segurado, com amparo no princípio do mutualismo contratual. O impacto da flexibilização das normas relativas ao benefício pós-emprego é constatado tanto no mercado de saúde suplementar, sob a perspectiva das pessoas jurídicas responsáveis pela administração e garantia da prestação do serviço, quanto no próprio setor produtivo, responsável pela contratação dos planos coletivos empresariais aos seus empregados, gerando o risco do colapso do mercado, em razão da sua insustentabilidade financeira a médio e longo prazo.

Nesse cenário, a presente dissertação tem por objetivo refletir sobre a intenção do legislador na criação do direito do ex-empregado de permanecer no plano de saúde do qual desfrutava na vigência do contrato de trabalho, bem como sobre sua operacionalização a fim de assegurar, do ponto de vista jurídico, a sua viabilidade administrativa e financeira, conciliando as preocupações suscitadas pelas empresas, pelas operadoras, pelos beneficiários, pelo Poder Judiciário e pela Agência Nacional de Saúde Suplementar.

1.
"Seguro Saúde" e "Plano de Saúde": Terminologia

Os contratos de planos de saúde são regidos pela Lei nº 9.656, de 3 de junho de 1998 ("**Lei nº 9.656/98**") e pelos artigos 757 a 802 do Código Civil, que tratam da natureza do contrato de seguro.

Por muito tempo, as expressões "seguro saúde" e "plano de saúde" foram conceituadas de forma diversa. Os seguros, regulados e fiscalizados pela Superintendência de Seguros Privados ("**SUSEP**"), referiam-se a um produto que garantia o reembolso total ou parcial das despesas assistenciais, uma vez que as seguradoras não podem ter uma rede credenciada, conforme previsto no §2º do artigo 130[1] do Decreto nº 73, de 21 de novembro e 1966 ("**Decreto-Lei nº 73/1966**"), sendo obrigatória a livre escolha do médico e do hospital pelo beneficiário. Por outro lado, o plano de saúde, sem regulamentação própria até 1998, garantia o pagamento de despesas assistenciais em rede específica de prestadores de serviços, credenciada pela operadora, de modo que, a princípio, o beneficiário não tinha direito ao reembolso. A grande diferença entre essas duas modalidades do gênero "plano de assistência à saúde" era, portanto, a possibilidade ou não da livre escolha do prestador de serviço e, consequentemente, a obrigação de reembolsar ou não o beneficiário.

Essa obrigação, como já adiantado, estava atrelada a uma diferença regulatória entre as seguradoras de saúde e as operadoras de plano de

---

[1] "Art. 130. A garantia do Seguro-Saúde consistirá no pagamento em dinheiro, efetuado pela Sociedade Seguradora, à pessoa física ou jurídica prestante da assistência médico-hospitalar ao segurado. (...) §2º A livre escolha do médico e do hospital é condição obrigatória nos contratos referidos no artigo anterior."

saúde referente à impossibilidade de as seguradoras terem rede credenciada, nos termos do artigo 130, §2º, do Decreto-Lei nº 73/1966.

Como veremos adiante, em razão da edição da Lei nº 9.656/98, essa diferenciação regulatória perdeu espaço ao longo do tempo, porque as seguradoras de saúde passaram a oferecer uma rede referenciada, isto é, uma sugestão de profissionais, mas apenas como referência, podendo o beneficiário desfrutar da possibilidade de livre escolha dos prestadores de serviço. A operadora de plano de saúde, por sua vez, não tem, a princípio, essa restrição, podendo, se houver interesse, oferecer ao beneficiário tanto uma rede credenciada como referenciada, ou, ainda, a possibilidade de livre escolha, conforme se observa no inciso I do artigo 1º da Lei nº 9.656/98[2], que conceitua o plano privado de assistência à saúde e inclui todas as modalidades de rede de serviços.

Em outras palavras, no seguro saúde, utilizava-se a ideia do reembolso de despesas, ainda que a seguradora oferecesse uma rede referenciada, pois o beneficiário tinha a liberdade de escolher os prestadores de serviço. Nos planos de saúde, ao seu turno, utilizava-se a rede credenciada, de modo que o beneficiário escolhia um dos prestadores de serviços cadastrados pela operadora, mediante a apresentação da carteira do convênio médico e, posteriormente, o plano de saúde realizava o pagamento diretamente ao prestador do serviço conveniado[3].

---

[2] "Art. 1 Submetem-se às disposições desta Lei as pessoas jurídicas de direito privado que operam planos de assistência à saúde, sem prejuízo do cumprimento da legislação específica que rege a sua atividade, adotando-se, para fins de aplicação das normas aqui estabelecidas, as seguintes definições:
I – Plano Privado de Assistência à Saúde: prestação continuada de serviços ou cobertura de custos assistenciais a preço pré ou pós estabelecido, por prazo indeterminado, com a finalidade de garantir, sem limite financeiro, a assistência à saúde, pela faculdade de acesso e atendimento por profissionais ou serviços de saúde, livremente escolhidos, integrantes ou não de rede credenciada, contratada ou referenciada, visando a assistência médica, hospitalar e odontológica, a ser paga integral ou parcialmente às expensas da operadora contratada, mediante reembolso ou pagamento direto ao prestador, por conta e ordem do consumidor (...)."
[3] CECHIN, José. *A história e os desafios da saúde suplementar*: 10 anos de regulação. São Paulo: Saraiva, 2008, p. 26.

Conforme explica Luiz Henrique Sormani BARBUGIANI[4], "planos de saúde" e "seguros saúde" são contratos distintos com algumas semelhanças, pois ambos objetivam poupança coletiva a ser administrada pela operadora. De todo modo, BARBUGIANI firma esse entendimento no sentido de que a grande diferenciação entre plano de saúde e seguro saúde seria a possibilidade ou não de reembolso.

Em razão da equiparação de seguradoras especializadas em saúde e operadoras de plano de saúde pela Lei nº 10.185, de 12 de fevereiro de 2001[5] ("**Lei nº 10.185/2001**"), os contratos de seguro saúde e plano de saúde passaram a ser tratados de forma idêntica, sendo ambos submetidos à Lei nº 9.656/98 e à fiscalização da Agência Nacional de Saúde Suplementar ("**ANS**"), criada pela Lei nº 9.961, de 28 de janeiro de 2000 ("**Lei nº 9.961/2000**").

Conforme explica Arnaldo RIZZARDO, *é difícil estabelecer uma diferenciação completa entre planos de assistência e seguro, posto que os primeiros também preveem a cobertura de certos eventos aleatórios, não passando as prestações de prêmios pagos pelas partes para resguardar-se contra certos sinistros*[6].

Assim, era comum, no passado, essa diferenciação dos planos de saúde em relação aos seguros saúde com base na rede de serviços médico-hospitalares oferecida aos beneficiários e a forma de pagamento desses serviços pelo beneficiário, isto é, se direta ao prestador de serviço ou se através da intermediação da operadora de plano de saúde. Claudia LIMA MARQUES explica com clareza que *hoje a expressão genérica contrato de assistência médica engloba o contrato legalmente incluído como seguro ou plano de saúde e os demais contratos de assistência médica*[7].

Dessa forma, para os fins da presente dissertação, os termos "seguro saúde", "plano de assistência à saúde" e "plano de saúde", bem como "seguradora de plano de saúde" e "operadora de plano de saúde", serão, a princípio, todos utilizados de forma indistinta.

---

[4] BARBUGIANI, Luiz Henrique Sormani. *Planos de saúde*: Doutrina, jurisprudência e legislação. São Paulo: Saraiva, 2015, p. 29.
[5] "Art. 2º Para efeito da Lei nº 9.656, de 1998, e da Lei nº 9.961, de 2000, enquadra-se o seguro saúde como plano privado de assistência à saúde e a sociedade seguradora especializada em saúde como operadora de plano de assistência à saúde."
[6] RIZZARDO, Arnaldo. *Contratos*. 13ª ed. Rio de Janeiro: Forense, 2013, p. 889.
[7] MARQUES, Claudia Lima. *Contratos no Código de Defesa do Consumidor:* O novo regime das relações contratuais. 6ª ed. São Paulo: RT, 2011, p. 516.

2.
A Natureza Jurídica Variável do Contrato de Plano de Assistência à Saúde

Conforme ensina Ian R. MACNEIL[8], os contratos não dizem respeito apenas à lei. Eles representam a forma instrumental para realizar determinadas coisas no mundo real, construir, criar, vender, modificar, alterar, combinar projetos e exteriorizar ideias. Essa é a primeira finalidade do contrato, sendo a lei apenas a segunda. Isso porque o contrato faz parte da nossa sociedade, a qual opera com o ideal da coletividade, e não do isolamento intelectual. Afinal, cada contrato necessariamente é, em parte, relacional, envolvendo relações além da própria troca de bens.

Conforme veremos neste capítulo, o contrato de plano de saúde tem características peculiares e efeitos variáveis ao longo do tempo, inovando e mesclando características de algumas figuras contratuais já tipificadas. Em razão disso, as partes envolvidas nesse contrato, assim como a própria figura contratual, terão denominações diferentes conforme a modalidade de que estaremos tratando.

De acordo com o artigo 1º, inciso 1º da Lei nº 9.656/98, o plano privado de assistência à saúde é a

> prestação continuada de serviços ou cobertura de custos assistenciais a preço pré ou pós estabelecido, por prazo indeterminado, com a finalidade de garantir, sem limite financeiro, a assistência à saúde, pela faculdade de acesso e atendimento por profissionais ou serviços de saúde, livremente escolhidos, integrantes ou não de rede credenciada, contratada ou referen-

---

[8] MACNEIL, Ian R. *O novo contrato social*. Trad. Alvamar de Campos Andrade Lamparelli. Rio de Janeiro: Elsevier, 2009, p. 1-11.

ciada, visando à assistência médica, hospitalar e odontológica, a ser paga integral ou parcialmente às expensas da operadora contratada, mediante reembolso ou pagamento direto ao prestador, por conta e ordem do consumidor.

Se desmembramos o conceito legal para caracterizar uma operadora de plano de saúde, teremos uma pessoa jurídica que presta serviço continuado, por prazo indeterminado, que assegura ao beneficiário a assistência médica a ser prestada por profissionais de saúde, os quais podem ser livremente escolhidos pelo beneficiário ou indicados pela operadora através de sua rede credenciada. Um aspecto importante é o fato de que a prestação desse serviço assegurada pela operadora é sem limite financeiro, ou seja, não há um teto em termos de despesa financeira que poderá ser incorrida pelo beneficiário.

Esse plano privado de assistência à saúde só pode ser comercializado por pessoa jurídica, sendo vedado às pessoas físicas a operação de planos privados de assistência à saúde, conforme o artigo 1º, inciso II, §3º e §4ª da Lei nº 9.656/98[9]. Assim também dispõe o artigo 757, parágrafo único, do Código Civil[10], segundo o qual somente pode ser parte no contrato de seguro a entidade autorizada para tal fim, não podendo ele ser comercializado por pessoa física ou pessoa jurídica sem autoriza-

---

[9] "Art. 1º Submetem-se às disposições desta Lei as pessoas jurídicas de direito privado que operam planos de assistência à saúde, sem prejuízo do cumprimento da legislação específica que rege a sua atividade, adotando-se, para fins de aplicação das normas aqui estabelecidas, as seguintes definições: (...) II – Operadora de Plano de Assistência à Saúde: pessoa jurídica constituída sob a modalidade de sociedade civil ou comercial, cooperativa, ou entidade de autogestão, que opere produto, serviço ou contrato de que trata o inciso I deste artigo; (...) §3º As pessoas físicas ou jurídicas residentes ou domiciliadas no exterior podem constituir ou participar do capital, ou do aumento do capital, de pessoas jurídicas de direito privado constituídas sob as leis brasileiras para operar planos privados de assistência à saúde. (...) §4º É vedada às pessoas físicas a operação dos produtos de que tratam o inciso I e o §1º deste artigo."

[10] "Art. 757. Pelo contrato de seguro, o segurador se obriga, mediante o pagamento do prêmio, a garantir interesse legítimo do segurado, relativo a pessoa ou a coisa, contra riscos predeterminados. Parágrafo único. Somente pode ser parte, no contrato de seguro, como segurador, entidade para tal fim legalmente autorizada."

ção[11]. Ainda, essa pessoa jurídica, seja operadora de plano de saúde, seja seguradora especializada em saúde, deverá estar registrada perante a ANS, agência reguladora e fiscalizadora do mercado de saúde suplementar, conforme determina a Resolução Normativa nº 85, de 7 de dezembro de 2004 ("**RN nº 85/2004**"), que trata do registro das operadoras de plano de saúde e dos produtos perante a ANS.

Em relação à classificação dos planos de saúde, a ANS os divide em **(i)** individual ou familiar; e **(ii)** coletivo, sendo que, dentre os planos coletivos, existem os **(a)** coletivos empresariais; **(b)** coletivos por adesão, conforme a Resolução Normativa nº 195, de 14 de julho de 2009 ("**RN nº 195/2009**").

Vale mencionar que a RN nº 195/2009, que revogou a Resolução do Conselho de Saúde Suplementar ("**CONSU**") nº 14, de 3 de novembro de 1998 ("**Resolução CONSU nº 14/1998**") foi um marco importante para o mercado de saúde suplementar, uma vez que dividiu as diferentes modalidades de plano de saúde em capítulos separados a fim de estabelecer regras específicas para cada um dos seus tipos. Além disso, a referida resolução também estabeleceu regras que são compartilhadas pelos contratos coletivos, independentemente de serem coletivos empresariais ou coletivos por adesão.

Nesse cenário, é importante esclarecer a noção de cada uma das modalidades de plano de saúde. Primeiramente, em relação aos planos individuais ou familiares, a ANS os define como aqueles que *oferecem cobertura da atenção prestada para a livre adesão de beneficiários, pessoas naturais, com ou sem grupo familiar* (artigo 3º da RN nº 195/2009). Trata-se, portanto, de contrato de plano de saúde celebrado diretamente entre as operadoras de plano de saúde e pessoas físicas. Em razão da alta regulamentação dessa modalidade de contrato, muitas operadoras de plano de saúde deixaram de comercializar os planos de saúde individual ante a baixa flexibilização de negociação e o aumento desproporcional do risco assumido nessa atividade, tanto assistencial, em razão de um distanciamento cada vez maior entre as receitas e despesas e o descompasso do que foi contratado e do que a regulamentação passou a assegurar ao beneficiário, quanto judicial, em razão do aumento do número de ações

---

[11] PEREIRA, Caio Mário da Silva. *Instituições de direito civil*: Contratos. Volume III. 17ª ed. Rio de Janeiro: Forense, 2013, p. 418.

judiciais questionando, principalmente, negativas de cobertura e índices de reajuste.

Já os planos coletivos são divididos pela ANS em duas modalidades: **(i)** coletivo empresarial, que *oferece cobertura da atenção prestada à população delimitada e vinculada à pessoa jurídica por relação empregatícia ou estatutária* (artigo 5º da RN nº 195/2009); e **(ii)** coletivo por adesão, *que oferece cobertura da atenção prestada à população que mantenha vínculo com pessoas jurídicas de caráter profissional, classista ou setorial* (artigo 9º da RN nº 195/2009).

Em outras palavras, o contrato coletivo empresarial é aquele celebrado entre uma pessoa jurídica e uma operadora de plano de saúde, no qual o beneficiário mantém vínculo empregatício com a pessoa jurídica, que figura como estipulante desse contrato. O contrato coletivo por adesão, por sua vez, consiste naquele celebrado por uma pessoa jurídica e uma operadora de plano de saúde, em que o vínculo mantido pelo beneficiário com a pessoa jurídica consiste em uma relação setorial ou associativa, por exemplo, por meio de associações de classe (ex.: OAB, CREA, APCD, CREFITO, dentre outras).

O presente trabalho se limitará à análise dos contratos coletivos empresariais, isto é, aqueles em que se verifica a existência de vínculo empregatício entre o beneficiário e a estipulante do contrato de plano de saúde contratado juntamente com a operadora de plano de saúde. Nesse caso, uma pessoa jurídica contrata um plano de saúde para atender uma massa populacional específica e delimitada, com a qual a pessoa jurídica mantém vínculo empregatício ou estatutário.

2.1. A Estipulação em Favor de Terceiros

O contrato coletivo de plano de saúde é, por definição, um contrato em favor de terceiro. Nele, a pessoa jurídica assume o papel de estipulante do contrato ao convencionar com a operadora de plano de saúde uma obrigação consistente na prestação do serviço de assistência à saúde, que será cumprida em favor de outra pessoa, isto é, do beneficiário, que é a pessoa que mantém o vínculo empregatício com a estipulante. Logo, o beneficiário do contrato coletivo de plano de saúde é um terceiro alheio à relação jurídica travada entre a estipulante e a operadora, que não precisa manifestar qualquer consentimento para a constituição do contrato ou para a criação de vantagens a seu favor.

Saliente-se, portanto, que esse terceiro, que, embora seja o beneficiário do contrato, não participa diretamente da formação do ato nem opina sobre os direitos e obrigações estabelecidos contratualmente, mas adquire as qualidades de sujeito da relação obrigacional[12]. Em sentido amplo, esse terceiro seria considerado um sujeito de direito, que não é parte no negócio jurídico, é um estranho ao contrato, mas pode estar interessado no contrato ou ser atingido pelos seus efeitos[13]. Ele nunca será, em suma, parte desse contrato, mas será parte da relação jurídica como sujeito de direito. Em razão dessa peculiaridade, Luciano de Camargo PENTEADO[14] denomina esse sujeito como terceiro-parte.

Podemos dizer que existem graus de afastamento do contrato, ou seja, existe um terceiro com uma proximidade maior ou menor em relação ao negócio jurídico. O que se verifica, no caso da estipulação em favor de terceiro, é que essa proximidade é maior, pois, a despeito de o terceiro não ter participado da relação obrigacional, ele integra, de alguma forma, esse negócio jurídico, à medida que é beneficiado pelo contrato. No caso em estudo, a pessoa jurídica contratante, que é a empregadora do beneficiário, na qualidade de estipulante, contrata o plano de assistência à saúde juntamente com a operadora de plano de saúde. A empregadora figurará como promitente do contrato, em benefício de seus empregados, isto é, em benefício de terceiros que poderão desfrutar dos serviços médico-hospitalares oferecidos pela operadora através de prestadores de serviços credenciados, referenciados ou, até mesmo, pela opção de livre escolha do beneficiário, mediante posterior reembolso das despesas, limitadas ao teto contratual de reembolso.

Ao analisarmos esse tipo contratual, poderíamos suscitar a invalidade das disposições contratuais, uma vez que o terceiro, beneficiário do plano de saúde não participou da fixação dos direitos e obrigações contratuais, de modo que, pelo princípio da relatividade dos contratos, não pode ser favorecido ou prejudicado por esse contrato. Ocorre que essa modalidade contratual é, na realidade, uma exceção ao princípio da rela-

---

[12] PEREIRA, Caio Mário da Silva. *Instituições de direito civil*: Contratos. Volume III. 17ª ed. Rio de Janeiro: Forense, 2013, p. 93-94.

[13] ROPPO, Enzo. *O contrato*. Portugal: Almedina, 2009, p. 82.

[14] PENTEADO, Luciano de Camargo. *Efeitos contratuais perante terceiros*. São Paulo: Quartier Latin, 2007, p. 34-46.

tividade dos contratos, pelo qual o terceiro é um sujeito alheio ao negócio jurídico, que, em tese, não poderia sofrer, por isso, as consequências do pactuado pelo estipulante e o promitente, independentemente da forma como o negócio pode atingi-lo.

Considerando que, por meio desse tipo contratual, o terceiro é atingido pelos termos do contrato, tanto o estipulante quanto o terceiro podem exigir o cumprimento da obrigação pelo contratado. Contudo, esse terceiro estará sujeito às condições e normas previstas no contrato, conforme o parágrafo único do artigo 436 do Código Civil[15]. Assim se dá até mesmo porque não se poderia exigir da operadora mais do que aquilo a que ela se comprometeu com o estipulante. E, embora esse sujeito de direito seja um terceiro, que, alheio às negociações do conteúdo do contrato, é atingido por elas, o fato é que a autonomia desse terceiro não é violada, ao menos não no que se refere ao direito à liberdade de contratar. Para que o terceiro seja considerado parte no contrato, é necessário que manifeste, de forma voluntária, que claramente aceita o benefício ali definido, o que assegura, até um certo ponto, a sua liberdade de escolha quanto à pessoa com a qual aceita contratar. Isso porque esse direito do terceiro nasce independentemente de aceitação, ficando o terceiro investido do direito por força apenas do contrato[16].

O ato de aceitar o benefício negociado pelo estipulante com a parte contratada é semelhante a uma negociação que tivesse sido realizada diretamente com o terceiro. Ademais, diante da aceitação do terceiro, a promessa feita pelo estipulante com a contratada passa a ser vinculante, não sendo mais uma mera promessa[17]. A teoria de Charles FRIED propõe que os contratantes têm uma obrigação moral de manter suas promessas, formalizadas mediante os instrumentos contratuais.

Na realidade, poderíamos dizer que a anuência do terceiro não é interpretada exatamente como um consentimento propriamente dito,

---

[15] "Art. 436. O que estipula em favor de terceiro pode exigir o cumprimento da obrigação. Parágrafo único. Ao terceiro, em favor de quem se estipulou a obrigação, também é permitido exigi-la, ficando, todavia, sujeito às condições e normas do contrato, se a ele anuir, e o estipulante não o inovar nos termos do art. 438."

[16] TELLES, Inocêncio Galvão. *Direito das obrigações*. 7ª ed. Lisboa: Coimbra Editora, 2014, p. 171-172.

[17] FRIED, Charles. *Contract as promise*. A theory of contractual obligation. 2nd ed. New York: Oxford, 2015, p. 45.

mas sim como mera concordância de sua parte, a qual poderá ser manifestada por qualquer ato inequívoco[18]. No caso do plano de saúde coletivo empresarial, portanto, a concordância do terceiro é verificada no momento em que, após o seu desligamento da empresa, ele manifesta o interesse de permanecer no plano de saúde.

Na maior parte dos casos, essa manifestação ocorre mediante a assinatura de uma declaração indicando que o beneficiário, ex-empregado da empresa, deseja permanecer como beneficiário do plano de saúde, desde que preencha os requisitos legais, os quais serão aprofundados mais adiante. Seja como for, é necessário que haja a manifestação inequívoca do ex-empregado de que tem interesse em permanecer no plano de saúde após o seu desligamento porque a ninguém pode ser imposto um benefício que não se deseja[19]. Esse direito de manutenção no plano de saúde pode ser exercido pelo ex-empregado, desde que este assuma o pagamento integral do plano. Se o beneficiário não deseja mais continuar naquele plano de saúde, não pode a ex-empregadora ou a operadora de plano de saúde obrigá-lo a permanecer como beneficiário, mediante o pagamento integral. Como será visto ao longo desta dissertação, essa questão é de suma relevância, uma vez que as obrigações assumidas pelo promitente não podem ser alteradas em razão de o terceiro não concordar com as disposições originalmente definidas no instrumento contratual.

Na hipótese de anuência do terceiro, questiona-se se ele permaneceria como terceiro estranho ao contrato ou se passaria a ser parte dele. De acordo com Sílvio de Salvo Venosa, na primeira fase desse contrato, existe o pacto entre o estipulante e a contratada, sendo o terceiro apenas o beneficiário. Na segunda fase, se o terceiro concordar com o benefício, completa-se o negócio jurídico[20]. Também é possível que o terceiro não queira o benefício negociado pelo estipulante. Neste caso, o efeito do contrato não se realiza quanto à sua eficácia[21].

---

[18] PENTEADO, Luciano de Camargo. *Efeitos contratuais perante terceiros.* São Paulo: Quartier Latin, 2007, p. 45.
[19] TELLES, Inocêncio Galvão. *Direito das obrigações.* 7ª ed. Lisboa: Coimbra Editora, 2014, p. 171-172.
[20] VENOSA, Sílvio de Salvo. *Direito civil.* Teoria geral das obrigações e teoria geral dos contratos. Volume 2. 6ª ed. São Paulo: ATLAS, 2006, p. 486 e 488.
[21] RIZZARDO, Arnaldo. *Contratos.* 13ª ed. Rio de Janeiro: Forense, 2013, p. 138.

No caso dos planos de saúde, por sua vez, é importante enfatizar duas características relativas à questão do limite da obrigação do promitente. A primeira se refere ao fato de que, embora o terceiro possa anuir ao contrato, o estipulante sempre será parte contratante do negócio jurídico, pois estamos tratando do contrato coletivo empresarial de plano de saúde, e não de contrato individual de plano de saúde, ao qual o beneficiário permanecerá vinculado após o término do seu contrato de trabalho, conforme será visto adiante. Considerando essa característica, a segunda questão a ser enfatizada é o fato de que, sendo parte do contrato coletivo empresarial de plano de saúde, será sempre o estipulante que negociará os termos do contrato junto à contratada, em defesa dos interesses dos beneficiários e da empresa que oferece o benefício. Assim, o terceiro nunca participará da fixação dos direitos e obrigações desse contrato.

Logo, o contrato de plano de saúde nada mais é do que uma estipulação em favor de terceiro, haja vista ser o estipulante que negocia os termos do contrato com a operadora de plano de saúde a fim de beneficiar o seu empregado, que é quem desfrutará dos serviços médico-hospitalares prestados pela operadora. Independentemente de ter sido o estipulante o negociador do contrato, o empregado também será atingido, em termos de direito e obrigações, pelo que foi definido pelas partes contratantes.

É importante ressaltar que o fato de o beneficiário não participar das negociações do contrato não significa que as cláusulas poderão ser consideradas unilaterais e/ou abusivas em razão da ausência de manifestação dos beneficiários. Na qualidade de estipulante e empregadora, e amparada, também, pelas regras da Constituição Federal, do Código Civil, do Código de Defesa do Consumidor ("**CDC**"), do Estatuto do Idoso e da regulamentação editada pela ANS, a empresa defenderá os interesses dos beneficiários frente à operadora de plano de saúde.

Contudo, como pondera Luciano de Camargo PENTEADO[22], a análise da proporcionalidade em relação ao terceiro exige uma visão do equilíbrio do contrato entre a prestação e a contraprestação. Essa questão aliada à tutela indistinta do terceiro e à desconsideração do impacto eco-

---

[22] PENTEADO, Luciano de Camargo. *Efeitos contratuais perante terceiros*. São Paulo: Quartier Latin, 2007, p. 249-250.

nômico já mostrou ter causado problemas sociais gravíssimos quando estamos tratando de contrato de plano de saúde.

Passaremos a verificar que o contrato de estipulação de terceiro, por si só, não caracteriza um tipo contratual perfeito, devendo, por isso, ser atrelado à uma segunda figura contratual, como é o caso dos planos de saúde. Assim, o contrato de estipulação em favor de terceiro estará ora relacionado com o contrato de prestação de serviço, ora com o contrato de seguro.

Da mesma forma, o contrato de prestação de serviços e o contrato de seguro também se relacionam, pois, na essência, ambos têm as mesmas bases contratuais: um estipulante, que é a empresa contratante do benefício de plano de saúde; uma operadora de plano de saúde, que é a responsável por assegurar a prestação do serviço de assistência à saúde; e o terceiro, que é o empregado da empresa contratante, o qual será o beneficiário desse contrato e que poderá desfrutar dos serviços de assistência à saúde contratado pelo estipulante, juntamente com o seu grupo familiar, se houver.

2.2. Faceta de Contrato de Prestação de Serviço

Os contratos coletivos empresariais de planos de saúde são aqueles em que a pessoa jurídica assume o papel de estipulante assumindo como função defender os interesses do beneficiário do plano de saúde perante a operadora, bem como ser a responsável pelo pagamento à operadora de plano de saúde. Por outro lado, a operadora de plano de saúde é a responsável por assegurar a prestação do serviço de assistência à saúde ao beneficiário do plano por meio dos prestadores por ela contratados.

Antes de adentrar na análise das características do contrato de prestação de serviço, é importante tecermos, contudo, alguns comentários sobre as peculiaridades econômicas dos contratos de plano de saúde, as quais, inclusive, serão exploradas ao longo desta dissertação. Essas peculiaridades são relevantes para entender de que forma o contrato de plano de saúde se encaixa no tipo contratual de prestação de serviços.

O contrato coletivo empresarial de plano de saúde pode ser[23]: **(i)** com patrocínio, ou seja, a pessoa jurídica paga as mensalidades do plano de saúde integral ou parcialmente, ou **(ii)** sem patrocínio, isto é, a mensalidade é paga diretamente pelo beneficiário[24]. Nesse tipo de contrato, as empresas normalmente adotam a contratação com patrocínio, integral ou parcial, do plano de saúde, conforme será melhor detalhado ao longo desta dissertação.

Por essa forma de custeio do plano, em muitos casos, a estipulante do contrato, ou seja, a empresa, assume uma parcela do pagamento da mensalidade do plano de saúde, enquanto o empregado, na qualidade de beneficiário, assume outra parcela do pagamento do plano, que será definida pela estipulante, na condição de empregadora do beneficiário, e descontada do seu holerite.

Ainda em relação à formação do preço, a RN nº 85/2004[25] estabelece em seu Anexo II, que os planos de saúde podem adotar a forma

---

[23] FIGUEIREDO, Leonardo Vizeu. *Curso de direito de saúde suplementar*. Manual jurídico de planos e seguros de saúde. São Paulo: MP Editora, 2006, p. 187.

[24] "13. PARTICIPAÇÃO FINANCEIRA DA PESSOA JURÍDICA CONTRATANTE
São as formas de se caracterizar, quanto à participação financeira ou intermediação de recursos dos participantes, o papel da pessoa jurídica contratante de um plano coletivo perante a operadora que garante a cobertura de serviços assistenciais. 1) coletivo com patrocínio: a pessoa jurídica participa financeiramente do custo da assistência, parcial ou integralmente, ou se responsabiliza pelo recolhimento dos recursos e repasse à operadora. 2) coletivo sem patrocínio: quando não há participação financeira da pessoa jurídica no custeio da assistência ou sua intermediação no pagamento." (RN nº 85/2004).

[25] "11. FORMAÇÃO DO PREÇO
São as formas de se estabelecer os valores a serem pagos pela cobertura assistencial contratada: 1. pré-estabelecido: quando o valor da contraprestação pecuniária é calculado antes da realização das coberturas contratadas; 2. pós-estabelecido: quando o valor da contraprestação pecuniária é calculado após a realização das despesas com as coberturas contratadas, devendo ser limitado à contratação coletiva em caso de plano médico-hospitalar. O pós estabelecido poderá ser utilizado nas seguintes opções: I. rateio, em que a operadora ou pessoa jurídica contratante divide o valor total ou parcial das despesas assistenciais entre todos os beneficiários do plano, independentemente da utilização da cobertura; II. custo

de custeio na modalidade **(i)** pós pagamento, isto é, a contraprestação pecuniária é paga mensalmente apenas após a utilização dos serviços médico-hospitalares pelos beneficiários, ou **(ii)** pré-pagamento, isto é, o pagamento da contraprestação pecuniária é realizado antes da utilização da cobertura contratada.

A modalidade pós-pagamento tem, ainda, uma subdivisão quanto à pessoa responsável pelo pagamento das despesas. Na prática, isso significa que o contrato coletivo empresarial de plano de saúde na modalidade pós-pagamento poderá ter a opção custo operacional ou rateio. Na primeira opção, custo operacional, a operadora repassa à pessoa jurídica contratante o valor total das despesas assistenciais. Já na opção rateio, a operadora ou a pessoa jurídica contratante divide o valor das despesas assistenciais entre todos os beneficiários do plano de saúde, independentemente da utilização da cobertura.

Em termos de classificação, analisaremos, nesta dissertação, o contrato de plano de saúde coletivo empresarial que adota a modalidade pós-pagamento com a opção custo operacional, ou seja, aquela pela qual a operadora de plano de saúde repassa mensalmente à empresa o valor total das despesas assistenciais após o efetivo uso do serviço pelos beneficiários, titular e/ou dependente(s).

De acordo com as normas e padrões internacionais de contabilidade denominados *International Financial Reporting Standards* ("**IFRS**") e *International Accounting Standard* ("**IAS**"), os contratos de plano de saúde podem ser classificados[26] em **(i)** contratos de seguro[27]; e **(ii)** contratos de investimento. No primeiro caso, há transferência de um risco significativo de seguro para a operadora. No segundo caso, não há transferência ou há transferência de risco de seguro insignificante para a operadora.

---

operacional, em que a operadora repassa à pessoa jurídica contratante o valor total das despesas assistenciais." (RN nº 85/2004).

[26] MOURAD, Nabil Ahmad *et al*. *IRFS*: Normas internacionais de contabilidade para operadoras de saúde: Precificação, solvência e contabilização. São Paulo: ATLAS, 2010, p. 60-61.

[27] "Contrato de seguro é um contrato de acordo com o qual uma parte (a seguradora) aceita risco de seguro significativo da outra parte (o titular da apólice), concordando em indenizar o titular da apólice caso um determinado evento futuro incerto (o evento segurado) afete adversamente o titular da apólice". Disponível em <http://www.ifrs.org/IFRSs/IFRS-technical-summaries/Documents/IFRS4.pdf> (Acesso em 9.12.2015).

Poderíamos, ainda, classificar essa modalidade de formação de preço como sendo um contrato de investimento em termos de alocação do risco da atividade. Isto porque, não há uma transferência de risco significativo para a operadora. As operadoras funcionam como "agentes" na operação, limitando-se a intermediar a relação entre beneficiário e rede de prestadores de serviços[28].

É justamente em razão dessa característica relacionada às obrigações assumidas pela empresa e pela operadora de plano de saúde que os contratos coletivos empresariais de plano de saúde têm também natureza de contrato de prestação de serviço, somada à estipulação em favor de terceiro.

Feitas essas primeiras considerações, passaremos a tratar das características gerais dos contratos de prestação de serviços relacionadas, especificamente, aos planos de saúde.

Com base na teoria geral dos contratos de prestação de serviço, uma das partes se obriga para com a outra a prestar determinado serviço, mediante o pagamento de uma remuneração. Em outras palavras, a pessoa jurídica, no caso uma empresa, contrata o plano de saúde com a operadora, que se compromete a prestar os serviços médico-hospitalares por meio de sua rede credenciada ou da livre escolha do beneficiário mediante posterior reembolso, e, em contrapartida, a empresa efetua o pagamento da mensalidade à operadora que, por sua vez, realizará o pagamento dos prestadores de serviço de sua rede credenciada.

Trata-se, portanto, de um contrato bilateral, uma vez que ambas as partes têm direitos e obrigações, consistentes na garantia da prestação do serviço de assistência à saúde e no pagamento da contraprestação pecuniária, o que também torna esse contrato oneroso.

Esse contrato é também considerado consensual em razão de ambas as partes contratantes, por livre e espontânea vontade, estabelecerem direitos e obrigações recíprocos. É possível dizer que a obrigação da operadora em relação à pessoa jurídica é uma obrigação de fazer[29],

---

[28] MOURAD, Nabil Ahmad et al. *IRFS*: Normas internacionais de contabilidade para operadoras de saúde: Precificação, solvência e contabilização. São Paulo: ATLAS, 2010, p. 62.

[29] PEREIRA, Caio Mário da Silva. *Instituições de direito civil*: Contratos. Volume III. 17ª ed. Rio de Janeiro: Forense, 2013, p. 348-353.

enquanto a obrigação da pessoa jurídica para com a operadora de plano de saúde é uma obrigação de pagar.

Neste caso, o que ocorre, na prática, é que, no final de cada mês, a operadora de plano de saúde enviará à estipulante a fatura com o valor total da mensalidade relativa à utilização dos serviços médico-hospitalares pelos empregados e seus respectivos grupos familiares ao longo daquele período.

Os contratos de plano de saúde são geralmente escritos e compostos por Condições Gerais, as quais são registradas perante a ANS e, as Condições Particulares, consistentes no instrumento que adapta esse contrato à realidade de cada contratante. Vale esclarecer que embora não haja previsão legal que obrigue o contrato de plano de saúde a ser escrito, a ANS determina que as operadoras de plano de saúde registrem as Condições Gerais dos seus produtos[30], que serão comercializados no mercado, a fim de que a ANS possa monitorar, ao menos, as características essenciais de cada plano de saúde oferecido aos consumidores. Trataremos mais adiante da composição do instrumento contratual dos planos de saúde.

O contrato de prestação de serviço pode ser celebrado por tempo determinado ou indeterminado, podendo o prazo indeterminado decorrer da natureza do próprio contrato[31] como, por exemplo, contratos que envolvem serviços essenciais, tais como água, luz, bem como serviços de saúde. Todavia, a RN nº 195/2009 estabelece em seu artigo 17, parágrafo único[32], que as partes só poderão rescindir o contrato coletivo de plano de saúde imotivadamente após decorridos 12 (doze) meses de sua vigência.

Pode-se dizer que há controvérsias quanto ao prazo de vigência do contrato de plano de saúde, uma vez que, embora as partes possam, com

---

[30] A obrigação legal de a operadora de plano de saúde registrar perante a ANS os produtos que comercializará está prevista na RN nº 85/2004.

[31] GOMES, Orlando. *Contratos*. 26ª edição. Rio de Janeiro: Forense, 2007, p. 357.

[32] "Art. 17 As condições de rescisão do contrato ou de suspensão de cobertura, nos planos privados de assistência à saúde coletivos por adesão ou empresarial, devem também constar do contrato celebrado entre as partes. Parágrafo único. Os contratos de planos privados de assistência à saúde coletivos por adesão ou empresarial somente poderão ser rescindidos imotivadamente após a vigência do período de doze meses e mediante prévia notificação da outra parte com antecedência mínima de sessenta dias."

base no artigo 17 da RN º 195/2009, pactuar livremente as condições de vigência do contrato, isto é, se o contrato coletivo de plano de saúde será por tempo determinado ou indeterminado, bem como as hipóteses de rescisão, questiona-se perante o Poder Judiciário a liberdade efetiva das partes por envolver o beneficiário do plano como destinatário final do contrato.

Essa dissertação não tem por objetivo tratar da possibilidade ou não de extinção do contrato de plano de saúde. O referido tema tem relevância para o objeto da pesquisa, no entanto, por nos possibilitar analisar outra característica importante dos contratos de plano de saúde, qual seja, a catividade dos referidos contratos e os efeitos dessa característica perante o contrato. Isso porque, conforme foi dito, o prazo de vigência pode variar conforme a natureza do contrato[33], que é um contrato de execução continuada, pois o serviço é prestado ao longo do tempo de vigência do contrato.

Os contratos cativos e de longa duração são assim denominados em referência ao fato de se prolongarem no tempo e gerarem uma expectativa no consumidor de poder desfrutar por muito tempo dos serviços nele estipulados. Na verdade, *pelo vocábulo contrahere designou-se o estabelecimento de relações duradouras*[34], de modo que essa relação é firmada pelas partes e se estende no tempo.

Claudia LIMA MARQUES esclarece que a nova teoria contratual analisa não só a estandardização dos contratos e, por consequência, a massificação contratual, mas também a posição de dependência dos contratantes e o papel do contrato na sociedade[35]. Trata-se de contrato, que tem por objeto a prestação de determinado serviço, por longo período de tempo, envolvendo uma extensa cadeia de fornecedores organizados entre si. Esses contratos geram, portanto, uma relação de dependência dos consumidores e a sua posição de "cativo".

---

[33] "Art. 599. Não havendo prazo estipulado, nem se podendo inferir da natureza do contrato, ou do costume do lugar, qualquer das partes, a seu arbítrio, mediante prévio aviso, pode resolver o contrato."

[34] TELLES, Inocêncio Galvão. *Manual dos contratos em geral*. 4ª ed. Lisboa: Coimbra Editora, 2010, p. 36.

[35] MARQUES, Claudia Lima. *Contratos no Código de Defesa do Consumidor*: O novo regime das relações contratuais. 6ª ed. São Paulo: RT, 2011, p. 96.

Os contratos cativos de longa duração suscitam um sentimento de segurança e amparo no consumidor e seus familiares, bem como a expectativa de que o vínculo contratual se prolongue no tempo. Esse é o caso, por exemplo, dos contratos de planos de saúde, os quais envolvem serviço de extrema relevância.

Ademais, esses contratos envolvem uma relação de confiança entre o beneficiário e o prestador do serviço. A catividade do beneficiário se revela no seu aprisionamento à relação contratual no sentido de que, após anos, o contrato passa a fazer parte da sua vida, dando-lhe a sensação de segurança e estabilidade.

Por fim, vale mencionar que, não obstante as expressões "plano de saúde" e "seguro saúde" sejam equivalentes para fins de aplicação da Lei nº 9.656/98, na prática, existem peculiaridades inerentes a cada uma das modalidades. O presente estudo tem como pretensão uma proposta de classificação desses contratos, destacando as diferenças de cada um, muito embora na prática do mercado atual, a sugerida classificação não necessariamente prevaleça.

A classificação que o presente trabalho se propõe a fazer parte da escolha da modalidade de custeio do contrato. É comum dizermos que os contratos de prestação de serviços de saúde, ou seja, a modalidade de pós-pagamento, tendem a corresponder ao "contrato de plano de saúde" e, quando tratamos de um plano na modalidade de pré-pagamento, é costumeiro denominá-lo "seguro saúde" em razão da alocação de risco, conforme passaremos a analisar.

É verdade que não necessariamente a definição de contrato de plano de saúde e contrato de seguro saúde estaria atrelada à modalidade de custeio adotada, ou seja, pós-pagamento ou pré-pagamento. Contudo, se analisarmos sob a ótica do repasse de risco, a perspectiva ora proposta se mostra válida.

2.3. Essência de Contrato de Seguro

O contrato de seguro é aquele em que um dos contratantes, denominado "segurador", obriga-se a garantir ao outro contratante, denominado "segurado", interesse legítimo relativamente ao que o segurado vier a sofrer ou aos prejuízos resultantes de risco futuro, incerto e especificamente previsto no instrumento contratual, denominado "apólice", mediante o pagamento de uma contraprestação, denominada "prêmio"[36].

Em outras palavras, o contrato de seguro saúde é responsável pelo ressarcimento do beneficiário pelas despesas médico-hospitalares por ele incorridas[37].

O conceito do contrato de seguro, da mesma forma que na legislação norte-americana, como veremos mais adiante, é uma apólice ou um contrato pelo qual uma parte assume perante outra parte a obrigação de indenizar determinada despesa ou pagar determinado gasto na hipótese de ocorrer determinado evento. Podemos dizer que esse contrato envolve 5 (cinco) fatores: (i) a existência de um segurado com um interesse segurável; (ii) o interesse do segurado está sujeito a um risco de perda na ocorrência de um evento específico; (iii) a seguradora assume o risco de perda; (iv) a assunção do risco é parte da diluição da perda entre um grupo de segurados com risco similar, que é representado pelo mutualismo; e (v) o segurado paga um prêmio[38].

Saliente-se que o contrato de seguro saúde também não precisa, obrigatoriamente, ser escrito, conforme estabelece o artigo 758 do Código Civil[39], podendo a prova do contrato de seguro se dar apenas pela apresentação do comprovante de pagamento do prêmio. De todo modo, da mesma forma que o contrato de plano de saúde, na modalidade de prestação de serviço, os contratos de seguro saúde são essencialmente escritos e compostos pelas Condições Gerais, que é registrada perante a ANS, e, a Proposta de Seguro, consistente no instrumento que adapta o contrato à realidade de cada contratante.

O contrato de plano de saúde, além de ser um contrato de estipulação em favor de terceiros, também tem características de um contrato de

---

[36] PEREIRA, Caio Mário da Silva. *Instituições de direito civil*: Contratos. Volume III. 17ª ed. Rio de Janeiro: Forense, 2013, p. 415.

[37] SCAFF, Fernando Campos. *Direito à saúde no âmbito privado*: Contratos de adesão, planos de saúde e seguro-saúde. São Paulo: Saraiva, 2010, p. 45.

[38] KAZMIER, Janice L. *Health care law*. 1st ed. United States: Cengage Learning, 2007, p. 25.

[39] "Art. 758. O contrato de seguro prova-se com a exibição da apólice ou do bilhete do seguro, e, na falta deles, por documento comprobatório do pagamento do respectivo prêmio."

seguro. Conforme ensina o professor Arnaldo RIZZARDO[40] sobre o contrato de plano de saúde, ele

> visa a garantir o pagamento de determinadas importâncias pela ocorrência de fatos previstos como riscos. Trata-se do contrato pelo qual o segurador se obriga a cobrir a indenização por riscos ligados à saúde e à hospitalização, mediante o pagamento do prêmio em determinado número de prestações. Fica a pessoa protegida dos riscos da enfermidade, pois contará com recursos para custear as despesas acarretadas pelas doenças, com a garantia da assistência médico-hospitalar.

Orlando GOMES, no entanto, esclarece que, diferentemente do contrato de prestação de serviços, *a noção de seguro pressupõe a de risco, isto é, o fato de estar o indivíduo exposto à eventualidade de um dano à sua pessoa, ou ao seu patrimônio, motivado pelo acaso*[41].

Diante dessa característica adicional, que difere o contrato de seguro do contrato de prestação de serviços, é importante esclarecer alguns aspectos que distinguem ambas as modalidades contratuais.

Quando uma pessoa jurídica contrata um plano de saúde coletivo empresarial na modalidade pós-pagamento, dizemos que a operadora de plano de saúde não assume o risco do negócio, uma vez que repassa integralmente as despesas médico-hospitalares para a estipulante do contrato. Dessa forma, é a estipulante quem assume o risco da atividade, pois é ela que efetua o pagamento de todas as despesas referentes a qualquer serviço médico incorrido por seus empregados e/ou dependentes, em geral, sem nenhum teto financeiro. Nesse caso, estamos diante, portanto, de um contrato de prestação de serviços com características de estipulação de terceiros, haja vista que não há o elemento risco.

Por outro lado, o elemento risco é característica inerente do contrato de seguro. Nesse caso, para fins da proposta apresentada por esse trabalho, trata-se de um contrato de seguro saúde com formação de preço pré-estabelecido, e não pós-estabelecido, como no outro caso. O pagamento da contraprestação pecuniária mensal é realizado pela

---

[40] RIZZARDO, Arnaldo. *Contratos*. 13ª ed. Rio de Janeiro: Forense, 2013, p. 884.
[41] GOMES, Orlando. *Contratos*. 26ª ed. Rio de Janeiro: Forense, 2007, p. 505.

estipulante antes da utilização dos serviços médico-hospitalares pelos beneficiários.

Para tanto, a precificação do plano de saúde é feita através da realização de um cálculo atuarial, que leva em consideração o grupo segurado, a rede credenciada, a inflação médica, a sinistralidade, o avanço da medicina e tecnologia, o risco do negócio, a margem de lucro, dentre outros fatores.

Com relação às características desse contrato, podemos dizer que é um contrato nominado, bilateral, sinalagmático, oneroso, aleatório, de adesão e de execução continuada, conforme passaremos a analisar com base nos ensinamentos de Caio Mário da SILVA PEREIRA[42] e Orlando GOMES[43] acerca da natureza jurídica do contrato de seguro, aplicáveis aos contratos de plano de saúde.

Da mesma forma que o contrato de prestação de serviços, o contrato de seguro também é bilateral, posto que gera obrigações para ambas as partes. O segurado, que é o estipulante, tem o dever de pagar o prêmio, e a seguradora de plano de saúde deve tutelar o interesse do beneficiário para o qual o estipulante contratou o seguro saúde. Logo, é um contrato sinalagmático, pois há dependência recíproca das obrigações, que devem ser cumpridas pelos contratantes.

Esse contrato também é oneroso, uma vez que o estipulante deve suportar o pagamento do prêmio a ser pago à seguradora de plano de saúde para ter direito à assistência médica, criando benefícios e vantagens para um e outro.

Em relação à aleatoriedade do contrato de seguro, vale analisar um pouco melhor essa característica já no caso concreto, bem como quais elementos caracterizariam o contrato aleatório.

Conforme explica Pedro ALVIM, o contrato de seguro é tipicamente aleatório, pois gira em torno do risco. Logo, não há equivalência das prestações justamente em razão da força aleatória do contrato. Poder-se-ia dizer que o segurado perde ou ganha, mas o segurador escapa dessa situação não por conta de um único contrato isolado, mas do conjunto de contratos celebrados, razão pela qual o seguro é um negócio

---

[42] PEREIRA, Caio Mário da Silva. *Instituições de direito civil*: Contratos. Volume III. 17ª ed. Rio de Janeiro: Forense, 2013, p. 417-425.

[43] GOMES, Orlando. *Contratos*. 26ª edição. Rio de Janeiro: Forense, 2007, p. 505-506.

de massa, sendo diretamente proporcional à relação entre a sua estabilidade e o aumento do volume da carteira[44]. No caso dos planos de saúde, é evidente que se há uma massa maior de beneficiários, eventual sinistro será diluído entre mais pessoas, desequilibrando menos a apólice.

O termo "risco" tem como elemento intrínseco a incerteza, que, quando assume o significado de possibilidade de variação econômica positiva ou negativa do patrimônio de um indivíduo, passa a ser denominado "risco econômico". Esse risco econômico abrangeria o risco contratual, que consiste na consequência econômica de um evento incerto e relaciona-se diretamente com o conceito de equilíbrio, motivo pelo qual as partes contratantes estabelecem negocialmente a repartição dos riscos[45].

É importante, contudo, que haja incerteza sobre o significado patrimonial do contrato desde o momento da sua celebração pelas partes, sob pena de descaracterizarmos sua aleatoriedade[46].

Justamente para a manutenção desse equilíbrio contratual, que, consequentemente será afetado pelo risco do contrato, é importante prestigiar a repartição dos riscos definida pela vontade negocial dos contratantes com base na autonomia privada. Isso porque as partes avaliam a relação entre duas variáveis[47], quais sejam, a quantidade patrimonial exposta ao risco e à probabilidade de que esse patrimônio sofra uma perda na hipótese de ocorrência do evento futuro e incerto.

A incerteza inerente a esses contratos pode se referir à possibilidade (*incertus an*) ou ocorrência (*incertus quando*) do evento futuro, que afetará o patrimônio de cada um dos contratantes.

Conforme explica MENEZES CORDEIRO[48],

a álea exprime uma margem de flutuação nos eventos futuros, implicando uma possibilidade de vantagens, com a inerente probabilidade de uma

---

[44] ALVIM, Pedro. *O contrato de seguro*. 3ª ed. Rio de Janeiro: Forense, 1999, p. 123.
[45] BANDEIRA, Paula Greco. *Contratos aleatórios no direito brasileiro*. Rio de Janeiro: Renovar, 2010, p. 7-9.
[46] TELLES, Inocêncio Galvão. *Manual dos contratos em geral*. 4ª ed. Lisboa: Coimbra Editora, 2010, p. 484.
[47] BANDEIRA, Paula Greco. *Contratos aleatórios no direito brasileiro*. Rio de Janeiro: Renovar, 2010, p. 47.
[48] CORDEIRO, António Menezes. *Direito dos seguros*. Coimbra. Almedina, 2013, p. 485.

perda. Sendo assim, o risco exprimiria a vertente negativa da álea: a do perigo de um mal. Risco pode, deste modo, ser definido como a probabilidade de diminuição, numa situação previamente considerada (...).

Ou seja, o risco está associado a um custo, de modo que, aplicado aos contratos de planos de saúde, os riscos aceitos pela operadora não têm correspondência precisa com a contraprestação, uma vez que o valor a ser pago pela operadora no que se refere à assistência médica prestada ao beneficiário pode ser muito superior ao valor da contraprestação.

Em razão disso, Ricardo BECHARA DOS SANTOS explica que não é possível vislumbrar o contrato tipicamente comutativo, pois as prestações do promitente e do beneficiário não são equivalentes, ao menos não são apreciáveis no momento da contratação, como ocorre com a compra e venda. Assim, *quando a álea não mais for a aba essencial do contrato de seguro, não estaremos lidando, para gáudio de alguns, com instituição de seguro, talvez com uma instituição meramente financeira*[49].

De acordo com Vicenzo ROPPO, do ponto de vista objetivo, "álea" significa sorte e, do ponto de vista subjetivo, risco. Assim, os contratos aleatórios são aqueles em que o prestador do serviço dependerá de fato incerto ou ignorado pelas partes, ou seja, de sorte, e aqueles em que o contratante assume o risco de ver o aumento, a redução ou até mesmo zerar o desempenho esperado. Para ROPPO, cada contrato apresenta certo grau de risco econômico, de modo que o contrato não é considerado aleatório apenas por encerrar um risco econômico, ainda que altíssimo[50].

É possível que o contrato seja aleatório típico, isto é, aleatório por sua própria natureza, ou atípico, ou seja, aleatório pela vontade das partes. No primeiro caso, o risco jurídico e econômico da prestação caracteriza o tipo ao qual o contrato pertence, como, por exemplo, o contrato de seguro. No segundo caso, as partes contratantes acordam em alterar a regulamentação, expondo o contrato a um risco jurídico-econômico.

---

[49] SANTOS, Ricardo Bechara dos. *Direito de seguro no novo Código Civil e legislação própria*. Rio de Janeiro: Forense, 2006, p. 582.
[50] ROPPO, Vicenzo. *Il contratto*. Milano: Giuffrè, 2001, p. 443-445.

Conforme esclarece Paula Greco BANDEIRA, independentemente da discussão doutrinária acerca do conceito de risco e de álea, bem como da necessidade de distinguir ambos os termos ou de reconhecer sua equivalência, pela doutrina clássica, álea, considerada sinônimo do termo "risco" (incerteza), é um elemento apto a caracterizar os contratos aleatórios, sendo entendida como a incerteza de ambos os contratantes no momento da celebração do contrato com relação ao lucro ou prejuízo advindo dessa relação jurídica[51].

Como explica Orlando GOMES, o que difere os contratos aleatórios dos contratos comutativos é o fato de que, nos contratos aleatórios, uma das prestações pode falhar, ou seja, a contraprestação pode ser desproporcional ao valor da prestação do serviço, mas isso não significa que os contratos comutativos estão isentos de toda e qualquer álea: trata-se apenas da álea normal em certos contratos, por dependerem do futuro[52].

Nesse contexto, ao tratarmos dos contratos de seguro saúde, temos duas perspectivas a serem analisadas com relação às formas que a álea pode ocorrer. A primeira se refere ao evento futuro e incerto consistente na prestação do serviço de assistência à saúde ao beneficiário. A segunda se refere à proporcionalidade da contraprestação pecuniária paga pela estipulante à seguradora, cuja precificação foi apurada com base em cálculo atuarial feito pela própria seguradora. Em ambas, podemos dizer que existe o risco.

Na hipótese de nos afiliarmos à ideia de que o contrato aleatório é a junção da possibilidade de ocorrência do evento futuro e incerto com a probabilidade de lucro ou perda patrimonial, estaremos classificando o contrato de seguro saúde em contrato tipicamente aleatório. Todavia, se entendermos que a álea normal do contrato de seguro saúde está no fato de que a contraprestação, previamente calculada pela seguradora com base em critérios técnicos, poderá não ser proporcional ao serviço de assistência à saúde prestado aos beneficiários do contrato, concluiremos que o contrato de seguro saúde não é aleatório.

---

[51] BANDEIRA, Paula Greco. *Contratos aleatórios no direito brasileiro*. Rio de Janeiro: Renovar, 2010, p. 17.
[52] GOMES, Orlando. *Contratos*. 26ª edição. Rio de Janeiro: Forense, 2007, p. 88-89.

Por ser possível constatar a incerteza quanto à prestação do serviço de assistência à saúde, bem como por existir incerteza quanto ao lucro ou prejuízo decorrente da relação contratual, a presente dissertação entende que o contrato de seguro saúde é aleatório por natureza. Não se sabe, afinal, quando, em que extensão, nem para qual beneficiário será necessário prestar os serviços de assistência à saúde. Da mesma forma, não se sabe se a seguradora terá lucro ou prejuízo com base nos serviços prestados e na precificação por ela calculada.

Embora possamos dizer que a operadora de plano de saúde já possui prévio conhecimento das circunstâncias futuras que poderão ocorrer e que deverá cobrir, esse evento ainda é futuro e incerto, mantendo a aleatoriedade do contrato. Por exemplo, se o segurado não utilizar os serviços de assistência à saúde, a operadora de plano de saúde certamente terá lucro em sua atividade comercial, mas, se o segurado utilizar os serviços de saúde, a operadora de plano de saúde poderá ter prejuízo, uma vez que as despesas médico-hospitalares não são previsíveis e são, em geral, bastante elevadas, especialmente se estivermos nos referindo a procedimentos cirúrgicos e internações.

De todo modo, os riscos eventuais devem estar expressamente especificados no contrato, a fim de que o beneficiário possa acionar a seguradora para cobrir despesas que, à época da sua celebração, representavam mera possibilidade. Isso porque, como bem esclarece Fernando Campos SCAFF[53], não são as questões relacionadas à saúde que são verdadeiramente imprevisíveis, até mesmo porque pode-se dizer que há um controle no limite da disposição pessoal do beneficiário. Na verdade, o índice de sinistralidade está diretamente relacionado às faixas etárias dos indivíduos, de modo que de aleatório na saúde não haveria nada: os riscos ali apurados já são esperados em cada grupo de pessoas, em função da idade. Da mesma forma ocorre com a análise de um grupo específico de segurados que, conforme a atividade econômica, são mais propensos a determinadas doenças e tratamentos.

Nesse sentido, seria possível dizermos que as consultas médicas são devidamente programadas e voluntariamente realizadas pelos beneficiários, de modo que descaracterizaria o caráter aleatório do contrato de

---

[53] SCAFF, Fernando Campos. *Direito à saúde no âmbito privado*: Contratos de adesão, planos de saúde e seguro-saúde. São Paulo: Saraiva, 2010, p. 43.

seguro. Todavia, o elemento da aleatoriedade, ainda assim, prevalecerá, pois não é possível precisar a magnitude dos gastos nem os desdobramentos futuros de cada procedimento[54].

Ainda em relação à característica da aleatoriedade, Paula Greco BANDEIRA[55] enfatiza que

> a prestação do segurador, certa e determinada, de garantir interesse legítimo do segurado não desqualifica, portanto, o contrato de seguro como aleatório, vez que subsiste a incerteza de ambos os contratantes, no momento da celebração do negócio, quanto à verificação do sinistro, que desencadeará o desempenho de prestação do segurador em favor do segurado, com perda para o primeiro e ganho para o segundo, em sentido jurídico.

Essa distorção das características do contrato de seguro é que reforçam, conforme será aprofundado adiante, a necessidade de tipificação do contrato de plano de saúde no Código Civil, prevendo todas as peculiaridades desse tipo contratual.

Podemos, ainda, classificar o contrato de seguro saúde como um contrato de adesão. Essa classificação se sustenta porque o contrato de seguro saúde contém cláusulas preestabelecidas e, em regra, o segurado não participa da sua elaboração, podendo optar pela sua adesão ou não. É justamente em razão desse caráter que incidem as hipóteses previstas nos artigos 46[56] e 47[57] do CDC, que estabelecem a interpretação mais favorável ao segurado[58].

Os produtos comercializados pelas operadoras são previamente registrados na ANS. Assim, normalmente, os contratos de planos de

---

[54] CARNEIRO, Luiz Augusto Ferreira. Princípios básicos de seguros e planos de saúde. In: *Planos de saúde*. Aspectos jurídicos e econômicos. Rio de Janeiro: Forense, 2012, p. 80.

[55] BANDEIRA, Paula Greco. *Contratos aleatórios no direito brasileiro*. Rio de Janeiro: Renovar, 2010, p. 111.

[56] "Art. 46. Os contratos que regulam as relações de consumo não obrigarão os consumidores, se não lhes for dada a oportunidade de tomar conhecimento prévio de seu conteúdo, ou se os respectivos instrumentos forem redigidos de modo a dificultar a compreensão de seu sentido e alcance."

[57] "Art. 47. As cláusulas contratuais serão interpretadas de maneira mais favorável ao consumidor."

[58] PEREIRA, Caio Mário da Silva. *Instituições de direito civil*: Contratos. Volume III. 17ª ed. Rio de Janeiro: Forense, 2013, p. 418.

saúde são compostos pelas "Condições Gerais" e pela "Proposta de Seguro" ou pelas "Condições Particulares", a fim de estabelecer os exatos limites do contrato.

As Condições Gerais do contrato consistem em diversas cláusulas contratuais pré-elaboradas unilateralmente pela empresa fornecedora do serviço, indistintamente destinadas a um número indeterminado de consumidores.

Além da natureza de contrato de adesão, Claudia LIMA MARQUES assevera que o contrato de plano de saúde também é classificado como contrato dirigido, posto que suas disposições estão sujeitas à Lei nº 9.656/98, ditando o conteúdo do contrato[59].

Pode-se, contudo, entender que a classificação do contrato de seguro saúde como contrato de adesão é relativizada quando se trata de contrato coletivo empresarial, uma vez que a empresa, na figura de estipulante, possui relativo poder de barganha com a operadora de plano de saúde, se comparado ao poder de negociação do beneficiário frente à operadora nos contratos individuais. Por isso, nos contratos coletivos empresariais, é possível debater o teor de algumas cláusulas contratuais e, eventualmente, alterá-las.

É por meio das condições particulares ou proposta de seguro que o estipulante pode negociar com a operadora de plano de saúde as alterações das cláusulas previstas nas Condições Gerais do Contrato.

Conforme explica Arnaldo RIZZARDO, *os riscos assumidos pelo segurador são exclusivamente os assinalados na apólice, dentro dos limites por ela fixados, não se admitindo a interpretação extensiva, nem analógica*[60].

Ademais, o contrato de seguro saúde é, um contrato de estipulação em favor de terceiro, também com característica de contrato cativo, de longa duração – da mesma forma que o contrato de prestação de serviços –, bem como de execução continuada, pois subsiste por determinado período de tempo, sendo periodicamente renovado pela estipulante e seguradora. Nesse contexto, e considerando também sua característica aleatória, podemos destacar, ainda, a dificuldade de previsibilidade em

---

[59] MARQUES, Claudia Lima. *Contratos no Código de Defesa do Consumidor:* O novo regime das relações contratuais. 6ª ed. São Paulo: RT, 2011, p. 73, 78 e 84.

[60] RIZZARDO, Arnaldo. *Contratos.* 13ª ed. Rio de Janeiro: Forense, 2013, p. 836.

termos de preço e quantidade, dada a mutabilidade constante dos contratos de longa duração[61].

2.4. A Atipicidade Mista do Contrato de Plano de Saúde

Muito embora tenhamos analisado figuras típicas de contrato previstas em nosso ordenamento jurídico, é evidente que o contrato de plano de saúde não corresponde a nenhum desses tipos legais isoladamente. Poderíamos dizer que o contrato de plano de saúde é um contrato atípico misto. Ele não é completamente diferente dos tipos legais já existentes, mas os modifica, misturando e combinando alguns tipos já existentes, e partindo de uma modalidade contratual-base, que podemos entender ser o contrato de seguro[62].

O contrato de plano de saúde é um tipo legal que possui características de um contrato de prestação de serviços, seguro, bem como, seja um ou outro, a essência da estipulação em favor de terceiro. O Código Civil, entretanto, não tipifica a figura legal do contrato de plano de saúde, que mescla todas as características que temos discutido. A Lei nº 9.656/98, juntamente com a regulamentação da ANS, embora preveja a existência legal do contrato de plano de saúde, também não estabeleceu as características desse contrato e muitas delas ainda constam apenas nas resoluções editadas pela ANS, o que, em muitos casos, dá margem a questionar seu caráter vinculativo.

Além de todas as características contratuais mencionadas até o momento, vale destacar a natureza empresarial do referido contrato na medida em que são duas empresas que negociam os termos do instrumento contratual. Assim, ainda que o beneficiário possa ser considerado consumidor em relação à operadora de plano de saúde a colocar-nos diante de um contrato de consumo[63], é importante esclarecer que, em essência, o vínculo estabelecido em torno do contrato de plano de saúde coletivo empresarial configura um contrato interempresarial, em decor-

---

[61] MACEDO JUNIOR, Ronaldo Porto. *Contratos relacionais e defesa do consumidor*. 2ª ed. São Paulo: RT, 2007, p. 106.

[62] VASCONCELOS, Pedro Pais de. *Contratos atípicos*. Dissertação de Doutoramento. 2ª ed. Lisboa: Almedina, 2009, p. 215.

[63] MIRAGEM, Bruno; CARLINI, Angélica. *Direito dos Seguros*. Fundamentos de Direito Civil, Direito Empresarial e Direito do Consumidor. São Paulo: RT, 2014, p. 29.

rência da atividade empresarial de ambas as partes, premidas pela busca de lucro, de modo que não se aplicaria a lógica consumerista nessa relação[64].

Portanto, embora estejamos tratando de um serviço que tem como destinatário final o beneficiário do plano de saúde, é preciso analisar essa figura contratual tendo em vista que são duas as empresas contratantes, de modo que a rigidez exacerbada do tipo contratual ou, ainda, a relativização desmedida da autonomia da vontade poderia desincentivar a sua negociação a médio e longo prazo.

Os tipos legais não esgotam todas as espécies contratuais existentes. Os contratos típicos não são livremente criados pelo legislador. Eles surgiram da realidade das contratações, ou seja, estão tipificados apenas na prática da sociedade. A importância da tipificação plena do contrato é relevante para estabelecer os limites exatos, claros e firmes do instituto[65].

Em outras palavras, existem diversas espécies de contrato que não estão tipificadas em nosso ordenamento jurídico e que, por conseguinte, ainda não possuem regras específicas a serem seguidas pelos contratantes. Contudo, em muitos casos, a sociedade cria, desenvolve e aperfeiçoa tipos contratuais que não são vedados na lei e que atendem aos seus interesses particulares. Portanto, podemos dizer que os tipos legais contratuais e os tipos sociais coexistem na sociedade e influenciam um ao outro.

Com o aumento e incentivo ao emprego formal, também verificamos a importância do papel dos planos de saúde coletivos empresariais, o que reforça a relevância da atuação do setor privado nesse mercado. De acordo com informação levantada pela ANS, até o 2º trimestre de 2014, foram criados 633.350 postos de trabalho, o que representou um acréscimo de 457.024 novos beneficiários de planos privado de assistência à saúde[66].

---

[64] FORGIONI, Paula A. *Teoria geral dos contratos empresariais*. 2ª ed. São Paulo: RT, 2010, p. 30-34.

[65] VASCONCELOS, Pedro Pais de. *Contratos atípicos*. Dissertação de doutoramento. 2ª ed. Lisboa: Almedina, 2009, p. 21, 61-62 e 93.

[66] Estas informações sobre o setor privado de saúde estão disponíveis em <http://www.ans.gov.br/images/stories/Materiais_para_pesquisa/Perfil_setor/Foco/FINAL_foco_setembro2014_web.pdf> (Acesso em 8.12.2015).

Para tipificar o contrato, é necessário, portanto, apreender o tipo jurídico a partir da análise de todo o regime, para evitar equívocos e/ou definições defeituosas, bem como compará-lo ao tipo real que lhe é subjacente. Ademais, os contratos refletem os fins que as partes contratantes pretendem atingir, de modo que são essenciais para a compreensão do tipo social durante o processo de tipificação[67].

Conforme esclarece Paula A. FORGIONI, é inegável que nos contratos empresariais, *a economicidade final dos comportamentos de todos os partícipes imprime-lhes características singulares, que refletirão nos negócios por eles engendrados*[68], e o fim lucrativo e vantajoso é a característica principal dos negócios mercantis. Logo, no caso dos planos de saúde, a empresa tem por objetivo oferecer o benefício ao seu empregado por questões estratégicas, que englobam, desde a retenção de talentos, bem-estar dos seus empregados, melhora na produtividade até a participação social.

Da mesma forma, é fato que, em geral, as operadoras de planos de saúde têm como atividade-meio a exploração empresarial desse setor com lucro, transformando os seguros e planos de saúde em atividade comercial[69]. Afinal, ao denominar o plano de saúde como "produto"[70] comercializado pela operadora de plano de saúde, o legislador reforçou o caráter empresarial dessa atividade[71].

---

[67] VASCONCELOS, Pedro Pais de. *Contratos atípicos*. Dissertação de Doutoramento. 2ª ed. Lisboa: Almedina, 2009, p. 98-99.
[68] FORGIONI, Paula A. *Teoria geral dos contratos empresariais*. 2ª ed. São Paulo: RT, 2010, p. 56-59.
[69] BOTTESINI, Maury Ângelo. Contratos de planos e seguros privados de assistência à saúde – princípios básicos da atividade – suporte jurídico-legal e constitucional. In: CARNEIRO, Luiz Augusto Ferreira (Org.). *Planos de saúde*. Aspectos jurídicos e econômicos. Rio de Janeiro: Forense, 2012, p. 48-49.
[70] "Art. 1º Submetem-se às disposições desta Lei as pessoas jurídicas de direito privado que operam planos de assistência à saúde, sem prejuízo do cumprimento da legislação específica que rege a sua atividade, adotando-se, para fins de aplicação das normas aqui estabelecidas, as seguintes definições: (...) II – Operadora de Plano de Assistência à Saúde: pessoa jurídica constituída sob a modalidade de sociedade civil ou comercial, cooperativa, ou entidade de autogestão, que opere **produto**, serviço ou contrato de que trata o inciso I deste artigo (...)" (destaque acrescido ao texto original).
[71] BOTTESINI, Maury Ângelo; MACHADO, Mauro Conti. *Lei dos Planos e Seguros de Saúde*. Comentada artigo por artigo. 3ª ed. Forense: Rio de Janeiro, 2015, p. 16-17.

Diante da relevância desse tipo contratual na sociedade, e a imperiosidade de evitar e/ou resolver problemas entre as partes contratantes, bem como de orientar o Judiciário e a ANS na análise desses contratos e nas soluções de litígios, não há dúvida quanto à necessidade de tipificação plena do contrato de plano de saúde. Se não são claros os parâmetros que informam os contratos de plano de saúde, aumentam as incertezas quanto aos seus limites e resultados.

No caso dos planos de saúde, portanto, os tipos legais já analisados nesta dissertação já estão tipificados, mas ainda não refletem o contrato de plano de saúde que caracteriza o tipo social. Atualmente, o contrato de plano de saúde ocupa um papel de extrema relevância na sociedade. Conforme análise divulgada pela Fundação de Defesa e Proteção do Consumidor de São Paulo ("**PROCON/SP**"), em março/2015, referente ao Cadastro de Reclamações Fundamentadas de 2014, o setor de Saúde está dentre os 10 segmentos com maior número de reclamações, ocupando a saúde o 8º lugar do ranking[72].

SEGMENTOS MAIS RECLAMADOS

Cadastro de Reclamações Fundamentadas – Fundação Procon SP – 2014
Assuntos / Segmentos mais reclamados

	Segmentos	Total	% Atendidas
1º	Telecomunicações	4.498	75%
2º	Instituições Financeiras	3.752	37%
3º	Microcomputador / Produtos de Informática	1.785	68%
4º	Aparelho Celular	1.371	52%
5º	Cursos Livres	1.273	40%
6º	Produtos de Linha Branca	895	72%
7º	Agências e Operadoras de viagens (pacotes turísticos)	884	36%
8º	Saúde Suplementar	883	42%
9º	Vestuário (Calçado / Roupa)	879	62%
10º	Móveis	805	73%

A teoria contratual deve acompanhar as mudanças que ocorrem nos tipos legais e nos tipos sociais, buscando entender as alterações incorporadas pela sociedade. Conforme explica Ronaldo PORTO MACEDO JUNIOR, as transformações no direito contratual brasileiro ocorrem em

---

[72] Disponível em: <http://www.procon.sp.gov.br/pdf/ranking_fundacao_procon_sp_2014.pdf> (acesso em 27.11.2015).

3 (três) planos: (i) inclusão de novos valores de bem-estar e justiça distributiva; (ii) mudanças do mercado referente à distribuição de bens; (iii) mudança da racionalidade jurídica, que dá sentido aos dois planos anteriores, os quais serão explicados a seguir[73].

Em relação à introdução de novas noções de valores de bem-estar na sociedade, que caracteriza o chamado Estado Welfarista, podemos dizer que os valores contratuais clássicos se pautavam essencialmente pela autonomia da vontade, supremacia do acordo decorrente do mútuo consentimento. Prevalecia, assim, o princípio do *pacta sunt servanda*, pelo qual, o direito maximiza a liberdade dos indivíduos, favorecendo a autoconfiança e assumindo uma posição neutra em relação à desigualdade social. Essa teoria clássica encontra como desafio os novos valores, que vêm se consolidando na teoria contratual como, por exemplo, a busca pela justiça social, o dever de informação, os mecanismos de reequilíbrio contratual, o aumento do intervencionismo estatal e o surgimento dos contratos relacionais de longo prazo.

Com a ascensão do direito social ou welfarista, que tem por objetivo disseminar a justiça distributiva, o direito à autonomia privada passou a ser limitado e surgiram as chamadas discriminações positivas, das quais é exemplo o tratamento diferenciado e mais protetivo para o vulnerável, seja ele o consumidor, o hipossuficiente, o idoso, o trabalhador, dentre outros.

Nesse contexto, notamos uma maior insegurança jurídica quanto à liberdade contratual e aos custos de transação incorridos pelas empresas para se debruçarem sobre os problemas envolvidos no intuito de solucioná-los e manter o objetivo natural das empresas no que toca à vantagem decorrente de suas decisões[74]. Isso porque o contrato de seguro funda-se em base atuarial, de economia e de gestão, que visa garantir sua sustentabilidade econômica[75]. Em razão desse caráter puramente econômico, há de ser levado em consideração o peso da autonomia privada no contrato empresarial.

---

[73] MACEDO JUNIOR, Ronaldo Porto. *Contratos relacionais e defesa do consumidor*. 2ª ed. São Paulo: RT, 2007, p. 37-58.

[74] FORGIONI, Paula A. *Teoria geral dos contratos empresariais*. 2ª ed. São Paulo: RT, 2010, p. 60-61.

[75] MIRAGEM, Bruno; CARLINI, Angélica. *Direito dos seguros*. Fundamentos de direito civil, direito empresarial e direito do consumidor. São Paulo: RT, 2014, p. 26.

Ainda conforme a lição de Ronaldo PORTO MACEDO JUNIOR[76], ao regular determinada prática, a regulação da prática torna-se relevante como meio de comunicação e em termos de exercício de poder, mas também cria igualdades e desigualdades. Para entendermos o significado da sociedade normativa, é importante entendermos uma das formas pelas quais ela se constitui, ou seja, pelo conceito de segurança e de sua gestão social. Novamente estamos a tratar do risco e, agora, do conceito da sociedade de risco.

Nos contratos relacionais de longa duração, o exemplo dado por PORTO MACEDO é, justamente, o contrato de seguro, em especial os planos de saúde. Isso porque a gestão de risco nessa espécie contratual é essencial do ponto de vista da técnica atuarial para a compreensão dos cálculos envolvidos para a verificação do risco referente àquela coletividade. Esse é, por sinal, outro fator a ser destacado: a despeito de o fato específico ser referente a um indivíduo, o risco sempre se refere a uma coletividade. É esse o conceito empregado pelas seguradoras de saúde ao avaliar os riscos que darão origem ao custo do serviço a ser prestado. Assim, *não há risco que não seja social e é somente em relação à sociedade que ele se torna calculável*[77].

Nesse cenário de risco e de segurança, o critério objetivo de repartição de responsabilidades apurado por meio de um cálculo de probabilidade dá origem a uma regra de justiça e de direito. Diz-se estar diante de uma regra de justiça em razão da existência do conceito de grupo e de socialização do julgamento, não mais de indivíduo.

Em razão dessa mudança de racionalidade entre a teoria liberal clássica dos contratos e o atual direito social, é evidente a alteração contínua e constante da racionalidade jurídica quanto à forma de interpretar os contratos e quanto à sua extensão e aplicabilidade. Destarte, a fim de preservar as relações jurídicas travadas entre particulares com certo grau de segurança jurídica, esta dissertação defende a tipificação plena do contrato de plano de saúde.

---

[76] MACEDO JUNIOR, Ronaldo Porto. *Contratos relacionais e defesa do consumidor*. 2ª ed. São Paulo: RT, 2007, p. 62-81.
[77] MACEDO JUNIOR, Ronaldo Porto. *Contratos relacionais e defesa do consumidor*. 2ª ed. São Paulo: RT, 2007, p. 64.

A relevância da tipificação do contrato de plano de saúde se justifica por estarmos, atualmente, inseridos em um mundo de agentes de relações contratuais[78] que, com raízes ainda na era liberal, fruto da era neoclássica dos contratos e destinada ao direito relacional, busca um mínimo de segurança jurídica dentro dessa estrutura hierarquizada e burocrática que resistiu ao tempo.

A era relacional dos contratos inerente ao direito social ou welfarista exige que a teoria contratual acompanhe as constantes e rápidas mudanças nos contratos, uma vez que o direito relacional envolve um fluxo de mudanças complexo e dinâmico, que influencia toda a teoria contratual e a discricionariedade do Judiciário. Por fim, vale salientar que, nesse contexto, a liberdade contratual também tem papel importante na teoria relacional, mas passará cada vez mais a estar limitada por outros princípios normativos a fim de garantir que a relação não se desintegrará[79].

De acordo com Ricardo Luiz LORENZETTI, *a função do Estado no modelo atual parece que é repartir custos e atribuir ônus*[80]. Para tanto, o entendimento era de que os indivíduos autossuficientes estariam deixando de se vincular ao Estado por meio de negócios jurídicos dos quais o Estado não é parte. A título ilustrativo, podemos perceber que nem mesmo os contratos típicos têm se mostrado atrativos aos indivíduos, proliferando os mais diversos contratos atípicos na sociedade, o que, em razão da ausência de normas ou, ao menos, de regulamentação suficiente, gera insegurança jurídica na sociedade.

Por ora, a fim de assegurar a segurança jurídica às partes, o contrato de plano de saúde é regido essencialmente pela Lei de Planos de Saúde, regulamentação da ANS, pelo Código de Defesa do Consumidor, Estatuto do Idoso e Código Civil, especialmente pelas regras que regem os seguros, uma vez que, quando um contrato é formado pela combinação de vários tipos contratuais, geralmente os elementos próprios de um tipo contratual prevalece sobre os demais[81], que no caso é o seguro.

---

[78] MACNEIL, Ian R. *O novo contrato social*. Trad. Alvamar de Campos Andrade Lamparelli. Rio de Janeiro: Elsevier, 2009, p. 78.

[79] MACNEIL, Ian R. *O novo contrato social*. Trad. Alvamar de Campos Andrade Lamparelli. Rio de Janeiro: Elsevier, 2009, p. 83.

[80] LORENZETTI, Ricardo Luis. *Teoria da decisão judicial*: Fundamentos de direito. 2ª ed. São Paulo: RT, 2010, p. 54.

[81] ROPPO, Enzo. *O contrato*. Portugal: Almedina, 2009, p. 137.

3.
A Relevância do Setor de Saúde Suplementar

A relevância do setor de saúde suplementar na atual sociedade é evidente. Essa atividade comercial atende não apenas um fim econômico, mas também um fim de caráter eminentemente social. Ademais, estamos inseridos em uma sociedade de risco, a constranger as pessoas a investirem em técnicas de prevenção e mitigação de riscos decorrentes da sua socialização[82].

Podemos dizer que há 3 (três) grandes objetivos nos sistemas de saúde dos países desenvolvidos. O primeiro é a equidade, pois todo cidadão tem direito à saúde e aos cuidados mínimos, independentemente de sua condição social, econômica ou religiosa. O segundo é a eficiência técnica, por meio da maximização dos resultados dos cuidados de saúde e a satisfação das pessoas a custos mínimos. O terceiro é a eficiência econômica ou distributiva, uma vez que a saúde deveria corresponder apenas a uma parcela apropriada e estritamente necessária do PIB[83].

Em termos de relevância jurídica, é possível afirmarmos que o direito à saúde tem sido considerado como um direito de primeira importância pela jurisprudência dos Tribunais Superiores Brasileiros[84]. Apenas para fins ilustrativos, o Conselho Nacional de Justiça ("**CNJ**") realizou um

---

[82] MIRAGEM, Bruno; CARLINI, Angélica. *Direito dos Seguros*. Fundamentos de direito civil, direito empresarial e direito do consumidor. São Paulo: RT, 2014, p. 25.
[83] BOQUINHAS, José Miguel. *Políticas e sistemas de saúde*. Coimbra: Almedina, 2012, p. 17.
[84] MELLO, Marco Aurélio. Saúde suplementar, segurança jurídica e equilíbrio econômico-financeiro. In: CARNEIRO, Luiz Augusto Ferreira (Org.). *Planos de saúde*. Aspectos jurídicos e econômicos. Rio de Janeiro: Forense, 2012, p. 3.

levantamento de dados dos Tribunais e constatou que até junho/2014[85], foi verificado um total de **(i)** 62.291 ações judiciais envolvendo saúde perante os Tribunais Regionais Federais, da 1ª à 5ª região[86]; e **(ii)** 330.630 ações judiciais envolvendo saúde perante os Tribunais Estaduais Brasileiros. A maior concentração de ações judiciais, é no TRF-4ª Região[87] (24.229 ações judiciais) e no Tribunal de Justiça do Estado do Rio Grande do Sul (113.953 ações judiciais).

O contrato de plano privado de assistência à saúde, especificamente, conquistou seu espaço e se consolidou no mercado em razão da impossibilidade de o Estado cumprir o seu dever constitucional de prover aos cidadãos o direito à saúde com qualidade. Nesse contexto social, os seguros, em especial o de saúde, tornaram-se uma forma de planejamento de vida, mas ainda com uma conotação de "mal necessário", uma vez que existem diversas outras formas de administrar eventuais danos pessoais e patrimoniais como, por exemplo, a poupança pessoal. Nesse contexto, a contratação de um seguro ainda se mostra, todavia, um mecanismo mais vantajoso em razão da mutualidade que será analisada mais adiante, pela qual uma comunidade de pessoas contribui para assegurar os recursos necessários para reparos ou reposição de perdas umas às outras[88].

Conforme explica Fernando Campos SCAFF[89], em razão de o Poder Público não ter conseguido manter o monopólio das intervenções destinadas à saúde,

> a solução mais realista foi a de admitir como legítima e mesmo necessária a participação de empresas privadas nesse ramo de atividade econômica, empresas essas que se dispõem a realizar as prestações próprias ao direito

---

[85] Estes e outros dados obtidos no levantamento efetuado pelo CNJ estão disponíveis em: <http://www.cnj.jus.br/images/programas/forumdasaude/demandasnostribunais.forum-Saude.pdf> (Acesso em 16.12.2015).

[86] No TRF-1ª Região, foi verificado, em 1º grau, um total de 10.194 ações; no TRF-2ª Região, um total de 4.919 ações; no TRF-3ª Região, um total de 3.126 ações; no TRF-4ª Região, um total de 24.229 ações e, no TRF-5ª Região, um total de 7 ações.

[87] O TRF-4ª Região abrange os Estados do Rio Grande do Sul, Santa Catarina e Paraná.

[88] MIRAGEM, Bruno; CARLINI, Angélica. *Direito dos seguros*. Fundamentos de Direito Civil, Direito Empresarial e Direito do Consumidor. São Paulo: RT, 2014, p. 65-67.

[89] SCAFF, Fernando Campos. *Direito à saúde no âmbito privado*: Contratos de adesão, planos de saúde e seguro-saúde. São Paulo: Saraiva, 2010, p. 47.

à saúde com objetivos de lucro ou, pelo menos, a partir de contornos que atentem para certa economicidade entre meios e resultados (...).

O setor de saúde suplementar ganha ainda mais relevância pelo fato de que a falta de recursos do sistema público para a prestação dos serviços de assistência à saúde permitiu a expansão do setor privado, criando o chamado "*apartheid* social", ou seja, a segregação das pessoas que buscam assistência médica diretamente no sistema público de saúde daquelas que têm condições financeiras de serem atendidas pelo setor privado. Isso porque a saúde pode ser observada sob três conceitos: o primeiro é uma concepção médica, ou seja, um estado de ausência de doenças; o segundo é a concepção psicossocial, que é a ausência de mal-estar e um estado de conforto e sensação de confiança e segurança pessoal; um terceiro é a concepção econômica, correspondente a um fator de importância econômica[90].

Em outras palavras, *nos últimos anos, a política predominante na cidade de São Paulo é conhecida por sistema de duas portas: quem pode pagar tem acesso à saúde, enquanto imensa parcela da população aguarda do outro lado o atendimento básico*[91].

Conforme pesquisa realizada pela empresa Bloomberg L. P.[92] em 2014 referente ao ranking de eficiência dos serviços de saúde, os 5 (cinco) primeiros países do ranking são Singapura, Hong Kong, Itália, Japão e Coreia do Sul. O Brasil figura em penúltimo lugar, ocupando a posição 50º em eficiência[93]. Essa aparente ineficiência no atendimento adequado, alinhado com o aumento do emprego formal, permitiu o crescimento do setor privado de plano de saúde, de modo que nos dias atuais, ter um plano de saúde tornou-se o sonho brasileiro, às vezes até mesmo mais importante do que ter a casa própria.

---

[90] BOQUINHAS, José Miguel. *Políticas e sistemas de saúde*. Coimbra: Almedina, 2012, p. 13.
[91] CASTANHEIRA, Alice. Saúde e *apartheid* social. Disponível em <www.adusp.org.br/files/revistas/20/r20a06.pdf> (Acesso em 2.12.2015).
[92] A Bloomberg L. P. é um dos principais provedores mundiais de informação para o mercado financeiro.
[93] *Most Efficient Health Care 2014: Countries*. Disponível em <http://www.bloomberg.com/visual-data/best-and-worst//most-efficient-health-care-2014-countries> (Acesso em 2.12.2015).

Nesse sentido também se coloca o entendimento de Maury Ângelo Bottesini e Mauro Conti Machado[94], os quais reconhecem que o plano de saúde é, no século XXI, *o bem mais desejado por todas as populações que deixaram o campo e migraram para as cidades durante o Século 20.*

Todavia, diferentemente da saúde pública, a assistência privada à saúde não é gratuita e, a princípio, não é universal, uma vez que, conforme já mencionado, trata-se de atividade tipicamente empresarial e que visa à busca de lucro. É difícil para o consumidor entender o papel da saúde suplementar. Como explicam Drauzio Varella e Mauricio Ceschin[95],

> DV: A pessoa não quer mais depender do SUS...
>
> MC: Exatamente. Quem contrata um plano de saúde busca um substitutivo para o serviço prestado pelo SUS, o que não ocorre, porque certas atribuições continuam sendo exclusivas do sistema público, como os programas de vacinação e alguns tipos de transplante. Mas os planos têm de garantir a cobertura mínima estabelecida por lei.

Podemos, inclusive, dizer que esse novo papel do plano de saúde privado e significado atribuído a ele assinalam que ele se tornou uma referência de *status* na nossa sociedade, de modo que o oferecimento do benefício do plano de saúde pela empresa tornou-se fator relevante, muitas vezes o principal, para a decisão de escolha de um determinado emprego em detrimento de outro.

Esse papel atribuído aos planos de saúde decorre também do fato de que eles têm um impacto direto na economia do país através da manutenção e aperfeiçoamento da força de trabalho. Há uma relação direta entre o avanço medicinal e a diminuição da taxa de mortalidade, fazendo com que o número de trabalhadores ativos aumente, e, ao oferecer-lhes o plano de saúde, a proteção da saúde proporciona um aumento do rendimento nacional[96].

---

[94] Bottesini, Maury Ângelo; Machado, Mauro Conti. *Lei dos Planos e Seguros de Saúde.* Comentada artigo por artigo. 3ª ed. Forense: Rio de Janeiro, 2015, p. 18.

[95] Varella, Drauzio; Ceschin, Mauricio. *A saúde dos planos de saúde.* Os desafios da assistência privada no Brasil. 1ª ed. São Paulo: Paralela, 2014, p. 21.

[96] Boquinhas, José Miguel. *Políticas e sistemas de saúde.* Coimbra: Almedina, 2012, p. 13.

Outro fato que mostra a relevância desse setor, conforme discutiremos nesta dissertação, é que a saúde suplementar tem como característica a interdisciplinaridade, uma vez que se baseia em conceitos técnicos dos mais diversos ramos, como, por exemplo, a ciência biomédica, ciência econômica e a ciência jurídica[97]. Ao tratarmos das ciências biomédicas, estamos fazendo referência à medicina preventiva, às medidas para promoção de saúde e prevenção de doenças aliadas ao avanço da ciência médica e tecnológica. A ciência econômica, por sua vez, é inerente ao contrato, pois a relação econômica lhe é intrínseca dado que há o pagamento da contraprestação pecuniária. Por fim, a ciência jurídica é justamente a relação jurídica travada entre as partes contratantes, que se comprometem a cumprir as obrigações por elas pactuadas.

De acordo com análise realizada pela Fundação Oswaldo Cruz ("**FIOCRUZ**"), em cooperação com a Secretaria de Assuntos Estratégicos da Presidência da República ("**SAE**"), com a participação do Instituto de Pesquisa Econômica Aplicada ("**IPEA**"), e apoio financeiro do Fundo Nacional de Saúde do Ministério da Saúde e da SAE, o setor de saúde tem relevância destacada num projeto de dimensão nacional, seja social, seja econômico, tecnológico ou democrático. Isso porque a saúde alavanca mais de 8% do PIB brasileiro[98].

Esse setor concilia, portanto, interesses, valores e princípios de diversos ramos, tanto do direito público quanto do direito privado, a fim de viabilizar essa atividade e atender às expectativas econômica e sociais do mercado. Ele contribui, ademais, para o dinamismo econômico da sociedade, conforme será verificado ao longo desta dissertação.

3.1. O Início da Regulamentação do Setor

Antes da regulamentação do setor de saúde suplementar, as operadoras de planos de saúde atuavam quase que livremente, sujeitas ao Decreto-Lei nº 73/66. Começaram a ser identificadas, no entanto, muitas falhas de mercado como, por exemplo, o desequilíbrio contratual, a pouca sus-

---

[97] FIGUEIREDO, Leonardo Vizeu. *Curso de direito de saúde suplementar.* Manual jurídico de planos e seguros de saúde. São Paulo: MP Editora, 2006, p. 32-34.
[98] A Saúde no Brasil em 2030. Diretrizes para a Prospecção Estratégica do Sistema de Saúde Brasileiro. Disponível em <http://www.obsnetims.org.br/uploaded/11_11_2015__0_miolo_saude_brasil_2030.pdf> (Acesso em 8.12.2015).

tentabilidade de algumas operadoras de planos de saúde, repasse de custos aos consumidores e empresas, dentre outros.

O setor de saúde suplementar era dividido em 4 (quatro) segmentos: **(i)** medicina de grupo; **(ii)** cooperativas médicas; **(iii)** seguradoras; e **(iv)** autogestão[99]. A definição desses quatro segmentos pode ser encontrada no Caderno de Informação da Saúde Suplementar: Beneficiários, Operadoras e Planos[100].

A medicina de grupo é considerada uma *operadora que se constitui em sociedade que comercializa ou opera planos privados de saúde, excetuando-se as classificadas nas modalidades administradora, cooperativa médica, autogestão, filantropia e seguradora especializada em saúde.*

A cooperativa médica é *operadora que se constitui na forma de associação de pessoas sem fins lucrativos nos termos da Lei nº 5.764, de 16 de dezembro de 1971, formada por médicos, e que comercializa ou opera planos de assistência à saúde.*

Já a seguradora especializada em saúde é

empresa constituída em sociedade seguradora com fins lucrativos que comercializa seguros de saúde e oferece, obrigatoriamente, reembolso das despesas médico-hospitalares ou odontológicas, ou que comercializa ou opera seguro que preveja a garantia de assistência à saúde, estando sujeita ao disposto na Lei nº 10.185, de 12 de fevereiro de 2001, sendo vedada a operação em outros ramos de seguro.

Por fim, a autogestão é

entidade que opera serviços de assistência à saúde ou empresa que se responsabiliza pelo plano privado de assistência à saúde, destinado, exclusivamente, a oferecer cobertura aos empregados ativos de uma ou mais empresas, associados integrantes de determinada categoria profissional, aposentados, pensionistas ou ex-empregados, bem como a seus respectivos grupos familiares definidos.

---

[99] CECHIN, José. *A história e os desafios da saúde suplementar*: 10 anos de regulação. São Paulo: Saraiva, 2008, p. 83.
[100] Caderno de Informação da Saúde Suplementar: Beneficiários, Operadoras e Planos. Rio de Janeiro: ANS, 2013, p. 46.

Apenas as seguradoras eram regulamentadas pela SUSEP, antes da regulamentação do setor de saúde suplementar, sendo essa uma das razões pelas quais elas eram favoráveis à regulamentação do setor. O fato de serem fiscalizadas pela SUSEP fazia com que tivessem que cumprir com a obrigação de oferecer diversas garantias financeiras específicas, dentre outras obrigações. Por sua vez, as operadoras de planos de saúde não precisavam cumprir nenhum aspecto regulatório como, por exemplo, padronização de produtos, que no caso eram os planos de saúde a serem comercializados, padrão contábil quanto à exigência de capital mínimo e provisões técnicas[101], de modo que a regulação existente acabava interferindo diretamente na competitividade dessas empresas.

Vale lembrar que, conforme já mencionado nesta dissertação, a Lei nº 10.185/2001 equiparou os planos de saúde e os seguros saúde, estabelecendo que ambos passassem a se sujeitar à fiscalização e regulamentação da ANS, e suspendendo a atuação da SUSEP em relação aos seguros saúde[102]. Para tanto, as seguradoras que comercializavam seguro saúde deveriam regularizar o seu registro perante a ANS cadastrando-se como seguradora especializada em saúde.

Em 1976, antes, portanto, da regulamentação do setor, houve a criação do PROCON/SP, que representou um momento importante na organização do movimento de defesa do consumidor. Posteriormente, ainda, foram criados os Procons dos demais Estados[103].

Em março de 1991, entrou em vigor o CDC, que dispõe sobre a proteção ao consumidor. Ele representa um marco nas relações entre consumidores e fornecedores visando à proteção do consumidor em relação às práticas abusivas dos fornecedores. Assim, qualquer cláusula contratual que esteja em desconformidade com o CDC é considerada nula[104].

---

[101] CARNEIRO, Luiz Augusto Ferreira. Princípios básicos de seguros e planos de saúde. In: *Planos de Saúde*. Aspectos jurídicos e econômicos. Rio de Janeiro: Forense, 2012, p. 69.
[102] BARBUGIANI, Luiz Henrique Sormani. *Planos de saúde*: Doutrina, jurisprudência e legislação. São Paulo: Saraiva, 2015, p. 22.
[103] CECHIN, José. *A história e os desafios da saúde suplementar*: 10 anos de regulação. São Paulo: Saraiva, 2008, p. 103.
[104] CECHIN, José. *A história e os desafios da saúde suplementar*: 10 anos de regulação. São Paulo: Saraiva, 2008, p. 103.

Nesse contexto histórico e em razão da necessidade crescente de regulação do setor de saúde suplementar, em 3 de junho de 1998, foi editada a Lei nº 9.656/98. Essa lei foi, contudo, objeto de amplas discussões no Congresso Nacional e, em 5 de junho de 1998, isto é, um dia após a sua publicação, foi alterada por meio de medida provisória, a qual foi sucedida por mais 43 medidas provisórias elaboradas pelo Poder Executivo até a sua aprovação definitiva, em agosto de 2001. Isso porque, para evitar nova discussão na Câmara dos Deputados acerca das alterações por ela proposta, e frente à diversas iniciativas para aprovar leis estaduais, tornou-se urgente a edição de lei federal sobre a matéria, de modo que o Senado aprovou a proposta com a redação sugerida pela Câmara dos Deputados e, logo após, a lei foi alterada pelas sucessivas medidas provisórias[105].

A Lei nº 9.656/98 trata de diversos assuntos relevantes como, por exemplo, cobertura assistencial mínima, períodos de carência, normas referentes ao registro de operadora de plano de saúde e seus produtos, ressarcimento ao SUS, suspensão ou rescisão do contrato de plano de saúde individual, credenciamento e descredenciamento de rede, garantias financeiras, extensão do plano de saúde pós-emprego, doença e lesão preexistente, faixa etária, dentre outras questões.

Nela foi definido, ainda, o critério de operadora de plano de assistência à saúde, que é toda pessoa jurídica constituída sob a modalidade de sociedade civil ou comercial, cooperativa, ou entidade de autogestão, que opere plano privado de assistência à saúde.

A referida lei também definiu o plano privado de assistência à saúde como a prestação continuada de serviços ou cobertura de custos assistenciais a preço pré ou pós-estabelecido, por prazo indeterminado, com a finalidade de garantir, sem limite financeiro, a assistência à saúde, pela faculdade de acesso e atendimento por profissionais ou serviços de saúde, livremente escolhidos, integrantes ou não da rede credenciada, contratada ou referenciada, visando à assistência médica, hospitalar e odontológica. Essa prestação de serviço deveria ser paga integral ou par-

---

[105] LOPES, Luiz Celso Dias. A garantia de manutenção em planos coletivos empresariais para demitidos e aposentados – artigos 30 e 31 da Lei 9.656/98. In: CARNEIRO, Luiz Augusto Ferreira (Org.). *Planos de saúde*. Aspectos jurídicos e econômicos. Rio de Janeiro: Forense, 2012, p. 287-289.

cialmente pela operadora contratada, mediante o reembolso ou pagamento direto ao prestador, por conta e ordem do consumidor.

Embora a Lei nº 9.656/98 contenha aspectos a serem aperfeiçoados, é certo que ela foi um primeiro passo importante para o mercado de saúde suplementar, para o qual contribuíram as entidades de defesa do consumidor, representantes dos planos de saúde, das corporações médicas, de órgãos governamentais do setor, etc.[106]

3.2. A Criação da Agência Nacional de Saúde Suplementar

As agências reguladoras são fruto da alteração da concepção clássica de Estado intervencionista, pela qual o Estado preocupava-se tão-somente com a supremacia do interesse público sobre o privado, de modo que era possível monopolizar determinados mercados. Em razão da falência desse Estado exclusivamente intervencionista e o movimento de desestatização econômica, promovido com o fim de reduzir os gastos estatais[107], surgiram as agências reguladoras, consideradas autarquias de regime especial, que integram a Administração Pública Indireta, tendo por objetivo regular matéria específica que lhe incumbe[108].

Sob influência do modelo norte-americano, foram criadas diversas agências reguladoras, entre as quais, a Agência Nacional da Energia Elétrica, a Agência Nacional de Telecomunicações, a Agência Nacional de Aviação Civil, a Agência Nacional de Vigilância Sanitária, a Agência Nacional de Saúde Suplementar, dentre outras.

Não há, no Brasil, nenhuma lei que discipline, especificamente, a criação das agências reguladoras. Todavia, cada agência é amparada pela sua própria lei de criação, na qual constam os limites de sua atuação, competências, atribuições e estrutura administrativa.

Nesse modelo estatal regulador, o principal objetivo perseguido é a coexistência dos interesses privados e coletivos[109]. Para tanto, a agência

---

[106] NUNES, Luiz Antônio Rizzatto. *Comentários à lei de plano privado de assistência à saúde*. São Paulo: Saraiva, 2000, p. 12.
[107] FIGUEIREDO, Leonardo Vizeu. *Curso de direito de saúde suplementar*. Manual jurídico de planos e seguros de saúde. São Paulo: MP Editora, 2006, p. 81.
[108] PIETRO, Maria Sylvia Zanella Di. *Direito administrativo*. 20ª ed. São Paulo: ATLAS, 2007, p. 430-435.
[109] FIGUEIREDO, Leonardo Vizeu. *Curso de direito de saúde suplementar*. Manual jurídico de planos e seguros de saúde. São Paulo: MP Editora, 2006, p. 81.

reguladora passou a exercer função de regular, fiscalizar, monitorar e organizar um determinado setor, sendo-lhe também atribuído o poder de polícia.

Considerando que o Estado Brasileiro passou a transferir atribuições que em muitos casos já vinham sendo realizadas por ministérios para órgãos com personalidade jurídica própria e com maior autonomia e independência técnica, Marçal JUSTEN FILHO[110] explica que

> adquire especial importância a figura das Agências Reguladoras independentes. A ampliação do poder de controle estatal sobre a atividade privada exige instrumentos jurídicos e materiais compatíveis com necessidades inexistentes anteriormente. A experiência dos demais países ocidentais propiciou o surgimento de figuras específicas, às quais foi atribuída a competência para exercício de poderes essenciais para a configuração do modelo regulatório.

Em razão da luta interna entre o Ministério da Fazenda e o Ministério da Saúde para a regulação do setor, em 25 de novembro de 1999, editou-se a Medida Provisória nº 1928, reeditada como Medida Provisória 2003-1, de 14 de fevereiro de 1999 e convertida na Lei nº 9.961, de 28 de janeiro de 2000 ("**Lei nº 9.961/2000**"). Por ela foi criada a ANS, que passou a ocupar o cargo de agência reguladora do setor de saúde suplementar[111].

A ANS possui autonomia administrativa, financeira, patrimonial e de gestão de recursos humanos, autonomia nas suas decisões técnicas e mandato fixo de seus dirigentes, conforme o artigo 1º, parágrafo único da Lei nº 9.961/2000[112].

---

[110] JUSTEN FILHO, Marçal. *O direito das agências reguladoras independentes*. São Paulo: Dialética, 2002, p. 51.

[111] CECHIN, José. *A história e os desafios da saúde suplementar*: 10 anos de regulação. São Paulo: Saraiva, 2008, p. 124.

[112] "Art. 1º É criada a Agência Nacional de Saúde Suplementar – ANS, autarquia sob o regime especial, vinculada ao Ministério da Saúde, com sede e foro na cidade do Rio de Janeiro – RJ, prazo de duração indeterminado e atuação em todo o território nacional, como órgão de regulação, normatização, controle e fiscalização das atividades que garantam a assistência suplementar à saúde. Parágrafo único. A natureza de autarquia especial conferida à ANS é caracterizada por autonomia administrativa, financeira, patrimonial e de

A função da agência reguladora é de executar políticas do Estado de orientação e planejamento da economia, buscando melhorar a eficiência do setor, bem como identificar e corrigir falhas no mercado[113]. É esse o papel que a ANS vem adotando ao regulamentar o mercado de saúde suplementar mediante a conciliação dos interesses das operadoras com o dos beneficiários, estipulantes e prestadores de serviço.

Vale mencionar que a Lei nº 9.656/98 já tinha criado o CONSU, órgão colegiado integrante do Ministério da Saúde, para (i) estabelecer e supervisionar a execução de políticas e diretrizes gerais do setor de saúde suplementar; (ii) aprovar o contrato de gestão da ANS; (iii) supervisionar e acompanhar as ações e o funcionamento da ANS, dentre outras competências.

Até a criação da ANS, o CONSU editou diversas resoluções para regular o mercado de saúde suplementar. Todavia, em razão da criação da ANS, ele passou a exercer cada vez menos esse papel e a ANS intensificou a sua atuação na regulação do setor.

Conforme também explica Celso Antônio BANDEIRA DE MELO, *agências reguladoras são autarquias sob regime especial, ultimamente criadas com a finalidade de disciplinar e controlar certas atividades*[114]. A ANS é, portanto, uma autarquia federal em regime especial vinculada ao Ministério da Saúde e tem por objetivo *promover a defesa do interesse público na assistência suplementar à saúde, regulando as operadoras setoriais, inclusive quanto às suas relações com prestadores e consumidores, contribuindo para o desenvolvimento das ações de saúde no País*, conforme previsto no artigo 3º da Lei nº 9.961/2000.

Dentre as competências da ANS previstas no artigo 4º da Lei nº 9.961/2000, vale destacar as seguintes: **(i)** propor políticas e diretrizes gerais ao CONSU para a regulação do setor de saúde suplementar; **(ii)** estabelecer as características gerais dos instrumentos contratuais; **(iii)** elaborar o rol de procedimentos e eventos em saúde ("**Rol da ANS**"); **(iv)** fiscalizar as atividades das operadoras e zelar pelo cumprimento das

---

gestão de recursos humanos, autonomia nas suas decisões técnicas e mandato fixo de seus dirigentes."

[113] GREGORI, Maria Stella. *Planos de saúde*: A ótica da proteção do consumidor. 3ª ed. São Paulo: RT, 2011, p. 65.

[114] MELLO, Celso Antônio Bandeira de. *Curso de direito administrativo*. 23ª ed. São Paulo: Malheiros, 2007, p. 165-166.

normas; e **(v)** zelar pela qualidade dos serviços de assistência à saúde no âmbito da saúde suplementar.

A principal fonte de financiamento da ANS é a taxa de saúde suplementar, que é paga anualmente pelas operadoras, calculada com base no número de beneficiários de cada operadora na ocasião do registro ou alteração de produto e de operadora ou da solicitação de reajuste.

Tão logo a ANS foi criada, também foi regulamentada a situação das seguradoras mediante a edição da Lei nº 10.185/2001, que, como já esclarecido, dispõe sobre a especialização das sociedades seguradoras em planos privados de assistência à saúde. Com a promulgação dessa lei, as seguradoras que já operavam planos de saúde passaram a ser subordinadas às normas e à fiscalização da ANS, e não mais da SUSEP, devendo ser constituídas como seguradoras especializadas em plano privado assistência à saúde.

Ainda com o intuito de delinear a organização do setor e ampliar a sua divisão, em 27.10.2000, a Diretoria Colegiada da ANS editou a Resolução nº 39/2000 ("**RDC nº 39/2000**"), que tratou da definição, segmentação e classificação das operadoras de assistência à saúde. Ela as dividiu em **(i)** administradora; **(ii)** cooperativa médica; **(iii)** cooperativa odontológica; **(iv)** autogestão; **(v)** medicina de grupo; **(vi)** odontologia de grupo; **(vii)** filantropia.

Desde a sua criação, o que podemos observar é que a ANS vem editando diversas normas a fim de **(i)** sanar as falhas do setor de saúde suplementar, **(ii)** melhorar ferramentas de sistema para colheita de informações das operadoras acerca dos seus produtos, dos beneficiários, da situação financeira, dentre outros aspectos relevantes da vida e saúde de uma operadora, bem como **(iii)** aprofundar o conhecimento do benefício acerca das características do seu plano de saúde e dos seus direitos e deveres nessa relação contratual. Ela também tem se dedicado a regulamentar minuciosamente diversos assuntos já tratados na Lei nº 9.656/98, como, por exemplo, a necessidade de as operadoras apresentarem uma justificativa por escrito fundamentando negativas de cobertura, além dos parâmetros necessários e obrigatórios a serem observados pelas operadoras e prestadores de serviços, sempre em busca de conciliar os interesses de todos os agentes desse mercado.

3.3. O Sistema Misto de Saúde Brasileiro

O artigo 196 da Constituição Federal de 1988 ("**CF/88**") estabelece que *a saúde é direito de todos e dever do Estado*, inserindo o direito à saúde no rol dos direitos sociais.

Todavia, nem sempre foi assim. Por muito tempo, a saúde não foi considerada um direito de todos tampouco um dever do Estado. Quando muito, a Constituição previa que cabia concorrentemente à União e aos Estados cuidar da saúde e assistência públicas, como é o caso da Constituição da República dos Estados Unidos do Brasil, de 16.7.1934, ou estabelecia a competência da União e, subsidiariamente, a dos Estados para estabelecerem planos nacionais de saúde, normas fundamentais de defesa e proteção da saúde, conforme é possível verificar na Constituição dos Estados Unidos do Brasil de 10.11.1937 e na Constituição da República Federativa do Brasil de 1967.

Até a consagração do direito à saúde como direito social, ele era regulado por instrumentos esparsos e por cartas de organizações internacionais.

Em 1945, foi criada a Organização das Nações Unidas ("**ONU**")[115], cuja finalidade é

> contribuir para a manutenção da paz e da segurança, mediante o incremento, através da educação, da ciência e da cultura, da colaboração entre as nações, a fim de assegurar o respeito universal pela justiça, pela lei, pelos direitos do homem e pelas liberdades fundamentais que a Carta das Nações Unidas reconhece a todos os povos do Mundo, sem distinção de raça, de sexo, de língua ou de religião.

A ONU, por sua vez, incentivou a criação de agências especializadas destinadas a promover a garantia dos direitos humanos[116]. Uma dessas agências foi a Organização Mundial da Saúde ("**OMS**"), criada em 1946,

---

[115] Disponível em: <http://www.direitoshumanos.usp.br/index.php/UNESCO-Organiza%C3%A7%C3%A3o-das-Na%C3%A7%C3%B5es-Unidas-para-a-Educa%C3%A7%C3%A3o-Ci%C3%AAncia-e-Cultura/convencao-que-constitui-a-organizacao-das-nacoes-unidas-para-a-educacao-ciencia-e-cultura.html> (Acesso em 4.12.2015).

[116] Disponível em: <http://www.onu.org.br/a-onu-em-acao/a-onu-e-a-saude/> (Acesso em 25.5.2014).

tendo por objetivo a aquisição global do nível de saúde mais elevado que for possível[117].

No preâmbulo do seu tratado constitutivo, a OMS estabelece a definição de saúde, qual seja, *a saúde é um estado de completo bem-estar físico, mental e social, e não consiste apenas na ausência de doença ou de enfermidade*[118].

A dificuldade dessa definição é que, no seu sentido mais amplo, saúde e bem-estar dependem de tudo, não sendo apenas uma ou outra medida que fará com que o indivíduo atinja o estado saudável. A assistência à saúde não será o único fator que contribuirá para a produção de saúde, sendo necessários outros aspectos como, por exemplo, renda, educação, estilo de vida, dentre outros[119]. Portanto, a saúde não está ligada apenas à ausência de doença em uma pessoa, mas também à sua felicidade, ao seu bem-estar físico e psíquico. Estar em boa saúde é necessário, mas não suficiente para viver uma vida produtiva e longa. Produtividade se aplica tanto a atividades relativas ao trabalho como àquelas fora do trabalho[120], de modo que a saúde se mostra como o reflexo do equilíbrio interno e externo da pessoa.

A OMS afirma, ademais, que *gozar do melhor estado de saúde que é possível atingir constitui um dos direitos fundamentais de todo o ser humano, sem distinção de raça, de religião, de credo político, de condição econômica ou social*[121]. Para tanto, cada governo tem a responsabilidade pela saúde do seu povo, estando obrigado a tomar medidas sanitárias adequadas.

---

[117] Disponível em: <http://www.direitoshumanos.usp.br/index.php/OMS-Organiza%C3%A7%C3%A3o-Mundial-da-Sa%C3%BAde/constituicao-da-organizacao-mundial-da-saude-omswho.html> (Acesso em 4.12.2015).

[118] Disponível em: <http://www.direitoshumanos.usp.br/index.php/OMS-Organiza%C3%A7%C3%A3o-Mundial-da-Sa%C3%BAde/constituicao-da-organizacao-mundial-da-saude-omswho.html> (Acesso em 4.12.2015).

[119] ZWEIFEL, Peter *et al*. *Health economics*. 2nd ed. New York: Springer, 2009, p. 146-149.

[120] SLOAN, Frank A.; HSIEH, Chee-Ruey. *Health economics*. United States: The MIT Press, 2012, p. 39.

[121] Disponível em: <http://www.direitoshumanos.usp.br/index.php/OMS-Organiza%C3%A7%C3%A3o-Mundial-da-Sa%C3%BAde/constituicao-da-organizacao-mundial-da-saude-omswho.html> (Acesso em 25.5.2014).

A noção foi objeto de críticas por não ser operacional, levando alguns pesquisadores a enunciar de modo diverso o conceito de saúde da OMS. Conforme explica Sueli Gandolfi DALLARI[122],

> para Alessandro Seppilli saúde é "a condição harmoniosa de equilíbrio funcional, físico e psíquico do indivíduo integrado dinamicamente no seu ambiente natural e social", para John Last saúde é um estado de equilíbrio entre o ser humano e seu ambiente, permitindo o completo funcionamento da pessoa, e para Claude Dejours, convencido de que não existe o estado de completo bem-estar, a saúde deve ser entendida como a busca constante de tal estado.

Ainda quando da criação da ONU, em 10 de dezembro de 1948, foi criada a Comissão de Direitos Humanos, que elaborou a Declaração Universal dos Direitos do Homem (**"Declaração"**)[123]

> como o ideal comum a ser atingido por todos os povos e todas as nações, com o objetivo de que cada indivíduo e cada órgão da sociedade, tendo sempre em mente esta Declaração, se esforce, através do ensino e da educação, por promover o respeito a esses direitos e liberdades, e, pela adoção de medidas progressivas de caráter nacional e internacional, por assegurar o seu reconhecimento e a sua observância universal e efetiva, tanto entre os povos dos próprios Estados-Membros, quanto entre os povos dos territórios sob sua jurisdição.

Dentre os 30 artigos da Declaração, o artigo 25, §1º estabelece que *toda pessoa tem direito a um padrão de vida capaz de assegurar a si e a sua família saúde e bem-estar, inclusive alimentação, vestuário, habitação, cuidados médicos e os serviços sociais indispensáveis (...)*[124].

---

[122] DALLARI, Sueli Gandolfi. Direito sanitário. In: *Direito sanitário e saúde pública* – Coletânea de Textos. Volume 1. Brasília: Ministério da Saúde, 2003, p. 39-61. Disponível em: <http://bvsms.saude.gov.br/bvs/publicacoes/direito_san_vl.pdf> (Acesso em 25.5.2014).
[123] Disponível em: <http://www.direitoshumanos.usp.br/index.php/Declara%C3%A7%C3%A3o-Universal-dos-Direitos-Humanos/declaracao-universal-dos-direitos-humanos.html> (Acesso em 25.5.2014).
[124] Disponível em: <http://www.direitoshumanos.usp.br/index.php/Declara%C3%A7%C3%A3o-Universal-dos-Direitos-Humanos/declaracao-universal-dos-direitos-humanos.html> (Acesso em 25.5.2014).

Tendo em vista a ausência de caráter vinculante da Declaração Universal dos Direitos Humanos, a Comissão de Direitos Humanos dedicou-se na sequência a redigir um convênio sobre direitos humanos por meio do qual os Estados se comprometessem a respeitar os direitos nele consagrados. Em 1966, a Assembleia Geral da ONU aprovou, então, dois tratados de direitos Humanos: o Pacto Internacional dos Direitos Civis e Políticos e o Pacto de Direitos Econômicos, Sociais e Culturais.

No artigo 12 do Pacto Internacional dos Direitos Econômicos, Sociais e Culturais, que estabelece que *os Estados-partes no presente Pacto reconhecem o direito de toda pessoa de desfrutar o mais elevado nível de saúde física e mental*[125], podemos novamente apreender o conceito de saúde com que opera o regime internacional de direitos humanos. Trata-se de um conceito bastante amplo, abrangendo o conceito de saúde previsto na Constituição da OMS.

Já no Brasil, a década de 70 foi marcada por movimentos sanitários, que propunham ampla reforma no modelo do sistema nacional de saúde. No início dos anos 80, o movimento sanitário no Brasil lutava pelos direitos sociais e durante a 8ª Conferência Nacional de Saúde, realizada de 17 a 21 de março de 1986, foi proposta a efetiva implantação de um Sistema Único de Saúde ("**SUS**")[126] como instrumento do sistema público de saúde.

Assim, na Constituição Federal de 1988, a saúde passou a ser considerada um direito fundamental. A Constituição *mostra-se um documento bastante moderno, arrojado e de largo alcance social, ampliando os horizontes de cobertura dos riscos sociais, como forma de conquista do bem-estar coletivo*, conferindo nova dimensão ao sistema público de proteção social, com a

---

[125] Disponível em: <http://www.direitoshumanos.usp.br/index.php/Sistema-Global.--Declara%C3%A7%C3%B5es-e-Tratados-Internacionais-de-Prote%C3%A7%C3%A3o/pacto-internacional-dos-direitos-economicos-sociais-e-culturais-1966.html> (Acesso em 25.5.2014).

[126] BALSEMÃO, Adalgiza. Competências e rotinas de funcionamento dos conselhos de saúde no Sistema Único de Saúde no Brasil. In: *Direito sanitário e saúde pública* – Coletânea de Textos. Volume 1. Brasília: Ministério da Saúde, 2003, p. 287-299. Disponível em: <http://bvsms.saude.gov.br/bvs/publicacoes/direito_san_v1.pdf> (Acesso em 25.5.2014).

inserção dações de políticas de saúde dentro da definição de seguridade social[127].

É importante ressaltar que o Brasil é o quinto país a implementar o instituto da seguridade com a integração de ações relacionadas à saúde, previdência e assistência social.[128]

Mais tarde, a Constituição Federal de 1988 ainda criou uma seção específica para a saúde, na qual se consignou que

> a saúde é direito de todos e dever do Estado, garantido mediante políticas sociais e econômicas que visem à redução do risco de doença e de outros agravos e ao acesso universal e igualitário às ações e serviços para sua promoção, proteção e recuperação (artigo 196 da Constituição Federal de 1988).

Portanto, a Constituição Federal de 1988 foi a primeira a elencar a saúde como um direito social (artigo 6º). Essa ordem social prevista na Constituição Federal tem por base *o primado do trabalho, e como objetivo o bem-estar e a justiça sociais*, conforme previsto em seu artigo 193. Isso significa que a nova ordem constitucional concilia duas dimensões fundamentais: a ordem econômica e a ordem social, cabendo, portanto, ao Estado, estabelecer políticas sociais e econômicas que visem à proteção da saúde e a assistência médica à população[129].

Conforme pondera José AFONSO DA SILVA, *é espantoso como um bem extraordinariamente relevante à vida humana só agora é elevado à condição de direito fundamental do homem*[130]. Pela nova Constituição, além do direito à vida, o homem também passava a ter direito a um tratamento digno nos

---

[127] GREGORI, Maria Stella. *Planos de saúde*: A ótica da proteção do consumidor. 3ª ed. São Paulo: RT, 2011, p. 28.

[128] GUIMARÃES, Ulysses. Discurso do Deputado Ulysses Guimarães, presidente da Assembléia Nacional Constituinte, em 5.10.1988: por ocasião da promulgação da Constituição Federal. V. 102, nº 938, p. 19-26, dez/2013. São Paulo: RT.

[129] TOJAL, Sebastião Botto de Barros. A Constituição dirigente e o direito regulatório do Estado Social: O direito sanitário. In: *Direito sanitário e saúde pública* – Coletânea de Textos. Volume 1. Brasília: Ministério da Saúde, 2003, p. 22-38. <http://bvsms.saude.gov.br/bvs/publicacoes/direito_san_v1.pdf> (Acesso em 25.5.2014).

[130] SILVA, José Afonso da. *Curso de direito constitucional positivo*. 35ª ed. São Paulo: Malheiros, 2012, p. 308-309.

casos de enfermidade, podendo se beneficiar do estado atual da ciência médica, independentemente da sua situação econômica.

Ainda de acordo com o Professor José AFONSO DA SILVA, pode-se dizer que o direito à saúde previsto na Constituição Federal de 1988 comporta duas vertentes: uma positiva e uma negativa. Na primeira, o cidadão tem direito de exigir uma prestação do Estado acerca da prestação da assistência médica. Na segunda, temos o direito do cidadão de exigir que o Estado ou terceiros se abstenham de qualquer ato que prejudique a saúde.

É interessante ressaltar, ademais, que a Constituição Federal de 1988, em seu artigo 1º, estabeleceu como fundamento do Estado Democrático de Direito a cidadania e a dignidade da pessoa humana, dentre outros. Ambos os princípios, contudo, estão vinculados diretamente à seguridade social do Brasil, prevista no artigo 194 da Constituição Federal, segundo o qual ela corresponde a um

> conjunto integrado de ações de iniciativa dos Poderes Públicos e da sociedade, destinadas a assegurar os direitos relativos à saúde, à previdência e à assistência social.". Em razão da introdução desse "conceito de seguridade social em uma clara ruptura com a lógica de seguro social que historicamente regia as iniciativas de proteção no País", foi possível instituir o direito universal à saúde, passando o direito à saúde, à assistência social e à previdência a constituírem direitos da cidadania[131].

Além de prever a saúde como um direito social, a Constituição Federal de 1988 também inovou ao permitir a prestação da saúde pela iniciativa privada, de modo a legitimar como misto o sistema de saúde brasileiro ante a existência tanto do sistema público quanto do sistema privado de saúde, conforme veremos. Assim, é importante ressaltar que esta dissertação enfocará o sistema privado e complementar de saúde do Brasil. Todavia, inevitavelmente, também tratará da transferência da obrigação do Estado para o setor privado e para o cidadão no que se

---

[131] BRASIL. Ministério da Saúde. Organização Pan-Americana da Saúde. Financiamento Público de Saúde. Série ECOS. Economia da Saúde para a Gestão do SUS. Eixo 1. Volume 1. Brasília, 2013, p. 21. Disponível em: <http://bvsms.saude.gov.br/bvs/publicacoes/financiamento_publico_saude_eixo_1.pdf> (Acesso em 16.12.2015).

refere ao dever de prover a saúde a todos os cidadãos como um direito social.

Mas antes de tratarmos do setor privado de saúde propriamente dito, é interessante abordar a criação do sistema público de saúde do Brasil, amparado pela Constituição Federal de 1988, que estabeleceu o direito à saúde como dever do Estado. Logo, segundo a Constituição, o Estado deverá assegurar esse direito a todos por meio de um conjunto de ações e serviços públicos criados e organizados para esse fim.

Nesse quadro, em 19.9.1990, foi editada a Lei nº 8.080 ("**Lei nº 8.080/1990**"), também conhecida como Lei Orgânica da Saúde, na qual são estabelecidas as condições para a promoção, proteção e recuperação da saúde, organização e funcionamento dos serviços correspondentes.

Nos termos dessa Lei, o sistema público de saúde é constituído pelo conjunto de ações e serviços de saúde prestados por órgão e instituições públicas federais, estaduais e municipais da Administração direta e indireta e das fundações mantidas pelo Poder Público. A iniciativa privada, por sua vez, tem caráter complementar ao sistema público de saúde.

Em uma leitura da Lei nº 8.080/1990, verificamos que, mais uma vez, fica reiterado em seu artigo 2º que a *saúde é um direito fundamental do ser humano, devendo o Estado prover as condições indispensáveis ao seu pleno exercício*. Consta, contudo, no §2º do artigo 2º, a ressalva de que *o dever do Estado não exclui o das pessoas, da família, das empresas e da sociedade*.

Em 28 de dezembro de 1990, também foi editada a Lei nº 8.142, que dispõe sobre a participação da comunidade na gestão do SUS e as transferências intergovernamentais de recursos financeiros na área da saúde ("**Lei nº 8.142/1990**").

Vale ressaltar que o sistema público de saúde brasileiro tem uma clientela potencial de pouco mais do que 200 milhões de pessoas, conforme dados do Instituto Brasileiro de Geografia e Estatística ("**IBGE**")[132]. Na prática, considerando que pouco mais de 20% da população é beneficiária de plano privado de assistência à saúde, é fato que aproximadamente 80% da população depende exclusivamente do sistema público de saúde do Brasil.

---

[132] Disponível em: <http://www.ibge.gov.br/apps/populacao/projecao/> (Acesso em 16.12.2015).

Pelo artigo 1º dessa lei, foi determinado que o sistema público de saúde contará, em cada esfera de governo, com as seguintes instâncias colegiadas: a Conferência de Saúde e o Conselho Nacional de Saúde ("**CNS**")[133].

A Conferência de Saúde se reunirá a cada 4 (quatro) anos para avaliar a situação de saúde e propor diretrizes de políticas de saúde, conforme previsto no §1º do artigo 1º da Lei nº 8.142/1990.

Já o CNS, órgão vinculado ao Ministério da Saúde, tem como missão a deliberação, fiscalização, acompanhamento e monitoramento da execução das políticas públicas de saúde. Também é competência do CNS aprovar o orçamento da saúde e acompanhar a sua execução orçamentária.

O sistema público de saúde brasileiro fundamenta-se em três diretrizes: (i) a descentralização, (ii) o atendimento integral e (iii) a participação da comunidade[134]. Além disso, ele também tem por característica e diretriz a universalidade e a gratuidade[135].

O princípio da universalidade de acesso aos serviços de saúde em todos os níveis de assistência significa que o sistema público de saúde deve atender a todos, conforme as suas necessidades, sem qualquer discriminação.

No que se refere ao segundo princípio, vale lembrar que os serviços de saúde prestados pelo sistema público de saúde são gratuitos. Conforme previsto na Lei Orgânica da Saúde, o financiamento do sistema público de saúde será por meio do orçamento da seguridade social, que destinará ao sistema público de saúde os recursos necessários à realização de suas finalidades. Outra receita do sistema público de saúde é obtida através do ressarcimento pelas operadoras de planos de saúde

---

[133] "Art. 1º O Sistema Único de Saúde (SUS), de que trata a Lei nº 8.080, de 19 de setembro de 1990, contará, em cada esfera de governo, sem prejuízo das funções do Poder Legislativo, com as seguintes instâncias colegiadas: I – a Conferência de Saúde; e II – o Conselho de Saúde."

[134] GREGORI, Maria Stella. *Planos de saúde*: A ótica da proteção do consumidor. 3ª ed. São Paulo: RT, 2011, p. 33.

[135] COSTA, Augusto Cesar de Farias. Direito, saúde mental e reforma psiquiátrica. In: *Direito sanitário e saúde pública* – Coletânea de Textos. Volume 1. Brasília: Ministério da Saúde, 2003, p. 135-178. Disponível em: <http://bvsms.saude.gov.br/bvs/publicacoes/direito_san_v1.pdf> (Acesso em 8.12.2015).

ao sistema público de saúde, de acordo com o qual toda vez que um beneficiário de plano privado de assistência à saúde utilizar os serviços médico-hospitalares públicos, a operadora de plano de saúde deverá ressarcir as despesas incorridas pelo beneficiário ao sistema público. Conforme levantamento realizado pela ANS, até setembro de 2014, as operadoras repassaram ao SUS o valor de aproximadamente R$ 261 milhões[136], cifra que vem crescendo a cada ano.

Outras fontes de financiamento do sistema público de saúde brasileiro são os recursos provenientes de (i) serviços que possam ser prestados sem prejuízo da assistência à saúde; (ii) ajuda, contribuições, doações e donativos; (iii) alienações patrimoniais e rendimentos de capital; (iv) taxas, multas, emolumentos e preços públicos arrecadados no âmbito do sistema público de saúde; (v) rendas eventuais, inclusive comerciais e industriais. Caberá aos Conselhos de Saúde a fiscalização da movimentação dos recursos financeiros do sistema público de saúde.

A capacidade de financiamento do sistema público de saúde, contudo, vem sendo objeto de diversos estudos[137]. Com a mudança no perfil demográfico decorrente do envelhecimento da população brasileira, aumentam-se as chances de doenças e, consequentemente, a necessidade de cobertura assistencial, com melhores recursos humanos e tecnológicos.

A princípio, a participação da União no sistema público de saúde se daria por meio de recursos do orçamento da seguridade social, que abrange tanto a saúde quanto a previdência e assistencial social. Num primeiro momento, a saúde deveria ficar com 30% desse orçamento, mas esse repasse nunca teria sido realizado, de modo que, em razão da instabilidade dos recursos financeiro do sistema público de saúde, em 1997, o governo brasileiro instituiu a Contribuição Provisória sobre Movimentação Financeira ("**CPMF**"). Sua arrecadação seria destinada à

---

[136] Os dados sobre o setor privado levantados pela ANS podem ser encontrados em <http://www.ans.gov.br/images/stories/Materiais_para_pesquisa/Perfil_setor/Foco/FINAL_foco_setembro2014_web.pdf> (acesso em 8.12.2015).

[137] BRASIL. Ministério da Saúde. Organização Pan-Americana da Saúde. Financiamento Público de Saúde. Série ECOS. Economia da Saúde para a Gestão do SUS. Eixo 1. Volume 1. Brasília, 2013, p. 9. Disponível em: <http://bvsms.saude.gov.br/bvs/publicacoes/financiamento_publico_saude_eixo_1.pdf> (Acesso em 16.12.2015).

saúde, mas, até a sua extinção em 2007, a CPMF não teve grande efeito para o financiamento do setor[138].

O sistema público de saúde também deve atuar de forma integral, ou seja, as ações de saúde devem ser voltadas para a comunidade como um todo. As ações de saúde devem conjugar a promoção, proteção e recuperação da saúde. Deve-se, ademais, preservar a descentralização do sistema público de saúde no âmbito nacional, estadual e municipal, mantendo a direção única em cada esfera de governo. A descentralização da prestação desse serviço é um marco, pois ela objetiva redefinir os papéis da União, dos Estados e dos Municípios, além de prever que com a descentralização, cada esfera de governo terá mais controle da qualidade do serviço prestado[139].

Paralelamente a esse sistema, e não obstante o sistema público de saúde tenha sido criado pela CF/88 como forma de permitir o acesso de toda a população à saúde, outra inovação da CF/88 foi a previsão no artigo 199, *caput* e §1º[140] de que a assistência à saúde é livre à iniciativa privada, de modo que *as instituições privadas poderão participar de **forma complementar** do sistema único de saúde, segundo diretrizes deste, mediante contrato de direito público ou convênio, tendo preferência as entidades filantrópicas e as sem fins lucrativos* (destaque acrescido ao texto original).

Ou seja, os serviços de saúde são prestados no Brasil, tanto pelo setor público quanto pelo setor privado. Todavia, o serviço público é de responsabilidade apenas do Estado, sendo livre e gratuito o acesso a todos os cidadãos[141]. Dá-se diferentemente com o sistema privado, ao qual só têm acesso as pessoas que dispõem de recursos financeiros para suportá-lo.

---

[138] BRASIL. Ministério da Saúde. Organização Pan-Americana da Saúde. Financiamento Público de Saúde. Série ECOS. Economia da Saúde para a Gestão do SUS. Eixo 1. Volume 1. Brasília, 2013, p. 10. Disponível em: <http://bvsms.saude.gov.br/bvs/publicacoes/financiamento_publico_saude_eixo_1.pdf> (Acesso em 16.12.2015).

[139] GREGORI, Maria Stella. *Planos de saúde*: A ótica da proteção do consumidor. 3ª ed. São Paulo: RT, 2011, p. 31.

[140] "Art. 199. A assistência à saúde é livre à iniciativa privada. §1º – As instituições privadas poderão participar de forma complementar do sistema único de saúde, segundo diretrizes deste, mediante contrato de direito público ou convênio, tendo preferência as entidades filantrópicas e as sem fins lucrativos."

[141] BARBUGIANI, Luiz Henrique Sormani. *Planos de saúde*: Doutrina, jurisprudência e legislação. São Paulo: Saraiva, 2015, p. 31.

No artigo 197 da CF/88[142] restou, ainda, estabelecido que o Poder Público poderá dispor sobre a regulamentação, fiscalização e controle dos serviços de saúde, *devendo sua **execução ser feita diretamente ou através de terceiros** e, também, por pessoa física ou jurídica de direito privado* (destaque acrescido ao texto original).

A Lei nº 8.090/1990, que dispõe sobre as condições para a promoção, proteção e recuperação da saúde, a organização e o funcionamento dos serviços correspondentes, estabelece que o sistema público de saúde poderá recorrer aos serviços prestados pela iniciativa privada quando as suas disponibilidades forem insuficientes para garantir a cobertura assistencial à população de uma determinada área, o que será feito por meio de convênio ou contrato, observadas as normas de direito público.

Para analisarmos o surgimento desse mercado privado de assistência à saúde, é importante pontuarmos três momentos históricos[143].

O primeiro é o período entre os anos 1950 a 1980, em que houve um forte desenvolvimento econômico no país, com um crescimento de 7% a 9% do Produto Interno Bruno ("**PIB**"). Nessa ocasião, a indústria automotiva se instalou no Brasil, especialmente no ABC paulista, implicando um crescimento no trabalho formal[144].

Nessa época, observou-se, ainda, uma intensificação do processo de industrialização e urbanização do país, favorecendo o aumento da demanda por sistemas de proteção mais estruturados ao trabalhador.

Por isso, costuma-se dizer que no Brasil, o surgimento dos planos de assistência à saúde coincidiu com a instalação do setor automobilístico, uma vez que empresários passaram a custear a assistência médica por meio de empresas de medicina de grupo ou de serviços próprios de saúde das empregadoras[145].

---

[142] "Art. 197. São de relevância pública as ações e serviços de saúde, cabendo ao Poder Público dispor, nos termos da lei, sobre sua regulamentação, fiscalização e controle, devendo sua execução ser feita diretamente ou através de terceiros e, também, por pessoa física ou jurídica de direito privado."

[143] CECHIN, José. *A história e os desafios da saúde suplementar*: 10 anos de regulação. São Paulo: Saraiva, 2008, p. 77 a 100.

[144] CECHIN, José. *A história e os desafios da saúde suplementar*: 10 anos de regulação. São Paulo: Saraiva, 2008, p. 77.

[145] MOURAD, Nabil Ahmad *et al*. *IRFS*: Normas internacionais de contabilidade para operadoras de saúde: Precificação, solvência e contabilização. São Paulo: ATLAS, 2010, p. 5.

Vale frisar que, desde os anos 30, os Institutos de Aposentadoria ("**IAPs**"), que substituíram as Caixas de Aposentadorias e Pensões ("**CAPs**"), eram organizações separadas por categoria profissional e ofereciam cobertura previdenciária e assistência médica aos trabalhadores, mediante contribuição dos empregados, empregadores e do próprio Estado. Assim, deu-se origem à chamada medicina previdenciária, prevalecendo a compra dos serviços de assistência à saúde[146].

Nos anos 40, muitas empresas passaram a ter seus próprios planos como, por exemplo, a Caixa de Assistência dos Funcionários do Banco do Brasil ("**CASSI**")[147], de sorte que, até os anos 60, a prestação de assistência médica era voltada, na maior parte dos casos, aos trabalhadores de grandes empresas públicas e privadas.

Em 1967, o governo consolidou o processo de unificação dos IAPs, criando o Instituto Nacional de Previdência Social ("**INPS**")[148], com o qual houve uma ampliação da cobertura, incluindo todos os trabalhadores formais urbanos. Essa unificação permitiu a concentração de recursos financeiros e a ampliação da compra de serviços da rede privada do INPS.

Diante da dificuldade de expandir o sistema público de saúde no passo do crescimento econômico do país, e da subutilização dos recursos disponíveis[149], o governo passou a incentivar o setor privado a assumir a responsabilidade pela saúde por meio do denominado convênio-empresa, pelo qual a empresa se comprometia a oferecer cobertura ao empregado, desonerando-se de recolher as contribuições previdenciárias, dentre outros incentivos fiscais[150].

---

[146] GREGORI, Maria Stella. *Planos de saúde*: A ótica da proteção do consumidor. 3ª ed. São Paulo: RT, 2011, p. 36.

[147] CECHIN, José. *A história e os desafios da saúde suplementar*: 10 anos de regulação. São Paulo: Saraiva, 2008, p. 78.

[148] MOURAD, Nabil Ahmad. et al. *IRFS*: Normas internacionais de contabilidade para operadoras de saúde: Precificação, solvência e contabilização. São Paulo: ATLAS, 2010, p. 7.

[149] ARAUJO JUNIOR, José Tavares. Poder de mercado no setor de saúde suplementar. In: FARINA, Laércio; GUIMARÃES, Denis Alves (Orgs.). *Concorrência e regulação no setor de saúde suplementar*. São Paulo: Singular, 2010, p. 23.

[150] CECHIN, José. *A história e os desafios da saúde suplementar*: 10 anos de regulação. São Paulo: Saraiva, 2008, p. 80.

Nesse momento, foram criadas a Associação Brasileira de Medicina de Grupo ("**ABRAMGE**")[151] e as primeiras Cooperativas Médicas, de modo que, em 1977, já havia quase 5 (cinco) mil convênios-empresa, cobrindo, aproximadamente 10% da população previdenciária[152].

O segundo período é entre 1981 a 1993, no qual houve uma reversão do ritmo de crescimento, bem como sucessivas crises econômicas, sendo necessária a criação de diversos planos anti-inflacionários[153].

Nesse contexto, as empresas passaram a se preocupar mais com a gestão financeira do que propriamente com a atividade produtiva, uma vez que investir os recursos disponíveis em aplicações financeiras era mais rentável do que a própria produtividade.

Esse período histórico também coincidiu com a Constituição de 1988 e a criação do SUS como um sistema universal de assistência à saúde.

O terceiro período se estende de 1994 até hoje, no qual houve a estabilização da inflação, reformas estruturais consistentes na privatização e abertura da economia e um processo de maior regulamentação dos setores do mercado, inclusive o de saúde suplementar.

3.4. A Relevância da Coexistência dos Sistemas Público e Privado de Assistência à Saúde

A Constituição Federal de 1988, ao estabelecer que a assistência à saúde é livre à iniciativa privada[154], mostrou o apoio do Estado ao setor privado de saúde e, embora o Estado assuma o papel principal para assegurar o direito à saúde a todo cidadão, estimula a coexistência dos dois setores[155]. Na verdade, no ideal da coexistência desses sistemas está embutida uma ideia de concorrência entre os setores, que propiciaria melhores técnicas, qualidade e prestação do serviço.

---

[151] A ABRAMGE é uma entidade sem fins lucrativos que tem por objetivo representar institucionalmente empresas privadas de assistência à saúde do segmento de Medicina de Grupo, junto a órgãos federais, estaduais e municipais, em território nacional.
[152] CECHIN, José. *A história e os desafios da saúde suplementar:* 10 anos de regulação. São Paulo: Saraiva, 2008, p. 81.
[153] CECHIN, José. *A história e os desafios da saúde suplementar:* 10 anos de regulação. São Paulo: Saraiva, 2008, p. 77.
[154] "Art. 199. A assistência à saúde é livre à iniciativa privada."
[155] DEODADO, Sérgio. *Direito da saúde.* Portugal: Almedina, 2012, p. 55.

Cada país tem buscado encontrar em sua estrutura econômica e social uma forma de prover a assistência à saúde à sua população. Existem aqueles que são favoráveis a um *sistema com um único pagador, pelo qual o governo provê o seguro universal e tem o poder de controlar os custos, eliminando por completo o seguro-saúde privado*. Outros defendem a existência de *grandes sistemas de saúde integrados, que combinam um plano de saúde com uma rede cativa de prestadores, como a única forma de melhorar a qualidade e controlar a quantidade de tratamento prestado*. Outros, ainda, vislumbram como solução que sejam os consumidores dotados *de mais autoridade e responsabilidade, fazendo-os ter um interesse (ganho/perda) pessoal no custo do seu tratamento*[156].

Entretanto, cada uma dessas sugestões isoladas não tem se mostrado a solução, e isso por diversas razões como, por exemplo, o tamanho da população do país, a necessidade de melhoria constante na qualidade dos serviços prestados, o que inclui o aumento da tecnologia empregada, bem como, por consequência, um investimento financeiro cada vez maior nesse setor. Cada uma dessas realidades, analisada separadamente, tem suas vantagens e desvantagens. Afinal, o setor privado de saúde representa um pilar importante para o sistema de saúde, especialmente porque o setor público não parecer ser suficiente, atualmente, para suprir a demanda por serviço médico-hospitalar[157].

Conforme visto anteriormente, o sistema público de saúde tem potencialmente 200 milhões de pessoas como beneficiário dos serviços de saúde. De acordo com estudo feito pelo Ministério da Saúde, até 2012, a saúde pública representou 15% dos gastos do Reino Unido, enquanto, no Brasil, esse gasto foi de 3,9%[158], o que assinala a necessidade de uma reanálise das prioridades e da sustentabilidade desse setor.

---

[156] PORTER, Michael E.; TEISBERG, Elizabeth Olmsted. *Repensando a saúde*: Estratégias para melhorar a qualidade e reduzir os custos. Porto Alegre: Bookman, 2007, p. 20.

[157] Disponível em: <http://documents.scribd.com.s3.amazonaws.com/docs/9q0qejyio4v disl.pdf> (Acesso em 8.12.2015).

[158] BRASIL. Ministério da Saúde. Organização Pan-Americana da Saúde. Financiamento Público de Saúde. Série ECOS. Economia da Saúde para a Gestão do SUS. Eixo 1. Volume 1. Brasília, 2013, p. 12. Disponível em: <http://bvsms.saude.gov.br/bvs/publicacoes/financiamento_publico_saude_eixo_1.pdf> (Acesso em 16.12.2015).

Conforme explica o Ministro Marco Auréilio MELLO[159], está na tradição brasileira avaliar e reconhecer algumas modalidades de serviço público que podem ser prestados pela iniciativa privada sem a necessidade de concessão ou permissão, e é justamente esse o caso do direito à saúde.

No Brasil, prevalece o sistema misto de saúde, isto é, coexistem os sistemas público e privado na prestação do serviço de assistência à saúde. Considerando as características e até as ineficiências de cada sistema, bem como o tamanho da população do nosso país, esse sistema híbrido é favorável ao bom funcionamento da política de saúde[160].

O sistema com um único pagador tem uma desvantagem em relação ao setor privado, qual seja, a eliminação da competição. Em um mercado normal, a concorrência é saudável, pois gera a implementação de melhorias e investimentos na atividade econômica. Os preços se ajustam à qualidade e caem, o valor melhora e o mercado se expande para comportar mais beneficiários. Os rivais fracos, por sua vez, reestruturam-se ou optam por encerrar as atividades[161].

Um sistema nacional de saúde deve, em geral, ser capaz de cumprir três objetivos: (i) garantir o acesso universal aos serviços de assistência à saúde; (ii) administrar os recursos disponíveis de forma eficiente; e (iii) garantir o cumprimento das preferências individuais de cada beneficiário. Considerando que esses objetivos tendem a ser conflitantes e são influenciados por diversos fatores internos e externos de cada sociedade, a experiência internacional tem mostrado que os sistemas que mais se aproximam do ideal são aqueles em que há coexistência do sistema público de saúde com o sistema privado[162].

---

[159] MELLO, Marco Aurélio. Saúde suplementar, segurança jurídica e equilíbrio econômico-financeiro. In: CARNEIRO, Luiz Augusto Ferreira (Org.). *Planos de saúde*. Aspectos jurídicos e econômicos. Rio de Janeiro: Forense, 2012, p. 5.

[160] GREGORI, Maria Stella. *Planos de saúde*: A ótica da proteção do consumidor. 3ª ed. São Paulo: RT, 2011, p. 39 e 41.

[161] PORTER, Michael E.; TEISBERG, Elizabeth Olmsted. *Repensando a saúde*: estratégias para melhorar a qualidade e reduzir os custos. Porto Alegre: Bookman, 2007, p. 21.

[162] ARAUJO JUNIOR, José Tavares. Poder de mercado no setor de saúde suplementar. In: FARINA, Laércio; GUIMARÃES, Denis Alves (Orgs.). *Concorrência e regulação no setor de saúde suplementar*. São Paulo: Singular, 2010, p. 23.

Conforme levantamento realizado pelo Ministério da Saúde[163], a maioria dos países adota o modelo universal de saúde respeitadas as peculiaridades de cada país, conforme será discutido a seguir, e muitos já estão questionando seus modelos de proteção social em razão da dificuldade de financiamento. Para melhor visualização, conforme dados do ano de 2006, Cuba gastou o percentual de 86,9% em saúde, o Reino Unido, 85,7%, a Suécia, 85,2%, o Brasil 45,3% e, por fim, os Estados Unidos, 44,6%.

No Canadá, a universalidade é adotada para a maior parte dos serviços. Há uma ampla carteira de procedimentos considerados necessários cujo atendimento é por conta do sistema privado. Na Suécia, há limites para gastos individuais com médicos e consultas. Ultrapassado o limite, o Estado arca com o valor excedente sobre as práticas e procedimentos em saúde.

Na França, 96% da população é atendida pelo sistema público de Saúde. Há possibilidade ainda de atendimento por profissionais (médicos) fora do sistema, cabendo ao usuário arcar com o valor correspondente à diferença entre os honorários do médico e o valor pago pelo sistema. Contudo parcela da população opta por pagar planos de saúde complementares (INDRIUNAS; MONTEIRO, 2007).

(...)

A dificuldade de financiamento da proteção social atinge os diversos sistemas adotados pelos países. O sistema de saúde alemão é baseado no conceito de seguro social compulsório, e sua criação se deu no ano de 1883, em um amplo contexto de políticas sociais baseadas no princípio de solidariedade, impulsionado pelo chanceler Otto Von Bismarck.

Na Alemanha, que adota o modelo bismarckiano, 87% da população estava coberta pelo seguro social em 2003, dos quais 77% de forma mandatória sobre a base da renda e 10% voluntariamente. Outros 10% optaram por seguros privados, 2% por esquemas governamentais e 0,2% da população não tinha qualquer tipo de cobertura.

(...)

---

[163] BRASIL. Ministério da Saúde. Organização Pan-Americana da Saúde. Financiamento Público de Saúde. Série ECOS. Economia da Saúde para a Gestão do SUS. Eixo 1. Volume 1. Brasília, 2013, p. 83-84. Disponível em: <http://bvsms.saude.gov.br/bvs/publicacoes/financiamento_publico_saude_eixo_1.pdf> (Acesso em 16.12.2015).

O sistema de saúde britânico mundialmente conhecido como National Health System (NHS) foi criado a partir do relatório de Beveridge (1941), que unificou todos os seguros existentes no país para garantir a universalidade do acesso. Caracteriza-se pela oferta de serviços públicos financiados por meio de impostos e de contribuições salariais. O gasto total com saúde é de aproximadamente 7,7% do PIB e o gasto per capita US$ 2,160.

Portanto, diante das dificuldades quanto aos aspectos financeiros do sistema público de saúde, é evidente que a existência do setor privado de saúde auxilia o Estado em termos de política pública para o cumprimento do seu dever constitucional de assegurar o direito à saúde.

Fernando Campos SCAFF pondera que 3 (três) soluções devem ser levadas em consideração: (i) deixar a cargo do indivíduo a escolha do modelo que regulamentará o atendimento das necessidades da saúde, mediante a contratação particular do plano pelo indivíduo; (ii) privilegiar a prestação universal dos serviços de saúde a todos os cidadãos; (iii) conciliar as duas primeiras opções a fim de fazerem coexistir os sistemas público e privado de saúde. A vantagem desta última opção é que os indivíduos terão liberdade para contratar ou não serviços oferecidos no mercado conforme o interesse de cada um e, ao mesmo tempo, não haverá a omissão de assistência quanto às necessidades daqueles que não têm acesso à saúde privada[164].

Na sociedade brasileira atual, o que se verifica é que a primeira opção tem deixado de ser viável, à medida que a maior parte das operadoras de planos de saúde já não comercializam mais planos individuais. Todavia, ainda existe a possibilidade – e ela tem se mostrado uma opção em expansão – de o indivíduo contratar plano de saúde coletivo por adesão através, por exemplo, de associações de classe. Da mesma forma, as pessoas estão cada vez mais insatisfeitas com a prestação do serviço de saúde pelo sistema público, sendo notáveis a ausência de recursos e a baixa qualidade de muitos estabelecimentos de saúde e/ou profissionais, de modo que aqueles que se mostram de alta qualidade não têm recursos e pessoas para atender todos os indivíduos que se socorrem do setor público.

---

[164] SCAFF, Fernando Campos. *Direito à saúde no âmbito privado*: Contratos de adesão, planos de saúde e seguro-saúde. São Paulo: Saraiva, 2010, p. 22.

De todo modo, os planos de saúde coletivos empresariais mostram-se, ainda, o meio mais favorável ao indivíduo de ter acesso à saúde privada com uma cobertura assistencial ampla e de qualidade, em razão do poder de barganha exercido pelas empresas em relação às operadoras.

Assim, conforme veremos nesta dissertação, tratam-se de dois setores independentes, apesar de o fim, comum a ambos, ser a prestação do serviço de assistência à saúde. O setor privado de saúde suplementar, diferentemente do setor público, não tem a gratuidade e universalidade como princípios, tampouco as operadoras de planos de saúde ou o setor privado da economia, que contrata os planos de saúde coletivos empresariais para oferecer aos seus empregados na política de benefícios da empresa, têm o dever de assegurar o direito à saúde aos cidadãos, sendo atribuição exclusiva do Estado.

Todavia, considerando a realidade brasileira, embora a garantia do direito à saúde ainda enfrente muitos desafios, é essencial que a gestão pública da saúde seja conciliada com a atuação das empresas do setor de saúde suplementar, coexistindo ambos os sistemas na busca pelo direito à saúde.

3.5. Panorama da Saúde Suplementar

Após verificarmos a relevância social e jurídica do direito à saúde, e, em especial, do setor de saúde suplementar, é importante enfatizar que no campo da saúde, as ciências jurídicas e econômicas se entrelaçam, de modo que não seria sustentável a ideia de que *quando se trata de saúde todos os recursos econômicos devem ser gastos, porque a vida não tem preço*[165]. É certo que quando se trata de saúde, devemos envidar todos os esforços e recursos disponíveis para solucionar um problema ou, ao menos, minimizá-lo. Contudo, também é inegável que temos que levar em consideração os custos existentes.

Conforme as informações levantadas no "Caderno de Informação da Saúde Suplementar: Beneficiários, Operadoras e Planos" ("**Caderno de**

---

[165] CARLINI, Angélica Lúcia. Judicialização da saúde pública no Brasil. In: CARNEIRO, Luiz Augusto Ferreira (Org.). *Planos de saúde. Aspectos jurídicos e econômicos*. Rio de Janeiro: Forense, 2012, p. 30.

Informações da ANS"), publicado em setembro/2015[166], a ANS apurou que no final do segundo trimestre de 2015, havia 1.013 operadoras de planos de assistência à saúde, sendo 855 com beneficiários. Vale mencionar que 80% dos beneficiários encontram-se concentrados em 155 operadoras de planos de saúde, dentre as 855 operadoras.

Consta no referido Caderno de Informações da ANS que, no final do segundo trimestre de 2015, ou seja, em junho/2015, foram constatados 50,5 milhões de vínculos[167] com planos privados de assistência à saúde. Houve, portanto uma redução de, aproximadamente, 200.000 vínculos em relação a dezembro/2014, época em que a ANS constatou 50,7 milhões de pessoas com plano de saúde e um aumento de 19,3 milhões em relação a dezembro/2000, época em que foram verificados 31,2 milhões de vínculos com planos de saúde.

Considerando o mês de junho de 2015, é possível verificar que desses 50,5 beneficiários, **(i)** 19,5 estavam alocados em operadoras classificadas como cooperativa médica; **(ii)** 17,0 em operadoras classificadas como medicina de grupo; **(iii)** 7,4 em operadoras classificadas como seguradoras especializadas em saúde; **(iv)** 5,5 em operadoras classificadas como autogestão; e **(v)** 1,2 em operadoras classificadas como filantropia.

Em relação às modalidades de operadoras, a ANS apurou que as cooperativas médicas, medicina de grupo e seguradoras especializadas em saúde são as 3 (três) modalidades com maior receita de contraprestações.

Quanto ao tipo de contratação, em 2015, a ANS apurou que, dessas 50,5 milhões de pessoas, aproximadamente **(i)** 40,3 milhões são beneficiárias de planos coletivos, sendo 33,6 milhões de planos coletivos empresariais e 6,7 milhões de planos coletivos por adesão[168]; **(ii)** 9,8

---

[166] Disponível em: <http://www.ans.gov.br/images/stories/Materiais_para_pesquisa/Perfil_setor/Caderno_informacao_saude_suplementar/2015_mes09_caderno_informacao.pdf> (Acesso em 29.11.2015).

[167] De acordo com a ANS, o termo técnico "vínculo" se refere ao fato de que "um mesmo indivíduo pode possuir mais de um plano de saúde e, portanto, mais de vínculo com a operadora de planos de assistência à saúde" Disponível no Caderno de Informação da Saúde Suplementar: Beneficiários, Operadoras e Planos. Rio de Janeiro: ANS, 2015, p. 62. <http://www.ans.gov.br/images/stories/Materiais_para_pesquisa/Perfil_setor/Caderno_informacao_saude_suplementar/2015_mes09_caderno_informacao.pdf> (Acesso em 29.12.2015).

[168] Conforme indicado pela ANS, 8.759 não foram identificados.

milhões são beneficiárias de planos de saúde individuais. Apenas a título ilustrativo para visualização da distribuição dessas modalidades de contratação, segue gráfico elaborado pela ANS, que, todavia, cobre apenas até o ano de 2014[169].

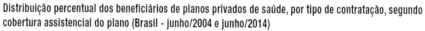

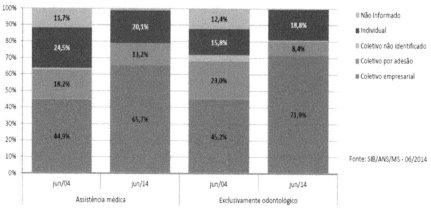

Em outras palavras, a ANS tem percebido uma redução lenta dos planos de saúde individuais nos últimos 10 anos, isto é, desde 2004. É fato que se tem observado no mercado a redução progressiva da sua comercialização, muito embora essa alteração não esteja ocorrendo em ritmo acelerado, exceto em relação às seguradoras de plano de saúde, que reduziram pela metade a sua carteira de planos de saúde individuais nos últimos 5 anos[170]. Ainda, em outubro de 2014, a ANS constatou que as cooperativas médicas são as que têm o maior número de planos individuais, sendo que, das 1.142 operadoras, 79,8% tinham planos individuais para comercialização.

---

[169] Os dados sobre o setor privado levantados pela ANS podem ser encontrados em: <http://www.ans.gov.br/images/stories/Materiais_para_pesquisa/Perfil_setor/Foco/FINAL_foco_setembro2014_web.pdf> (Acesso em 8.12.2015).

[170] Os dados sobre o setor privado levantados pela ANS podem ser encontrados em: <http://www.ans.gov.br/images/stories/Materiais_para_pesquisa/Perfil_setor/Foco/FINAL_foco_setembro2014_web.pdf> (acesso em 8.12.2015).

De todo modo, vale salientar que a ANS verificou em junho/2014 que o percentual de beneficiários em planos antigos é maior em planos individuais (13,3%) do que em planos coletivos (10,1%), sendo que esse percentual tem sido reduzido desde junho/2004. O presente trabalho não abordará, entretanto, essa questão.

Outro dado a ser mencionado é que a ANS[171] apurou um total de 33.468 planos de saúde, sendo que 20.982 são considerados planos novos, ou seja, posteriores à vigência da Lei nº 9.656/98, e 12.486 são planos antigos, ou seja, anteriores à vigência da lei. Especificamente em relação aos planos coletivos empresariais, a ANS apurou que, dos 12.083 planos de saúde, 9.041 são considerados novos e 3.042 antigos. A relevância na classificação do contrato em "novo" ou "antigo" está na discussão acerca da retroatividade ou não da Lei nº 9.656/98 pelos tribunais brasileiros, uma vez que, a princípio, a Lei nº 9.656/98 não se aplicaria aos contratos antigos, prevalecendo as disposições contratuais originais, por ser a adaptação do contrato à referida lei facultativa ao beneficiário, não sendo obrigatória.

Em relação ao resultado econômico-financeiro das operadoras, isto é, a relação de receitas[172] e despesas[173] das operadoras, a ANS apurou que,

---

[171] Os dados sobre o setor privado levantados pela ANS podem ser encontrados em: <http://www.ans.gov.br/images/stories/Materiais_para_pesquisa/Perfil_setor/Caderno_informacao_saude_suplementar/2015_mes09_caderno_informacao.pdf> (Acesso em 29.11.2015).

[172] De acordo com a ANS, o termo técnico "receita" "corresponde à soma das contraprestações efetivas informadas pelas operadoras à ANS. As contraprestações efetivas resultam da soma das Contraprestações Líquidas (ou Prêmios Retidos Líquidos), considerados os efeitos das variações das Provisões Técnicas, as Receitas com Administração de Planos de Assistência à Saúde e os Tributos Diretos de Operações com Planos de Assistência à Saúde da Operadora. Além das receitas das contraprestações são incluídas outras receitas operacionais". Disponível no Caderno de Informação da Saúde Suplementar: Beneficiários, Operadoras e Planos. Rio de Janeiro: ANS, 2015, p. 60. < http://www.ans.gov.br/images/stories/Materiais_para_pesquisa/Perfil_setor/Caderno_informacao_saude_suplementar/2015_mes09_caderno_informacao.pdf> (Acesso em 29.12.2015).

[173] De acordo com a ANS, o termo técnico "despesa" "Corresponde à soma das despesas informadas pelas operadoras à ANS. As operadoras da modalidade autogestão passaram a informar suas despesas, obrigatoriamente, a partir de 2007. As despesas das operadoras dividem-se em": Despesa administrativa, correspondente a todas as despesas das operadoras que não estejam relacionadas à prestação direta dos serviços de assistência à saúde; Despesa assistencial, que é despesa resultante toda e qualquer utilização, pelo beneficiário, das coberturas contratadas, descontados os valores de glosas e expresso em reais, Despesa com comercialização; e outras despesas operacionais. Disponível no Caderno de Informação da

em 2015, o valor total das receitas arrecadadas pelas operadoras médico-hospitalares foi de aproximadamente R$75,1 bilhões[174] para um total de despesas no montante de aproximadamente R$ 74,6 bilhões.

Em termos de gastos com saúde *per capita,* o Instituto de Estudos de Saúde Suplementar ("**IESS**")[175] verificou que, diante do sistema misto de saúde adotado pelo Brasil, o país se assemelha aos países europeus. Contudo, foi possível constatar que o dispêndio brasileiro é inferior ao de países considerados referência em qualidade pela OMS como, por exemplo, Alemanha, Canadá, França e Reino Unido[176].

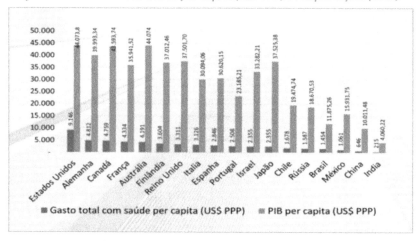

Gráfico 1 - Gasto total com saúde per capita (US$ PPP) e PIB per capita (2013)

Fonte: OMS e FMI (Projeção do PIB)

Saúde Suplementar: Beneficiários, Operadoras e Planos. Rio de Janeiro: ANS, 2015, p. 58. <http://www.ans.gov.br/images/stories/Materiais_para_pesquisa/Perfil_setor/Caderno_informacao_saude_suplementar/2015_mes09_caderno_informacao.pdf> (Acesso em 29.12.2015).

[174] Conforme verificado pela ANS, (i) a receita de contraprestações foi de R$ 67.616.032.926; (ii) outras receitas operacionais contabilizaram o montante de R$ 7.466.916.257; (iii) despesa assistencial foi de R$ 56.965.975.703; (iv) despesa administrativa foi de R$ 7.916.016.051; (v) despesa de comercialização foi de R$ 2.159.494.121; (vi) outras despesas operacionais contabilizaram o montante de R$ 7.538.330.294.

[175] O IESS é uma entidade sem fins lucrativos, cujo objetivo é promover e realizar estudos de aspectos conceituais e técnicos para serem utilizados como embasamento de políticas no mercado de saúde suplementar.

[176] Disponível em: <http://documents.scribd.com.s3.amazonaws.com/docs/9q0qejyio4vdisl.pdf> (Acesso em 8.12.2015).

Outra constatação é que os custos na saúde vêm crescendo a cada ano, sendo que há uma estimativa[177] de que, até 2050, os custos com despesa assistencial tendem a dobrar. Esse fenômeno seria devido a fatores socioeconômicos, como, por exemplo, (i) o envelhecimento da população, com a qual os gastos assistenciais representavam 53% em 2010 e que, estima-se, custarão 56% em 2030 e 61% em 2050; (ii) o aumento da inflação do setor de saúde, a qual é mensurada, por exemplo, pelo indicador Variação dos Custos Médico-Hospitalares ("**VCMH**"). Tudo isso sem falar em elementos como, por exemplo, avanço tecnológico, avanço medicinal, dentre outros.

A esse respeito, a Federação Nacional de Saúde Suplementar ("**FENASAÚDE**")[178] realizou um levantamento referente às variações de 2014 e 2015 no que se refere às receitas de contraprestações e as despesas assistenciais. É possível observar que, em setembro/2015, as receitas aumentaram 12,8% e as despesas assistenciais cresceram 14,9% no mesmo período[179]. Em outras palavras, a despesa totalizou R$ 115,8 bilhões nos últimos doze meses, até junho/2015[180].

---

[177] Disponível em: <http://documents.scribd.com.s3.amazonaws.com/docs/9q0qejyio4vdisl.pdf> (acesso em 8.12.2015).

[178] A FENASAÚDE representa 18 grupos de operadoras de planos de saúde privados, totalizando 24 empresas dentre 1.199 operadoras em atividade com beneficiários (Allianz Saúde, Grupo Amil Saúde, Grupo Bradesco Saúde, Grupo Caixa Seguros Saúde, Care Plus Medicina Assistencial, Gama Saúde, Golden Cross, Hapvida Assistência Médica, Gama Saúde, Itauseg Saúde, Mapfre Saúde, Metlife Planos Odontológicos, Grupo NotreDame Intermédica Saúde, OdontoPrev, Omint Serviços de Saúde, Porto Seguro – Seguro Saúde, Grupo SulAmérica Saúde, Unimed Seguros Saúde e Yasuda Marítima Saúde Seguros.

[179] Disponível em: <http://www.cnseg.org.br/fenasaude/servicos-apoio/noticias/despesas--assistenciais-continuam-a-crescer-acima-das-receitas-do-mercado-de-saude-suplementar.html> (Acesso em 12.12.2015).

[180] Indicadores Econômico-Financeiros e de Beneficiários – 10ª edição – setembro/2015. Disponíveis em <http://www.cnseg.org.br/fenasaude/publicacoes/> (Acesso em 12.12.2015).

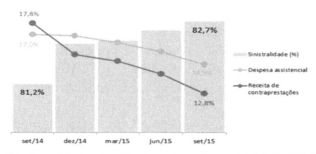

A fim de corroborar a relevância do mercado de saúde suplementar no atual contexto socioeconômico, paralelamente à importância dos planos de saúde coletivos empresariais, a ANS verificou também a relação entre a variação anual de beneficiários de planos de saúde e de empregos formais desde 2004 até 215. É possível observar que, à medida que o emprego formal cresce, aumenta também o número de pessoas que são beneficiárias de plano privado de saúde. Da mesma forma, se diminui o número do emprego formal, também cai o número de beneficiários da população brasileira que têm acesso ao plano privado de saúde.

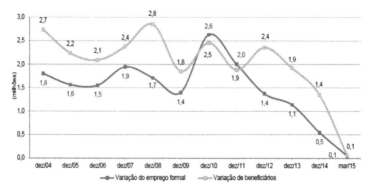

Em termos de demandas de consumidores e poder de fiscalização da agência, a ANS apurou que, das 156.962 demandas de consumidores no ano de 2015, 115.307 foram para solicitar informações e 41.655 para reclamação. Conforme o histórico levantado pela ANS desde 2010, é possível verificar que o ano de 2015 foi o 2º ano com maior número de demandas recepcionadas pela ANS para solicitação de informações, perdendo apenas para o ano de 2013 (148.566). Ele também foi o 3º ano em termos de reclamações, perdendo para 2013 (47.323) e 2014 (41.845).

É possível verificar, ademais, que, dessas 41.655 reclamações, 13.818 foram decorrentes de beneficiários do Estado de São Paulo, 8.751 do Rio de Janeiro e 4.301 de Pernambuco. Além disso, das 41.655 reclamações, aproximadamente 75% era referente à cobertura assistencial.

Saliente-se que, as demandas de reclamações de natureza assistencial recebidas pela ANS, ou seja, que envolvam o atendimento médico *per si*, têm sido, desde que possível, tratadas através de mediação no âmbito da Notificação de Investigação Preliminar ("**NIP**"), prevista na Resolução Normativa da ANS nº 343/2013. Dessa forma, em 2015, 68,5% foram demandas assistenciais e, das 28.825 NIPs, a ANS verificou que o índice de resolutividade foi de 84,6%.

De acordo com a agenda regulatória 2016/2018, submetida à Consulta Pública em março/2015[181], o foco da ANS está concentrado em 4 (quatro) eixos: **(i)** garantia de acesso e qualidade assistencial, no qual se busca remodelar a prestação dos serviços na área de saúde para focar na qualidade assistencial, bem como avaliar novos modelos de produtos; **(ii)** sustentabilidade do setor, visando aprimorar as regras de comercialização dos planos de saúde coletivos e individuais, estimulando a concorrência e a transparência com o objetivo de empoderar a escolha feita pelos consumidores; **(iii)** integração com o sistema público de saúde a fim de aprimorar o acesso e a portabilidade de informações; **(iv)** aprimoramento das interfaces regulatórias, a qual envolve o desenvolvimento do processo de gestão de riscos institucionais, bem como o aperfeiçoa-

---

[181] Os dados sobre o setor privado levantados pela ANS podem ser encontrados em: <http://www.ans.gov.br/images/stories/Particitacao_da_sociedade/consultas_publicas/cp57/minuta_cp57.pdf> (Acesso em 6.12.2015).

mento da relação institucional com o setor regulado e o aprimoramento da qualidade regulatória[182].

Com base nos levantamentos realizados pela ANS, é possível verificar o empenho da agência no aprimoramento da fiscalização e monitoramento do setor de saúde suplementar, refinando a cada ano as pesquisas feitas com os atores do mercado e as ferramentas criadas para tentar minimizar eventuais insatisfações dos beneficiários.

3.6. A experiência do Mercado de Saúde Privado

Paralelamente aos dados coletados pela ANS, também é interessante alguns dados de pesquisas realizadas por algumas empresas privadas de consultoria e/ou instituições especializadas na área de benefícios, especialmente o plano de saúde. Tais dados servirão como evidência da relevância dos planos de saúde coletivos empresariais, bem como do impacto prejudicial e desproporcional do direito à saúde no setor privado da economia.

Conforme é de conhecimento público, as empresas não são, atualmente, obrigadas a oferecer plano de saúde como benefício aos seus empregados[183]. Não obstante, a inclusão do plano de saúde no pacote de benefícios das empresas é uma prática consolidada de mercado. Como dissemos anteriormente, numa sociedade em que já se fala em *apartheid social*, o plano de saúde é cada vez mais o diferencial, em termos de benefício, que faz com que um candidato escolha um emprego em detrimento de outro. A possibilidade de vincular-se a um plano privado de saúde também dá ao cidadão a percepção de ascensão social, o que demonstra a sua relevância em termos de atração e retenção de talentos, bem como a sua relevância em termos socioeconômicos[184].

---

[182] Disponível em <http://www.ans.gov.br/aans/noticias-ans/sobre-a-ans/3114-agenda--regulatoria-da-ans-tem-foco-no-aprimoramento-das-acoes-2> (Acesso em 28.12.2015).

[183] Vale mencionar, contudo, que está em curso perante a Câmara dos Deputados o Projeto de Emenda à Constituição ("PEC nº 451/2014"), cujo objetivo é a inclusão do plano de assistência à saúde como garantia fundamental, a ser oferecido pelo empregador em decorrência de vínculo empregatício. Disponível em <http://www.camara.gov.br/proposicoesWeb/fichadetramitacao?idProposicao=861000> (Acesso em 5.1.2016).

[184] Disponível em: <https://www.towerswatson.com/pt-BR/Insights/IC-Types/Technical-Regulatory/2015/a-sustentabilidade-da-saude-suplementar-no-brasil> (Acesso em 6.12.2015).

Há algumas razões para as empresas oferecerem o plano de saúde como benefício. A primeira é que o benefício serve como ferramenta para atrair bons empregados, mantê-los na empresa felizes enquanto trabalham, o que normalmente é refletido na produtividade do empregado, bem como para premiá-los pelo esforço envidado no trabalho para a empresa. Nessa relação, vale mencionar que o empregado e o empregador criam laços de confiança e lealdade. Ademais, é verdade que as empresas normalmente têm um certo incentivo fiscal para a concessão do benefício, tanto para a empresa quanto para o empregado[185]. Contudo, referido incentivo não chega a ter a dimensão que o senso comum acredita que exista.

Do ponto de vista das vantagens para o empregado, o plano de saúde empresarial é muito mais amplo do que o plano individual, sem falar na economia de escala na prestação do serviço do plano corporativo. É muito menos caro oferecer plano de saúde empresarial para grandes grupos em comparação com o plano individual[186]. O risco diminui à medida que o número de pessoas cobertas pelo plano de saúde corporativo cresce. Em segundo lugar, os planos corporativos mitigam o risco de seleção adversa, pois a maior parte dos empregados selecionam o seu empregador com base em uma série de elementos, tais como, salário, condições de trabalho, oportunidade de carreira, férias e benefícios, dentre os quais está o plano de saúde[187].

---

[185] KOZAK, Barry. *Employee benefit plans.* United States: Carolina Academic Press, 2010, p. 4.
[186] KOZAK, Barry. *Employee benefit plans.* United States: Carolina Academic Press, 2010, p. 472.
[187] "Employer-based coverage is much more widespread than is individual private health insurance coverage for several reasons. First and foremost are the economies of scale in provision. It is much less expensive on a per-insured basis to provide insurance in large groups since marketing and enrollment costs per insured are substantially reduced in such settings, as is claims processing, to a perhaps lesser extent. Insofar as the risk falls as the number of persons in the insuring group increases, employers with fewer than 200 employees rarely self-insure. Second, insurance provided through the employer mitigates the problem of adverse selection (...), particularly in large employer groups. Most employees select their employer for a number of reasons, including pay, working conditions, opportunities for career advancement, vacation, and fringe benefits, of which health insurance is only one". SLOAN, Frank A.; HSIEH, Chee-Ruey. *Health economics.* United States: The MIT Press, 2012, p. 432-433.

De todo modo, conforme pesquisa realizada pelo IESS[188] junto à Receita Federal, estima-se que as empresas gastam, aproximadamente, 10% do valor da folha de pagamento com benefícios para a saúde do seu empregado, sendo 8,5% só com o plano de saúde. Ainda, de acordo com a pesquisa do IESS, 86% das pessoas do grupo de pesquisa analisado (num total de 1.600 pessoas) informou que valorizam ter um plano de saúde e 74% gostariam de ter esse benefício.

Os principais motivos para uma pessoa ter deixado de ter o plano são **(i)** saída da empresa; **(ii)** insuficiência de recursos financeiros; **(iii)** o valor da mensalidade; e **(iv)** o término da elegibilidade na qualidade de dependente. O plano de saúde está classificado como o 3º serviço em termos de importância para as pessoas.

Por outro lado, as principais justificativas para o desejo de ser beneficiário de plano de saúde são que as pessoas não querem depender do serviço público de saúde, especialmente em razão dos problemas relacionados à aparente ineficiência e qualidade dos serviços. Além disso, diante do alto preço das mensalidades dos planos de saúde, especialmente se comparado ao valor da aposentadoria, muitos não conseguiriam custear o plano de saúde, adquirindo, portanto, um reflexo da ascensão social à medida que uma pessoa consegue ter esse benefício[189].

Em relação ao oferecimento do plano de saúde para os empregados, a pesquisa realizada pela empresa Tower Watson em 2012[190] indicou que, das 194 empresas nacionais (31%), multinacionais (66%) e de economia mista (3%) entrevistadas, 100% inclui o plano de saúde nos seus pacotes de benefícios, sendo que **(i)** 31% das empresas adotam a modalidade pós-pagamento do plano de saúde, ou seja, as próprias empresas assumem o risco da atividade na medida em que custeiam toda e qualquer despesa médico-hospitalar incorrida pelos beneficiários, mediante o pagamento apenas de uma taxa de administração para a operadora, enquanto **(ii)** 63% adotam o pré-pagamento, ou seja, a empresa paga

---

[188] GREGORI, Maria Stella. *Planos de saúde*: A ótica da proteção do consumidor. 3ª ed. São Paulo: RT, 2011, p. 39-41.

[189] Disponível em <http://documents.scribd.com.s3.amazonaws.com/docs/120sv90xds4jnlz2.pdf> (acesso em 8.12.2015).

[190] Disponível em: <https://www.towerswatson.com/pt-BR/Insights/IC-Types/Survey--Research-Results/2014/05/pesquisa-sobre-planos-de-beneficios-no-brasil> (acesso em 8.12.2015).

previamente a seguradora de plano de saúde o prêmio calculado com base em critérios atuariais para que ela possa cobrir os sinistros no período de vigência do contrato[191], de modo que o risco da atividade é assumido pela seguradora; **(iii)** 6% adotam o sistema híbrido.

Apenas a título ilustrativo, outros benefícios oferecidos pelas empresas aos seus empregados são: estacionamento (80%), auxílio-creche (72%), auxílio-educação (71%), auxílio-combustível (66%), convênios comerciais/descontos (61%), dentre outros.

Saliente-se que dessas 194 empresas entrevistadas, 18% possui de 5.001 a 10.000 empregados, 8% de 10.001 a 20.000 empregados e 7% acima de 20.000 empregados. Em outras palavras, essa informação é de suma importância para que possamos compreender que muitas empresas contribuem para o bem-estar e melhor padrão de vida de muitas pessoas. Isso porque o número de empregados de diversas empresas do setor privado da economia pode ser comparado ao número de habitantes de algumas cidades brasileiras. Esse fato demonstra a dependência da população brasileira em relação ao setor privado de saúde e o quão relevante ele se tornou.

Em relação à repartição do custeio do plano de saúde com os seus empregados, ainda nessa pesquisa realizada em 2012, **(i)** 48% das empresas implementaram a contribuição dos empregados, ou seja, um valor simbólico e fixo-mensal pago pelo empregado para custeio parcial do plano de saúde; **(ii)** 33% instituiu a coparticipação como fator moderador para auxiliar o uso consciente dos serviços médicos; e **(iii)** 19% não implementou nenhum tipo de contribuição do empregado.

Em outra pesquisa feita no ano de 2014, 73% das empresas entrevistas pela empresa Towers Watson indicou ter ex-empregados vinculados ao seu plano de saúde. Se comparado ao ano de 2001, 22% teve um aumento de 51% e, se comparado a 2010, 37% teve um aumento de 36%. Ademais, ainda em relação à repartição do custeio, a Towers Watson indicou que em 2001, 71% das empresas compartilhavam o custeio do plano de saúde com os seus empregados e, em 2013, apenas 48% das empresas permaneciam dividindo o custeio do plano de saúde com seus empregados.

---

[191] CARNEIRO, Luiz Augusto Ferreira. Princípios básicos de seguros e planos de saúde. In: *Planos de saúde*. Aspectos jurídicos e econômicos. Rio de Janeiro: Forense, 2012, p. 71.

A relevância dessa informação consiste no fato de que, como veremos, a existência de contribuição do beneficiário é requisito essencial para a sua elegibilidade ao direito de manutenção no plano de saúde pós-emprego.

A manutenção de ex-empregados no plano de saúde coletivo empresarial, conforme abordaremos nesta dissertação, foi uma conquista social de extrema relevância, mas que traz consigo, de forma reflexa, um impacto econômico significativo para o setor privado. Considerando esse aspecto, vale mencionar outro dado interessante, que é o envelhecimento populacional. A esse respeito, é possível verificar que, em 2013, 12% da população (23 milhões) era idosa e a projeção é de que, em 2050, os idosos somem 31% da população brasileira (67 milhões). Com base na pesquisa realizada pela Towers Watson, foi apurado que, conforme uma projeção do passivo atuarial de uma determinada empresa, em 2015, o passivo atuarial em relação ao plano de saúde por ela oferecido era de R$ 109 milhões, ou seja, quase o dobro se comparado a 2013 (R$ 87 milhões) sendo a projeção para 2021 de R$ 150 milhões.

Considerando todos os fatores econômico e sociais, bem como o fato de que aumenta progressivamente o número de ações judiciais contra essas empresas acerca da manutenção do ex-empregado no plano de saúde coletivo empresarial, a Tower Watson também apurou que 43% das empresas entrevistadas pretendem alterar o desenho dos seus planos de saúde a curto ou médio prazo a fim de atingir os seguintes objetivos: **(i)** redução de custo; **(ii)** mapeamento do perfil de risco da população; **(iii)** realização de palestra informativas e de conscientização; **(iv)** identificação de doentes crônicos; **(v)** mudança na forma de custeio; **(vi)** ampliação dos benefícios; dentre outros.

Além da possibilidade de reestruturar as características do benefício, essa alteração isoladamente tratada não consiste em uma solução para garantir sua sustentabilidade. O setor de saúde suplementar precisa que diversas mudanças ocorram com a participação e o auxílio de todos os atores do mercado, o que inclui o beneficiário. É necessário o amadurecimento e mudança até mesmo do ponto de vista cultural. Conforme identificado na pesquisa mencionada, a sociedade brasileira não tem a cultura da poupança como prioridade financeira. De acordo com as faixas etárias, foi constatado que, entre 40 e 49 anos, a prioridade de poupar para aposentadoria é a 6ª prioridade, e acima de 50 anos, torna-se a 1ª prioridade. Para as pessoas com menos de 40 anos, a ação de poupar não aparece sequer como prioridade.

Ao longo desta dissertação, verificaremos que uma das questões que mais preocupa o setor privado é a viabilidade do direito de permanência do ex-empregado no plano de saúde da empresa após o seu desligamento, bem como a sustentabilidade do plano para o oferecimento desse benefício pela empresa aos seus empregados.

4.
O Surgimento do Direito de Manutenção no Plano de Saúde Pós-Emprego

Conforme explicam Maury Ângelo BOTTESINI e Mauro CONTI MACHADO, a Lei de Plano de Saúde *pretendeu disciplinar o universo dos empresários que exploram os serviços de seguros-saúde, planos de saúde e assistência médica, a normatização da administração dessas atividades, a modificação da disciplina das sociedades de profissionais cujo objeto é a prestação desses serviços às empresas do ramo*[192].

A Lei nº 9.656/98 trata de diversas questões relevantes para o contrato de plano de saúde, a fim de evitar abusividade e/ou desequilíbrio contratual como, por exemplo, a rescisão e suspensão do contrato individual de plano de saúde, a cobrança por faixa etária, a estipulação dos períodos de carência, a previsão de uma cobertura mínima obrigatória, dentre outros. A atual Lei de Planos de Saúde ainda demanda melhorias[193], como será visto nesta dissertação e como tem sido verificado pelas regulamentações editadas pela ANS, mas mais do que regulamentar aspectos importantes do contrato, a Lei nº 9.656/98 também trouxe inovações para o consumidor, dentre as quais o direito do indivíduo de per-

---

[192] BOTTESINI, Maury Ângelo; MACHADO, Mauro Conti. *Lei dos Planos e Seguros de Saúde*. Comentada artigo por artigo. 3ª ed. Forense: Rio de Janeiro, 2015, p. 6.

[193] Não obstante esteja em tramitação perante o Congresso Nacional o Projeto de Lei nº 8.034/2010, cujo objetivo é estabelecer normas gerais em contratos de seguro privado, o §2º do artigo 9º esclarece que "os seguros e planos de saúde regem-se por lei própria, aplicando-se esta lei em caráter subsidiário". Disponível em <http://www.camara.gov.br/proposicoesWeb/prop_mostrarintegra?codteor=830929&filename=PL+8034/2010> (Acesso em 28.12.2015). Ou seja, ainda que haja, de fato, uma "Lei Geral de Seguros", a Lei nº 9.656/98 prevalecerá como a principal regulamentação dos planos de saúde.

manecer como beneficiário do plano de saúde coletivo empresarial de que desfrutava na vigência do seu contrato de trabalho.

Isso porque, conforme mencionado anteriormente, a Lei de Planos de Saúde foi editada num contexto sócio-político em que diante da incapacidade do sistema público de saúde de atender toda a população brasileira com qualidade e eficiência, o Estado passou a transferir o dever de prover a assistência à saúde à iniciativa privada. Esse direito também foi criado dentro de um contexto socioeconômico em que a maior parte da população que tem acesso a plano privado de assistência à saúde é beneficiária de um plano de saúde oferecido por empresa, ou seja, pelos planos coletivos empresariais, cuja relevância já foi demonstrada no início desta dissertação ao constatarmos que aproximadamente 17% dos vínculos com planos de saúde são provenientes de planos de saúde coletivos empresariais, considerando que os beneficiários de planos privado de assistência à saúde correspondem a aproximadamente 25% da população brasileira.

Nesse contexto, a presente dissertação tem por objetivo tratar dos artigos 30 e 31 da Lei nº 9.656/98, os quais asseguram, respectivamente, ao consumidor demitido sem justa causa e ao aposentado, o direito de permanecer no plano de saúde coletivo empresarial após o seu desligamento da empresa em que trabalhava, nas mesmas condições de cobertura assistencial de que gozavam enquanto vigente o contrato de trabalho, desde que assumam o pagamento integral. Confira-se:

> Art. 30. Ao consumidor que contribuir para produtos de que tratam o inciso I e o § 1º do art. 1º desta Lei, em decorrência de vínculo empregatício, no caso de rescisão ou exoneração do contrato de trabalho sem justa causa, é assegurado o direito de manter sua condição de beneficiário, nas mesmas condições de cobertura assistencial de que gozava quando da vigência do contrato de trabalho, desde que assuma o seu pagamento integral.
>
> §1º O período de manutenção da condição de beneficiário a que se refere o caput será de um terço do tempo de permanência nos produtos de que tratam o inciso I e o § 1º do art. 1º, ou sucessores, com um mínimo assegurado de seis meses e um máximo de vinte e quatro meses.
>
> § 2º A manutenção de que trata este artigo é extensiva, obrigatoriamente, a todo o grupo familiar inscrito quando da vigência do contrato de trabalho.

§ 3º Em caso de morte do titular, o direito de permanência é assegurado aos dependentes cobertos pelo plano ou seguro privado coletivo de assistência à saúde, nos termos do disposto neste artigo.

§ 4º O direito assegurado neste artigo não exclui vantagens obtidas pelos empregados decorrentes de negociações coletivas de trabalho.

§ 5º A condição prevista no caput deste artigo deixará de existir quando da admissão do consumidor titular em novo emprego.

§ 6º Nos planos coletivos custeados integralmente pela empresa, não é considerada contribuição a co-participação do consumidor, única e exclusivamente, em procedimentos, como fator de moderação, na utilização dos serviços de assistência médica ou hospitalar.

Art. 31. Ao aposentado que contribuir para produtos de que tratam o inciso I e o § 1º do art. 1º desta Lei, em decorrência de vínculo empregatício, pelo prazo mínimo de dez anos, é assegurado o direito de manutenção como beneficiário, nas mesmas condições de cobertura assistencial de que gozava quando da vigência do contrato de trabalho, desde que assuma o seu pagamento integral.

§ 1º Ao aposentado que contribuir para planos coletivos de assistência à saúde por período inferior ao estabelecido no caput é assegurado o direito de manutenção como beneficiário, à razão de um ano para cada ano de contribuição, desde que assuma o pagamento integral do mesmo.

§ 2º Para gozo do direito assegurado neste artigo, observar-se-ão as mesmas condições estabelecidas nos §§ 2º, 3º, 4º, 5º e 6º do art. 30.

§ 3º Para gozo do direito assegurado neste artigo, observar-se-ão as mesmas condições estabelecidas nos §§ 2º e 4º do art. 30.

Para fins de nomenclatura habitual, vale esclarecer que o plano de saúde oferecido pelas empresas aos seus empregados normalmente é denominado "plano de saúde dos ativos", enquanto o plano de saúde destinado aos ex-empregados demitidos sem justa causa ou aposentados, normalmente é denominado "plano de saúde dos inativos".

É importante salientar que, nesse momento, trataremos apenas das disposições legais para o exercício do direito de manutenção no plano de saúde pós-emprego, de modo que adentraremos as discussões referente à aplicação desses dispositivos apenas mais adiante.

A propósito da extensão do plano de saúde pós-emprego, vale destacar que a Lei nº 9.656/98 estabeleceu 3 (três) requisitos necessários para o exercício do direito, quais sejam, **(i)** o benefício do plano de saúde deve decorrer de vínculo empregatício, motivo pelo qual é possível concluir que a Lei de Planos de Saúde tratou apenas dos planos coletivos empresariais; **(ii)** o ex-empregado deve ter contribuído para o plano de saúde; **(iii)** o ex-empregado deve assumir o pagamento integral do plano de saúde.

Podemos dizer desde logo que os requisitos da contribuição e da assunção do pagamento integral geraram – e ainda geram – muita controvérsia quanto à sua aplicação. Em razão de a Lei de Planos de Saúde não abordar de forma mais clara esses dois requisitos, foram criadas diversas interpretações jurisprudenciais para a sua aplicação, o que implicou uma insegurança jurídica e tratamento desigual para pessoas na mesma situação jurídica.

Em relação à **contribuição**, a Lei de Planos de Saúde não apresentou uma definição exata nem esclareceu de que forma ela poderia ser realizada. Contudo, a referida lei apenas indicou de forma expressa o requisito da contribuição como indispensável para a concessão do direito de manutenção no plano de saúde pós-emprego, o que significa que nem todos os planos coletivos empresariais são contributários, ou seja, nem todas as empresas estabelecem um valor fixo mensal a ser pago pelo empregado, beneficiários do plano de saúde coletivo empresarial, a título de contribuição, mediante desconto em folha de pagamento.

Vale esclarecer apenas que não é considerada contribuição a coparticipação do consumidor em procedimentos com o objetivo de fator de moderação[194], conforme estabelecem o §6º do artigo 30 da Lei nº 9.656/98 e o §2º do artigo 31 da Lei nº 9.656/98. O valor pago pelo beneficiário à operadora de plano de saúde, em geral correspondente a um percentual do valor do exame, procedimento médico e/ou da consulta, representa a chamada coparticipação, que tem por objetivo auxiliar o beneficiário com a cultura do uso consciente dos serviços de assistência médico-hospitalar.

---

[194] BARBUGIANI, Luiz Henrique Sormani. *Planos de saúde*: Doutrina, jurisprudência e legislação. São Paulo: Saraiva, 2015, p. 59.

De todo modo, em razão das características próprias da formação do contrato de plano de saúde, é possível concluirmos que a contribuição do empregado está diretamente relacionada com o custeio do plano de saúde. Em outras palavras, conforme já vimos, o contrato coletivo de plano de saúde pode ser **(i)** com patrocinador, ou seja, a contraprestação pecuniária é total ou parcialmente paga pelo estipulante – no caso o empregador – à operadora, ou **(ii)** sem patrocinador, pelo qual a contraprestação pecuniária é integralmente paga pelo beneficiário diretamente à operadora. Logo, na hipótese de o plano ser com patrocinador, é possível que o empregador, na condição de estipulante do contrato, assuma o pagamento da mensalidade ou do prêmio[195], descontada a parcela do empregado referente à sua contribuição.

O outro requisito legal é a assunção do **pagamento integral** do plano de saúde pelo ex-empregado. Esta é, na realidade, uma condição ao exercício do direito de manutenção no plano de saúde pós-emprego, e não um requisito propriamente dito como fato passado, que seria um pressuposto de elegibilidade. Trata-se de um dever a ser assumido pelo, agora, ex-empregado demitido sem justa causa ou aposentado, de custear integralmente o plano de saúde, ou seja, a parcela com que o ex--empregado contribuía para o plano de saúde mais a parcela que era paga pelo empregador, na qualidade de estipulante do contrato[196].

A questão controvertida quanto ao requisito da assunção do pagamento integral é a forma de apuração desse valor. Dependendo da modalidade de formação de preço escolhida para o desenho do plano de saúde – pós-pagamento ou pré-pagamento – a forma de apuração é diversa.

---

[195] Embora tenhamos esclarecido que as expressões "plano de saúde" e "seguro saúde" seriam tratadas de forma indistinta, mencionamos no início desta dissertação que, para fins de análise dos artigos 30 e 31 da Lei nº 9.656/98, especialmente quanto à formação de preço, a diferenciação dessas expressões faz-se necessária. Assim, ao tratarmos de "plano de saúde", denominaremos a contraprestação como "mensalidade" e, ao tratarmos do "seguro saúde", denominaremos a contraprestação como "prêmio".

[196] "Art. 3º Fica estabelecido o prazo de até quatorze meses do início da vigência desta resolução para o funcionamento dos planos de que trata o Art. 2º, observado o disposto nos parágrafos a seguir. (...) §6º – Entende-se como contribuição ou pagamento integral, de que tratam os §§ 3º e 4º deste artigo, a soma das contribuições patronal e do empregado." (Resoluções CONSU nºs 20/99 e 21/99).

Se o desenho do plano de assistência à saúde adotar como modalidade de custeio o pré-pagamento, evidentemente, há um cálculo atuarial e o valor de um prêmio previamente apurado. Nesse caso, a seguradora realizará um cálculo levando em consideração, dentre outros fatores, o grupo segurado, o risco, o lucro, a inflação médica, o avanço tecnológico e medicinal, para apurar um valor de prêmio, que será repassado à estipulante. Logo, já aplicando os conceitos analisados até o momento, estaremos diante de um seguro saúde, em que o risco é assumido pela seguradora especializada em saúde.

Isso significa que, na hipótese de as despesas médico-hospitalares incorridas pelos beneficiários serem superiores ao valor do prêmio *per capita* definido no cálculo atuarial, a seguradora arcará, a princípio, com o prejuízo. Todavia, na hipótese de as despesas serem inferiores ao valor do prêmio arrecadado, a seguradora atingirá o seu objetivo inicial, qual seja, obter lucro com o exercício dessa atividade, uma vez que, na modalidade de custeio pré-pagamento, o valor do prêmio é pago independentemente da utilização dos serviços médico-hospitalares pelos beneficiários, visto que fatores internos e externos foram considerados no cálculo atuarial.

Considerando que a dissertação versa sobre o plano de saúde coletivo empresarial contributário, ou seja, com patrocínio parcial do estipulante, que é a empregadora, e com o estabelecimento de uma contribuição financeira simbólica por parte do beneficiário para o custeio do seguro saúde, podemos concluir que o empregado, na qualidade de beneficiário do seguro, arcará com um valor mensal a título de contribuição, que poderá ser, por exemplo, um percentual sobre o valor do prêmio ou sobre o valor do seu salário bruto ou, ainda, um valor aleatório fixo. Assim, diante do prêmio já previamente calculado pela seguradora, a empregadora, na condição de estipulante do contrato, pagará a diferença entre o valor do prêmio e o valor da contribuição do empregado.

Nessa situação, a controvérsia instalada sobre o requisito legal da assunção do pagamento integral não é tão aparente, de modo que a modalidade de pré-pagamento poderia ser considerada o modelo, em regra, perfeito em termos de operacionalização, para a viabilidade desse direito. Outro impasse que poderia ser vislumbrado, contudo, se refere à capacidade financeira dos beneficiários de arcarem ou não com o valor do prêmio apurado pela seguradora, a ser posteriormente assumido na íntegra pelo ex-empregado, de que trataremos mais adiante nesta dissertação. Portanto, embora seja possível calcular a exata parte da ex-empregadora e a contribuição do ex-empregado, passa-se a discutir a capacidade financeira do ex-empregado para assumir o pagamento integral.

O aspecto controvertido do requisito legal da contribuição pode ser percebido na hipótese em que o desenho do plano de assistência à saúde tem como característica quanto à modalidade de custeio, o pós-pagamento, ou seja, os beneficiários utilizam os serviços médico-hospitalares e, no final do mês, a operadora de plano de saúde encaminha à estipulante a fatura total das despesas, sem, a princípio, nenhum limite financeiro. Em outras palavras, a estipulante assumirá o risco financeiro de toda e qualquer despesa médico-hospitalar incorrida pelos seus empregados e dependentes, o que poderá variar mensalmente, de acordo com a utilização. Vale esclarecer, inclusive, que, normalmente, essas despesas não são apuradas com base atuarial[197], mas normalmente com base em tabela de honorários médicos ou, em alguns casos, um valor único.

Dessa forma, o aspecto peculiar do contrato é a imprevisibilidade do valor da mensalidade do plano de saúde. Ou seja, nem a estipulante nem a operadora de plano de saúde sabem de quanto será a fatura mensal. Isso porque as despesas médico-hospitalares pagas ao final do mês pela empresa, estipulante do contrato, estão diretamente relacionadas com a utilização dos serviços pelos seus empregados e dependentes, podendo aumentar ou diminuir o valor a ser arcado pela empresa. As empresas assumem, então, integralmente o valor da mensalidade, descontado apenas o valor da contribuição do empregado.

Nesse contexto, considerando o fato de que o valor da mensalidade paga à operadora de plano de saúde é variável mensalmente de acordo com a utilização efetiva dos serviços, e que é fixo tão-somente o valor da contribuição do empregado, não é possível apurar o valor da parcela da empregadora, que deveria ser somado ao valor da contribuição do empregado. Por isso, não é possível apurar o pagamento integral a ser

---

[197] MATHIAS, Guilherme Valdetaro. O Código Civil e o Código do Consumidor na saúde suplementar. In: CARNEIRO, Luiz Augusto Ferreira (Org.). *Planos de saúde*. Aspectos jurídicos e econômicos. Rio de Janeiro: Forense, 2012, p. 111.

assumido pelo empregado para fins de permanecer no plano de saúde após o seu desligamento. As consequências práticas e jurídicas dessa impossibilidade, contudo, também vêm sendo objeto de regulamentações da ANS e decisões do Poder Judiciário, conforme veremos a seguir.

O requisito da assunção do pagamento integral pelo ex-empregado demitido sem justa causa ou aposentado, vem sendo objeto de discussão desde o processo legislativo da Lei nº 9.656/98. Com o intuito de avaliarmos a real intenção de atribuir o pagamento integral do plano de saúde ao ex-empregado demitido sem justa causa ou aposentado, vale analisarmos a redação original dos artigos 30 e 31 no Projeto de Lei 4.425/1994 e suas posteriores alterações.

Primeiramente, a redação inicial dos artigos 30 e 31 previa que o ex-empregado assumisse o pagamento integral, ou seja, de sua contribuição mais a parcela patronal[198]. Ademais, o §2º do artigo 31 previa que *cálculos periódicos para ajustes técnicos atuariais das mensalidades dos planos ou seguros coletivos considerarão todos os beneficiários nele incluídos, sejam eles ativos ou aposentados.*

Naquela ocasião foi proposta nova redação para o artigo 30, na qual foi estabelecida a isenção do pagamento integral pelo empregado demitido sem justa causa[199], sob o argumento de que

---

[198] "Art. 30. Ao consumidor que contribuir para plano ou seguro privado coletivo de assistência à saúde, decorrente de vínculo empregatício, no caso de rescisão ou exoneração do contrato de trabalho sem justa causa, é assegurado o direito de manter sua condição de beneficiário, nas mesmas condições de que gozava quando da vigência do contrato de trabalho, **desde que assuma também o pagamento da parcela anteriormente de responsabilidade patronal.** (...) Art. 31. Ao aposentado que contribuir para plano ou seguro coletivo de assistência à saúde, decorrente de vínculo empregatício, pelo prazo mínimo de dez anos, é assegurado o direito de manutenção como beneficiário, nas mesmas condições de que gozava quando da vigência do contrato de trabalho, **desde que assuma o pagamento integral do mesmo**". (Destaques acrescidos ao texto original). Disponível em <http://www2.camara.leg.br/proposicoesWeb/prop_mostrarintegra;jsessionid=7DA7921B2B3E8E197E5FA033AF1A1619.proposicoesWeb2?codteor=1136346&filename=Dossie+-PL+4425/1994> (Acesso em 11.1.2016).

[199] "Art. 30. Ao consumidor que contribuir para plano ou seguro privado coletivo de assistência à saúde, decorrente de vínculo empregatício, no caso de rescisão ou exoneração do contrato de trabalho sem justa causa, é assegurado o direito de manter sua condição de beneficiário, nas mesmas condições de que gozava quando da vigência do contrato de trabalho. (...) §5º Ao aposentado que contribuir para plano ou seguro coletivo de assistência à

ao ser despedido sem justa causa, surge diante do trabalhador um horizonte de incertezas, não sendo cabível sua oneração com o pagamento da prestação de plano ou seguro coletivo de assistência à saúde e, ainda mais, arcando com a parcela patronal.

Posteriormente, foi apresentada emenda substitutiva do artigo 30 para nada mencionar no artigo quanto à obrigação do ex-empregado demitido sem justa causa ter que assumir o pagamento integral ou de sua isenção. Além disso, o artigo 31 foi transformado em §5º do artigo 30, no qual foi estabelecido que a manutenção no plano de saúde pelo ex-empregado aposentado estaria condicionada à assunção do pagamento da parte patronal até o limite de 50% do valor de sua própria contribuição[200].

Ainda, de acordo com a Emenda de Plenário, foi novamente alterada a redação do artigo 30 para ampliar para 3 (três) anos o prazo mínimo de permanência do ex-empregado demitido sem justa causa no plano de saúde e estabelecer a obrigação do ex-empregado de assumir o pagamento de 40% da parcela anteriormente de responsabilidade patro-

---

saúde, decorrente de vínculo empregatício, pelo prazo mínimo de dez anos, é assegurado o direito de manutenção como beneficiário, nas mesmas condições de que gozava quando da vigência do contrato de trabalho, **desde que assuma o pagamento da parte patronal até o limite de 50% do valor de sua própria contribuição**". (Destaques acrescidos ao texto original). Disponível em <http://www2.camara.leg.br/proposicoesWeb/prop_mostrarinteg ra;jsessionid=7DA7921B2B3E8E197E5FA033AF1A1619.proposicoesWeb2?codteor=113634 6&filename=Dossie+-PL+4425/1994> (Acesso em 11.1.2016).

[200] "Art. 30. Ao consumidor que contribuir para plano ou seguro privado coletivo de assistência à saúde, decorrente de vínculo empregatício, no caso de rescisão ou exoneração do contrato de trabalho sem justa causa, é assegurado o direito de manter sua condição de beneficiário, nas mesmas condições de que gozava quando da vigência do contrato de trabalho, **desde que assuma também o pagamento da parcela anteriormente de responsabilidade patronal**. (...) Art. 31. Ao aposentado que contribuir para plano ou seguro coletivo de assistência à saúde, decorrente de vínculo empregatício, pelo prazo mínimo de dez anos, é assegurado o direito de manutenção como beneficiário, nas mesmas condições de que gozava quando da vigência do contrato de trabalho, **desde que assuma o pagamento integral do mesmo**". (Destaques acrescidos ao texto original). Disponível em <http://www2.camara.leg.br/proposicoesWeb/prop_mostrarintegra;jsessionid=7DA7921B2B3E8E197E5 FA033AF1A1619.proposicoesWeb2?codteor=1136346&filename=Dossie+-PL+4425/1994> (Acesso em 11.1.2016).

nal[201], e do artigo 31 para estabelecer que *ao aposentado é assegurado o direito de manutenção como beneficiário, desde que assuma o pagamento de 40% da parcela anteriormente de responsabilidade patronal.*

Ao final, contudo, os artigos 30 e 31 da Lei nº 9.656/98 foram editados com a determinação de que o ex-empregado demitido sem justa causa ou aposentado deverá assumir o pagamento integral do plano de saúde, sem qualquer restrição.

Assim, se preenchidos os requisitos legais acima mencionados, quais sejam, **(i)** o benefício do plano de saúde decorrer de vínculo empregatício mantido entre a estipulante do contrato e o beneficiário, **(ii)** o beneficiário ter contribuído para o custeio do plano de saúde na vigência do seu contrato de trabalho, e **(iii)** o beneficiário, agora ex-empregado, concordar em assumir o pagamento integral do plano de saúde, pode-se discutir o tempo de permanência no plano de saúde após o desligamento da empresa.

Na hipótese do ex-empregado demitido sem justa causa, este terá direito à manutenção no plano de saúde pelo período de 1/3 (um terço) do tempo de contribuição, sendo-lhe assegurado um prazo mínimo de 6 (seis) meses e máximo de 24 (vinte e quatro) meses, conforme previsto no artigo 30, §1º da Lei nº 9.656/98[202].

---

[201] "Art. 30. Ao beneficiário de plano privado coletivo de assistência à saúde, decorrente de vínculo empregatício, é assegurado o direito de manutenção como beneficiário, **pelo prazo mínimo de 3 anos, desde que assuma o pagamento de 40% da parcela anteriormente de responsabilidade patronal, no caso de quebra do vínculo por rescisão ou exoneração**". (Destaques acrescidos ao texto original). Disponível em <http://www2.camara.leg.br/proposicoesWeb/prop_mostrarintegra;jsessionid=7DA7921B2B3E8E197E5FA033AF1A1619.proposicoesWeb2?codteor=1136346&filename=Dossie+-PL+4425/1994> (Acesso em 11.1.2016).

[202] "Art. 30. Ao consumidor que contribuir para produtos de que tratam o inciso I e o § 1º do art. 1º desta Lei, em decorrência de vínculo empregatício, no caso de rescisão ou exoneração do contrato de trabalho sem justa causa, é assegurado o direito de manter sua condição de beneficiário, nas mesmas condições de cobertura assistencial de que gozava quando da vigência do contrato de trabalho, desde que assuma o seu pagamento integral. (Redação dada pela Medida Provisória nº 2.177-44, de 2001). §1º O período de manutenção da condição de beneficiário a que se refere o caput será de um terço do tempo de permanência nos produtos de que tratam o inciso I e o § 1º do art. 1º, ou sucessores, com um mínimo assegurado de seis meses e um máximo de vinte e quatro meses."

Ao ex-empregado aposentado, por sua vez, a lei assegura a manutenção no plano de saúde **(i)** por período indeterminado, se contribuiu por 10 (dez) anos para o plano de saúde, conforme previsto no *caput* do artigo 31 da Lei nº 9.656/98, ou **(ii)** por **período determinado**, se contribuiu por período inferior a 10 (dez) anos. Neste último caso, é assegurado ao ex-empregado sua manutenção no plano pelo período proporcional ao tempo de contribuição, à razão de 1 (um) ano para cada ano de contribuição, conforme previsto no §1º do artigo 31 da Lei nº 9.656/98[203].

Os artigos 30, §§2º e 3º e 31, §2º da Lei nº 9.656/98 estabelecem, ainda, que a manutenção no plano de saúde pós-emprego é obrigatoriamente extensiva ao grupo familiar do ex-empregado, inscrito até o momento do seu desligamento e, em caso de morte do titular, é assegurado aos dependentes cobertos pelo plano o direito de permanecer como beneficiário.

Além disso, a lei também ressalta que o direito de manutenção no plano de saúde não exclui vantagens obtidas pelos empregados decorrentes de negociações coletivas de trabalho.

Por fim, a Lei nº 9.656/98 estabelece apenas 1 (uma) excludente ao direito de extensão do plano de saúde pós-emprego, qual seja, a admissão do ex-empregado, titular do plano, em novo emprego (artigo 30, §5º e artigo 31, §2º, ambos da Lei nº 9.656/98). Neste caso, o ex-empregado perde o direito de permanecer como beneficiário do plano de saúde oferecido por sua antiga empregadora.

É de se salientar que, na hipótese de cancelamento do plano de saúde oferecido pela empresa aos seus empregados, a operadora deverá disponibilizar aos beneficiários novo plano de saúde na modalidade indi-

---

[203] "Art. 31. Ao aposentado que contribuir para produtos de que tratam o inciso I e o § 1º do art. 1º desta Lei, em decorrência de vínculo empregatício, pelo prazo mínimo de dez anos, é assegurado o direito de manutenção como beneficiário, nas mesmas condições de cobertura assistencial de que gozava quando da vigência do contrato de trabalho, desde que assuma o seu pagamento integral. §1º Ao aposentado que contribuir para planos coletivos de assistência à saúde por período inferior ao estabelecido no caput é assegurado o direito de manutenção como beneficiário, à razão de um ano para cada ano de contribuição, desde que assuma o pagamento integral do mesmo."

vidual, desde que comercialize essa modalidade de plano de saúde, conforme estabelecem os artigos 1º e 3º da Resolução CONSU nº 19/99[204].

Diante disso e considerando a insuficiência de recursos do sistema público de saúde para garantir o direito à saúde dos cidadãos, é evidente que a intenção do legislador foi proteger o trabalhador que, em muitos casos, deixa o emprego já aposentado e, em razão de estar com idade avançada, tem mais despesas médico-hospitalares com acompanhamento preventivo ou, até mesmo, curativo e, muitas vezes, com médicos que já os acompanham há tempos, de modo que é uma perda para o beneficiário não ter mais esse benefício.

A lógica da proteção se estende, naturalmente, ao empregado demitido sem justa causa, o qual, já tendo perdido o emprego e, em geral, tendo de reduzir ou eliminar o sustento da família, ainda teria que se preocupar com eventuais problemas relacionados a sua saúde e/ou de seus familiares, o que é evitado ou, ao menos, mitigado com a garantia desse direito previsto no artigo 30 da Lei nº 9.656/98, o qual assegura ao ex-empregado demitido sem justa causa a possibilidade de permanecer no plano por mais algum tempo – proporcional ao tempo de contribuição, sendo no máximo de 24 (vinte e quatro) meses – desde que assuma o pagamento integral.

Conforme pondera Luiz Antonio Rizzatto NUNES[205], essa norma

> vem evitar graves distorções que atingem o empregado que saiu de seu emprego, por meio do qual acabou vinculando-se a determinado plano de saúde. Muitas vezes a perda do consumidor-empregado é bastante grande, a começar pelas carências: a saída do plano joga fora a automaticamente sua conquista na superação dos períodos de carência impostos pela operadora.

---

[204] "Art. 1º As operadoras de planos ou seguros de assistência à saúde, que administram ou operam planos coletivos empresariais ou por adesão para empresas que concedem esse benefício a seus empregados, ou ex-empregados, deverão disponibilizar plano ou seguro de assistência à saúde na modalidade individual ou familiar ao universo de beneficiários, no caso de cancelamento desse benefício, sem necessidade de cumprimento de novos prazos de carência. (...) Art. 3º Aplicam-se as disposições desta Resolução somente às operadoras que mantenham também plano ou seguro de assistência à saúde na modalidade individual ou familiar."

[205] NUNES, Luiz Antonio Rizzatto. *Comentários à Lei de Plano Privado de Assistência à Saúde.* São Paulo: Saraiva, 2000, p. 86.

Contudo, da mesma forma que esse direito trouxe inovações para a sociedade, do ponto de vista social e político, ele também criou distorções sociais e econômicas, que, aliadas à flexibilidade do Poder Judiciário na interpretação da aplicação desse direito, geraram insegurança jurídica para a sociedade.

Diante disso, é oportuno esclarecer que esta dissertação tem por pressuposto axiológico a importância do direito criado pelo legislador, em vista da proteção da saúde e do bem-estar do trabalhador, de que este permaneça tendo acesso à assistência à saúde privada, da qual pôde desfrutar enquanto o seu contrato de trabalho era vigente. Assim, o objetivo desta pesquisa é pôr em discussão e expor à reflexão as problemáticas suscitadas por esse direito e as dificuldades de moldá-lo à realidade jurídica e social do mercado de saúde suplementar, para viabilizar o seu exercício pelos empregados, sem prejudicar a sustentabilidade do benefício oferecido pelo setor privado, que auxilia o Estado no cumprimento do seu dever de assegurar a saúde a todos.

4.1. O Papel da Agência Reguladora na Saúde Suplementar

Conforme já vimos, pontuamos nesta dissertação que, além de fiscalizar e monitorar o setor de saúde suplementar, especificamente com relação à atuação das operadoras de planos de saúde, a ANS tem por objetivo regulamentar questões relacionadas à Lei nº 9.656/98, bem como às práticas do setor de saúde suplementar.

De acordo com a agenda regulatória para o período 2016-2018, a ANS persistirá na busca pela garantia de acesso ao setor privado de assistência à saúde, visando o aperfeiçoamento do modelo de prestação de serviço e de financiamento a fim de manter o equilíbrio entre o risco econômico e a qualidade assistencial.

Sem dúvida, os planos de saúde coletivos empresariais representam um forte meio de acesso aos planos privados de assistência à saúde, sendo incentivada a sua manutenção pela ANS. Para tanto, a lei de criação da ANS, Lei nº 9.961/2000, prescreveu em seu artigo 4º, inciso XI, que compete à ANS *estabelecer critérios, responsabilidades, obrigações e normas de procedimento para garantia dos direitos assegurados nos arts. 30 e 31 da Lei nº 9.656, de 1998.* Ou seja, por determinação legal, a ANS tem competência para regulamentar os referidos artigos, esclarecendo conceitos e procedimentos para viabilizar o direito de manutenção no plano de saúde, sem ampliar ou restringir direitos e deveres.

4.1.1. A ERA CONSU – Regulamentação do CONSU

Até novembro de 2011, contudo, os artigos 30 e 31 da Lei nº 9.656/98 eram regulamentados pelas Resoluções do CONSU nºs 20 e 21, de 7 de abril de 1999 ("**Resoluções CONSU nºs 20/99 e 21/99**"). O artigo 30 da Lei nº 9.656/98, destinado aos ex-empregados demitidos sem justa causa, era regulamentado, portanto, pela Resolução CONSU nº 20/99 e o artigo 31 da Lei nº 9.656/98, destinado aos ex-empregados aposentados, pela Resolução CONSU nº 21/99. Conforme já disse, o CONSU foi criado pela Lei nº 9.656/98, cujo escopo abrangia estabelecer políticas e diretrizes gerais do setor de saúde suplementar.

Em relação às disposições dessas resoluções, explicaremos apenas os seus principais aspectos para podermos, ao final desta dissertação, analisar os impactos dessa regulamentação e de sua interpretação pelo Poder Judiciário.

As resoluções 20/99 e 21/99 do CONSU regulamentavam os artigos 30 e 31 da Lei nº 9.656/98 quanto à sua forma de cumprimento. Neste momento, destacaremos 3 aspectos da norma, os quais, como veremos adiante, geraram muita controvérsia na jurisprudência: **(i)** a possibilidade de segregação dos ativos e inativos do plano de saúde, ou seja, criar um plano de saúde oferecido pela empresa e destinado apenas aos ativos e outro apenas para os inativos, conforme o §1º do artigo 2º das Resoluções CONSU nºs 20/99 e 21/99; **(ii)** o prazo de 30 (trinta) dias para manifestação do ex-empregado quanto ao seu interesse na manutenção do plano de saúde após o seu desligamento da empresa, conforme o §6º do artigo 2º das Resoluções CONSU nºs 20/99 e 21/99; **(iii)** a forma de cálculo para apuração do pagamento integral a ser assumido pelo ex-empregado, tanto na hipótese de pré-pagamento quanto de pós-pagamento, conforme o §§ 3º e 4º do artigo 3º das Resoluções CONSU nºs 20/99 e 21/99.

Em relação ao primeiro ponto, o artigo 2º, §1º, das resoluções CONSU[206] permitia a segregação dos contratos de planos de saúde dos

---

[206] "Art. 2º Para manutenção do exonerado ou demitido como beneficiário de plano ou seguro de assistência à saúde, as empresas empregadoras devem oferecer plano próprio ou

ativos e inativos, caso os empregados ativos não concordassem com a manutenção de ambos os grupos em um mesmo plano. Por força desse dispositivo, era possível que a estipulante contratasse um plano de saúde apenas para empregados ativos e outro apenas para os ex-empregados. Todavia, as Resoluções CONSU nºs 20/99 e 21/99 determinavam, no §2º do seu artigo 2º[207], que a contratação dos planos deveria ser feita com a mesma operadora de plano de saúde.

A intenção dessa determinação era manter o mutualismo do plano de saúde, bem como evitar que as operadoras selecionassem o risco, de modo que, na hipótese de segregação dos planos de saúde dos ativos e inativos, a mesma operadora deveria assegurar a assistência à saúde tanto aos ativos, ou seja, um grupo de pessoas jovens e que, naturalmente, utilizam menos os serviços médico-hospitalares, quanto aos inativos, um grupo de pessoas com idade mais elevada e que, provavelmente, fazem maior e mais regular uso dos serviços médico-hospitalares.

As Resoluções CONSU nºs 20/99 e 21/99 também determinaram no §6º do seu artigo 2º[208], que, após a comunicação do direito do empre-

---

contratado e as empresas operadoras ou administradoras de planos ou seguros de assistência à saúde devem oferecer à empresa empregadora, que o solicitar, plano de assistência à saúde para ativos e exonerados ou demitidos. §1º – É facultada a manutenção em um mesmo plano, para ativos e exonerados ou demitidos, desde que a decisão seja tomada em acordo formal firmado entre a empresa empregadora e os empregados ativos ou seus representantes legalmente constituídos." (Resolução CONSU nº 20/99).

"Art. 2º Para manutenção do aposentado como beneficiário de plano ou seguro de assistência à saúde, as empresas empregadoras devem oferecer plano próprio ou contratado e as empresas operadoras ou administradoras de planos ou seguros de assistência à saúde devem oferecer à empresa empregadora, que o solicitar, plano de assistência à saúde para ativos e aposentados. §1º – É facultada a manutenção, em um mesmo plano, para ativos e aposentados, desde que a decisão seja tomada em acordo formal, firmado entre a empresa empregadora e os empregados ativos ou seus representantes legalmente constituídos." (Resolução CONSU nº 21/99).

[207] "(...) §2º No caso de manutenção de planos separados para ativos e inativos, e ambos os planos forem contratados com operadoras, é obrigatório que a empresa empregadora firme contratos coletivos empresariais para os ativos e para os inativos, em nome dos empregados e ex-empregados, respectivamente, para ambos os planos, com uma única operadora, devendo, também o plano de inativos, abrigar o universo de aposentados." (Redação dada pela RN nº 195, de 2009) (Resoluções CONSU nºs 20/99 e 21/99).

[208] "(...) §6º – O exonerado ou demitido de que trata o Art. 1º, deve optar pela manutenção do benefício aludido no caput, no prazo máximo de trinta dias após seu desligamento, em

gado de permanecer como beneficiário do plano de saúde pela empregadora, o ex-empregado teria um prazo de 30 (trinta) dias, contados da rescisão contratual, para manifestar ao empregador o seu interesse no exercício do direito de permanecer no plano de saúde.

O terceiro dispositivo que merece ser destacado é o critério previsto no artigo 3º, §6º, das Resoluções CONSU nºs 20/99 e 21/99 para a apuração do pagamento integral a ser assumido pelos ex-empregados, beneficiários do plano de saúde, conforme a modalidade de custeio do plano[209]. Para tanto, o CONSU distinguiu a forma de apuração do pagamento integral conforme a modalidade de formação de preço.

Na hipótese de plano pré-pago, *o ex-empregado passa a assumir integralmente o pagamento de sua participação no plano, a partir da data do seu desligamento*. Ou seja, nesse caso, o ex-empregado assumirá o pagamento da sua contribuição mensal mais o valor remanescente que era pago pela estipulante com base no prêmio indicado pela seguradora.

Todavia, quando o plano adotar a formação de preço pós-pago, *o ex--empregado passa a assumir o pagamento de sua participação no plano, calculado pela média das doze últimas contribuições integrais, ou do número de contribuições se menores que doze, a partir da data do seu desligamento*. Nesse caso, o CONSU determinou que deveria ser calculado um valor médio refe-

---

resposta à comunicação da empresa empregadora, formalizada no ato da rescisão contratual." (Resolução CONSU nº 20/99).

[209] "(...) §3º – Quando o plano de ativos do qual o exonerado ou demitido é oriundo adotar sistema de pré-pagamento, o ex-empregado passa a assumir integralmente o pagamento de sua participação no plano, a partir da data do seu desligamento." (Resolução CONSU nº 20/99).

"(...) §4º – Quando o plano de ativos do qual o exonerado ou demitido é oriundo adotar sistema de pós-pagamento, o ex-empregado passa a assumir o pagamento de sua participação no plano, calculado pela média das doze últimas contribuições integrais, ou do número de contribuições se menores que doze, a partir da data do seu desligamento." (Resolução CONSU nº 20/99).

"(...) §3º – Quando o plano de ativos do qual o aposentado é oriundo adotar sistema de pré – pagamento, o ex–empregado passa a assumir integralmente o pagamento de sua participação no plano, a partir da data de seu desligamento." (Resolução CONSU nº 21/99).

"(...) §4º – Quando o plano de ativos do qual o aposentado é oriundo adotar sistema de pós--pagamento, o ex-empregado passa a assumir o pagamento de sua participação no plano, calculado pela média das doze últimas contribuições integrais, a partir da data de seu desligamento." (Resolução CONSU nº 21/99).

rente às mensalidades que foram pagas pela estipulante à operadora de plano de saúde nos últimos 12 (doze) meses ou, em período inferior quando não houver completado esse período.

Tal critério de cálculo é justamente um dos objetos de análise desta dissertação, pois essa metodologia de apuração do pagamento integral suscita diversos questionamentos perante o Poder Judiciário, tendo em vista que, na prática, não corresponde ao custo real a ser assumido pelo ex-empregado, o que gera um subsídio financeiro pelo qual responde a operadora de plano de saúde ou, até mesmo, a estipulante do contrato, que é a empresa contratante do benefício aos seus empregados.

Nesse contexto regulatório, é importante enfatizar que as Resoluções CONSU nºs 20/99 e 21/99, em especial esses 3 (três) aspectos analisados, foram objeto de diversas demandas judiciais, de modo que a ANS e o mercado de saúde suplementar verificaram a necessidade de aperfeiçoamento da regulamentação dos artigos 30 e 31 da Lei nº 9.656/98, esclarecendo questões que as resoluções não abordavam, bem como desenvolvendo melhor os aspectos nela já tratados.

4.1.2. A Atuação Regulatória da ANS

Diante dos diversos questionamentos judiciais das Resoluções CONSU nºs 20/99 e 21/99, a agência reguladora instaurou Câmara Técnica para levantar quais eram as principais causas de descontentamento do mercado de saúde suplementar a respeito do direito de manutenção do ex--empregado no plano de saúde pós-emprego, bem como para conciliar os interesses de todos os setores atuantes nesse mercado.

Assim, entre julho e outubro de 2010, a ANS realizou diversas reuniões com representantes das operadoras de planos de saúde, dos empregadores, dos beneficiários, bem como com a equipe técnica da ANS. Após diversas reuniões e debates acerca do assunto, a proposta da norma foi apresentada e exposta à Consulta Pública no período de abril e junho de 2011 a fim de que outras contribuições e/ou críticas do mercado de saúde suplementar fossem incorporadas à redação final da norma.

O intuito da Consulta Pública foi dar oportunidade à sociedade de contribuir para a finalização da norma. Conforme informação da ANS, *as operadoras foram responsáveis pelo envio de 46% das contribuições, seguidas pelos beneficiários, representantes do empregador e demais entidades representati-*

vas do setor[210]. Em 1º de novembro de 2011, ainda, foi realizada uma audiência pública por parte da Comissão de Direitos Humanos e Legislação Participativa do Senado Federal, com o propósito de debater a regulamentação dos artigos 30 e 31 da Lei nº 9.656/98. Nessa ocasião, também estiveram presentes os representantes das operadoras, de centrais sindicais, da confederação de aposentados e pensionistas e o Diretor-Presidente da ANS.

Em 24 de novembro de 2011, a ANS editou a Resolução Normativa nº 279 ("**RN nº 279/2011**"), que revogou as Resoluções CONSU nºs 20/99 e 21/99, e, dentre outros aspectos, esclareceu conceitos relevantes para a interpretação dos artigos 30 e 31 da Lei nº 9.656/98, os quais, por serem frequentemente objeto de controvérsia perante o Poder Judiciário, merecerão uma análise mais aprofundada. Dentre esses aspectos, podemos destacar: **(i)** a necessidade de contribuição do empregado para o custeio do plano de saúde, **(ii)** a expressão "mesmas condições de cobertura assistencial" e **(iii)** a assunção pelo ex-empregado do "pagamento integral" do plano de saúde.

Quanto à definição de "contribuição", requisito legal exigido pelos artigos 30 e 31 da Lei nº 9.656/98, a ANS a conceituou como qualquer valor pago pelo empregado, inclusive com desconto em folha de pagamento, para custear parte ou a integralidade da contraprestação pecuniária de seu plano privado de assistência à saúde oferecido pelo empregador em decorrência de vínculo empregatício[211].

Portanto, é somente o valor pago pelo empregado, na vigência do contrato de trabalho, para o custeio do plano de saúde, que configura a contribuição. A RN nº 279/2011 ressaltou, novamente, que a coparticipação ou franquia paga única e exclusivamente em procedimen-

---

[210] Disponível em <http://www.ans.gov.br/a-ans/sala-de-noticias-ans/consumidor/1516--regras-para-manutencao-de-planos-de-saude-para-aposentados-e-demitidos-entra-em--vigor-> (Acesso em 29.12.2015).

[211] "Art. 2º Para os efeitos desta Resolução, considera-se: I – contribuição: qualquer valor pago pelo empregado, inclusive com desconto em folha de pagamento, para custear parte ou a integralidade da contraprestação pecuniária de seu plano privado de assistência à saúde oferecido pelo empregador em decorrência de vínculo empregatício, à exceção dos valores relacionados aos dependentes e agregados e à co-participação ou franquia paga única e exclusivamente em procedimentos, como fator de moderação, na utilização dos serviços de assistência médica ou odontológica." (RN nº 279/2011).

tos, como fator de moderação, na utilização dos serviços de assistência médica não é contribuição.

A RN nº 279/2011 enfatiza, ainda, que, mesmo que o pagamento da contribuição pelo empregado não esteja sendo feito no momento do seu desligamento, deve ser considerado, para fins do direito previsto nos artigos 30 e 31 da Lei nº 9.656/98, o período de tempo em que o empregado contribuiu para o custeio do plano de saúde anteriormente ao seu desligamento[212].

Em outras palavras, se o empregado contribuiu por, por exemplo, 5 (cinco) anos e a estipulante do contrato, juntamente com a operadora, optaram por posteriormente excluir do desenho do seu plano de saúde a contribuição do beneficiário, de modo que o plano se tornou "não contributário", aquele empregado, quando for exercer o seu direito de extensão do plano de saúde pós-emprego, poderá pleitear a sua manutenção no plano pelo período proporcional ao tempo durante o qual contribuiu. Se a contribuição tiver sido feita por pelo menos 10 (dez) anos, o empregado terá direito à manutenção no plano de saúde por período indeterminado.

Diante dos esclarecimentos da RN nº 279/2011, podemos concluir que os artigos 30 e 31 da Lei nº 9.656/98 estabelecem a contribuição como requisito legal para o exercício do direito de manutenção no plano de saúde pelo ex-empregado. Ou seja, para ser elegível ao direito de extensão do benefício, é necessário que o plano de saúde oferecido pela empresa seja contributário, de modo que, enquanto vigente o contrato de trabalho, o ex-empregado tenha realizado pagamento fixo mensal a título de contribuição para o custeio do plano de saúde, normalmente mediante desconto em folha de pagamento.

---

[212] "Art. 6º Para fins dos direitos previstos nos artigos 30 e 31 da Lei nº 9.656, de 1998, e observado o disposto no inciso I do artigo 2º desta Resolução, também considera-se contribuição o pagamento de valor fixo, conforme periodicidade contratada, assumido pelo empregado que foi incluído em outro plano privado de assistência à saúde oferecido pelo empregador em substituição ao originalmente disponibilizado sem a sua participação financeira.(...) §2º Ainda que o pagamento de contribuição não esteja ocorrendo no momento da demissão, exoneração sem justa causa ou aposentadoria, é assegurado ao empregado os direitos previstos nos artigos 30 e 31 da Lei nº 9.656, de 1998, na proporção do período ou da soma dos períodos de sua efetiva contribuição para o plano privado de assistência à saúde." (RN nº 279/2011).

Logo, em tese, não resta mais qualquer dúvida de que o requisito legal da contribuição está atrelado diretamente ao custeio, parcial ou integral, do plano de saúde pelo empregado durante a vigência do contrato de trabalho. Todavia, conforme veremos ao final deste trabalho, a questão ainda é muito discutida no Poder Judiciário.

É importante esclarecer, justamente por se tratar de tema controvertido, que a decisão de o plano de saúde ser ou não contributário é da empresa, juntamente com a operadora de plano de saúde. Não existe, portanto, obrigação legal ou regulatória para a empresa de cobrar do seu empregado contribuição para o custeio do plano de saúde, tampouco existe vedação para que essa cobrança seja efetuada.

Outro argumento que reforça a interpretação de que, de fato, o legislador teve a intenção de incluir a contribuição como requisito necessário é o fato de em 22 de março de 2010, foi arquivado o Projeto de Lei nº 445/2007 elaborado pelo Senador Álvaro Dias, que sugeria a alteração dos artigos 30 e 31 da Lei nº 9.656/98 para eliminar a obrigatoriedade de que o ex-empregado tivesse contribuído para o plano de saúde durante a vigência do contrato de trabalho. A rejeição desse projeto de lei foi fundamentada pelo Relator Senador Flávio Arns no fato de que **(i)** *a manutenção do ex-empregado dentro de um plano de saúde ou como beneficiário de outro produto dessa natureza pode representar um fator de insegurança para os administradores de planos, eis que o empregado saiu de condições de emprego previsíveis para outras imprevisíveis, com mais ou menos riscos no ambiente de trabalho;* **(ii)** *é cabível supor que, em face da aprovação do presente projeto de lei, os novos contratos passarão a incluir esse possível aumento no número de beneficiários (beneficiários desempregados) dentro dos custos de manutenção. Isso pode desestimular a concessão, pelos empregadores, de benefícios dessa natureza e pode representar o repasse de parte dos custos para os demais empregados, também participantes do plano, na hipótese de eles serem contribuintes.*

Ainda quanto às definições trazidas pela RN nº 279/2011, vale esclarecer o conceito da expressão "mesmas condições de cobertura assistencial" previsto no *caput* dos artigos 30 e 31 da Lei nº 9.656/98, que asseguram aos ex-empregados o direito de permanecerem desfrutando das mesmas condições de cobertura assistencial de que gozavam na vigência do contrato de trabalho.

De acordo com a ANS, a expressão "cobertura assistencial" se refere à *segmentação assistencial de plano de saúde que garante a prestação de serviços* à *saúde que compreende os procedimentos clínicos, cirúrgicos, obstétricos, odontológicos, atendimentos de urgência e emergência determinadas no Rol de Procedimentos e Eventos em Saúde e em contrato*[213]. Isto é, cobertura assistencial ambulatorial, cobertura assistencial hospitalar com obstetrícia, cobertura assistencial hospitalar sem obstetrícia, cobertura assistencial odontológica, cobertura assistencial de referência, dentre outras.

Todavia, em razão das divergências quanto à interpretação do que seriam "mesmas condições de cobertura assistencial", especialmente se esse conceito envolvia ou não as condições de preço, a RN nº 279/2011 estabeleceu que a expressão "mesmas condições de cobertura assistencial"[214] se refere às características quanto à segmentação, rede credenciada, abrangência geográfica, procedimentos, fator moderador. Não houve qualquer menção às condições de precificação.

Assim, ao assegurar ao ex-empregado demitido sem justa causa ou aposentado o direito de permanecer no plano de saúde, desfrutando das "mesmas condições de cobertura assistencial", o legislador nada mencionou quanto ao preço. Até mesmo porque, é plausível que este varie com o tempo e com as inovações tecnológicas, medicinais, bem como com a inflação médica, dentre outros fatores. O que o legislador assegurou foi a manutenção da mesma rede credenciada, da garantia da abrangência geográfica e do padrão de acomodação.

Superadas as questões conceituais, podemos destacar, ademais, que a RN nº 279/2011 enfatizou que cabe à empresa[215] comunicar ao seu empregado, no momento do desligamento, acerca do seu direito de manutenção no plano de saúde, devendo este manifestar no prazo

---

[213] Caderno de Informação da Saúde Suplementar: Beneficiários, Operadoras e Planos. Rio de Janeiro: ANS, 2013, p. 45. Disponível em <http://bvsms.saude.gov.br/bvs/periodicos/caderno_informacao_suplementar_mar2013.pdf> (Acesso em 29.12.2015).

[214] "Art. 2º Para os efeitos desta Resolução, considera-se: II – mesmas condições de cobertura assistencial: mesma segmentação e cobertura, rede assistencial, padrão de acomodação em internação, área geográfica de abrangência e fator moderador, se houver, do plano privado de assistência à saúde contratado para os empregados ativos." (RN nº 279/2011).

[215] "Art. 10. O ex-empregado demitido ou exonerado sem justa causa ou aposentado poderá optar pela manutenção da condição de beneficiário no prazo máximo de 30 (trinta) dias, em resposta ao comunicado do empregador, formalizado no ato da comunicação do aviso prévio, a ser cumprido ou indenizado, ou da comunicação da aposentadoria." (Redação dada pela RN Nº 297, de 23 de Maio de 2012.) (RN nº 279/2011).

máximo de 30 (trinta) dias, em resposta ao comunicado do empregador, se tem interesse ou não em permanecer no plano de saúde. Como já vimos, a RN nº 279/2011 manteve a previsão do prazo de 30 (trinta) dias para a manifestação de interesse do ex-empregado.

Outro aspecto relevante da RN nº 279/2011, ainda em conformidade com as Resoluções CONSU nºs 20/99 e 21/99, é a possibilidade de segregação dos ativos e inativos, pela qual o empregador poderá optar por manter o ex-empregado no plano de saúde oferecido aos empregados ativos ou poderá criar um plano exclusivo para os inativos. Com isso, a ANS estabelece que, caso a empresa opte por manter o ex-empregado no plano em que se encontrava quando da sua demissão, deverão ser observadas as mesmas condições de reajuste, preço, faixa etária e fator moderador da época da vigência do contrato de trabalho[216]. Se, por outro lado, a empresa optar por manter o ex-empregado no chamado Plano Exclusivo para Ex-Empregados Demitidos ou Exonerados sem Justa Causa ou Aposentados, a RN nº 279/2011 estabelece que este deverá ter a mesma segmentação e cobertura assistencial[217], sendo facultado ao empregador a contratação de um plano de saúde exclusivo, na mesma segmentação, com a cobertura assistencial (ou seja, rede assistencial, padrão de acomodação e área de abrangência geográfica) diferenciada como opção mais acessível[218].

Além disso, no artigo 19, a RN nº 279/2011 permite que o plano de saúde exclusivo para inativos tenha condições de reajuste, preço, faixa

---

[216] "Art. 16. A manutenção da condição de beneficiário no mesmo plano privado de assistência à saúde em que se encontrava quando da demissão ou exoneração sem justa causa ou aposentadoria observará as mesmas condições de reajuste, preço, faixa etária e fator moderador existentes durante a vigência do contrato de trabalho." (RN nº 279/2011).

[217] "Art. 18. O plano privado de assistência à saúde de que trata o artigo anterior deverá ser oferecido e mantido na mesma segmentação e cobertura, rede assistencial, padrão de acomodação em internação, área geográfica de abrangência e fator moderador, se houver, do plano privado de assistência à saúde contratado para os empregados ativos." (RN nº 279/2011).

[218] "(...) Parágrafo único. É facultada ao empregador a contratação de um outro plano privado de assistência à saúde na mesma segmentação com rede assistencial, padrão de acomodação e área geográfica de abrangência diferenciadas daquelas mencionadas no caput como opção mais acessível a ser oferecida juntamente com o plano privado de assistência à saúde de que trata o caput para escolha do ex-empregado demitido ou exonerado sem justa causa ou aposentado." (Parágrafo único do artigo 18 da RN nº 279/2011).

etária diferenciadas do plano dos ativos, sendo vedada apenas a contratação desse plano exclusivo para inativos com formação de preço pós-estabelecido[219]. Deverá ser adotado o sistema de pré-pagamento com contraprestação pecuniária diferenciada por faixa etária, a qual será integralmente financiada pelo ex-empregado.

Para os fins desta dissertação, merece ser destacada, ainda, a previsão na RN nº 279/2011 da hipótese de sucessão de operadoras de planos de saúde pela empresa, estipulante do contrato. Segundo esta previsão, na hipótese de a empregadora alterar a operadora de plano de saúde, deverá ser considerado o período de contribuição dos beneficiários à época da antiga operadora no momento em que o empregado for exercer o seu direito de permanecer no plano de saúde após o desligamento[220]. Assim, serão somados todos os períodos de contribuição do ex-empregado, independentemente da operadora de planos de saúde que recebeu a contribuição.

Por fim, vale salientar que a RN nº 279/2011 surgiu em um contexto em que a ANS verificou que, para o exercício do direito de manutenção no plano de saúde pós-emprego, muitas empresas, na qualidade de ex-empregadoras e estipulantes do contrato, estavam subsidiando o plano de saúde dos seus ex-empregados. Isso porque as ex-empregadoras, que adotavam a modalidade de pós-pagamento, não tinham como apurar o valor da parcela patronal a ser repassada ao ex-empregado, dado que

---

[219] "Art. 19. A manutenção da condição de beneficiário em plano privado de assistência à saúde exclusivo para ex-empregados demitidos ou exonerados sem justa causa ou aposentados poderá ocorrer com condições de reajuste, preço, faixa etária diferenciadas daquelas verificadas no plano privado de assistência à saúde contratado para os empregados ativos. §1º É vedada a contratação de plano privado de assistência à saúde de que trata o caput com formação de preço pós-estabelecida. §2º A participação financeira dos ex-empregados que forem incluídos em plano privado de assistência à saúde exclusivo para demitidos ou exonerados sem justa causa ou aposentados deverá adotar o sistema de pré-pagamento com contraprestação pecuniária diferenciada por faixa etária." (RN nº 279/2011).

[220] "Art. 23. No caso de oferecimento de plano privado de assistência à saúde pelo empregador mediante a contratação sucessiva de mais de uma operadora, serão considerados, para fins de aplicação dos direitos previstos no art. 30 e 31 da Lei nº 9.656, de 1998, os períodos de contribuição do ex-empregado demitido ou exonerado sem justa causa ou aposentado decorrentes da contratação do empregador com as várias operadoras." (RN nº 279/2011).

apenas o valor da contribuição do empregado era fixa, sendo a parcela da empresa variável mensalmente.

Diante disso, a RN nº 279/2011 estabeleceu, em seu artigo 15[221], que a empresa deverá apresentar aos beneficiários o valor correspondente ao custo do benefício por faixa etária, mesmo que a empresa defina posteriormente que não cobrará o prêmio por faixa etária, mas sim um preço único, mediante eventual subsídio.

É imprescindível, contudo, que esteja previsto no contrato o critério para a determinação do preço único e a sua relação com o custo por faixa etária apresentado ao beneficiário. Ainda, no momento da inclusão do empregado no plano de saúde, a empresa deverá apresentar-lhe a tabela de prêmios por faixa etária, com as devidas atualizações, devendo esta estar disponível a qualquer tempo para consulta[222]. A empresa estará dispensada de apresentar o custo por faixa etária ao beneficiário apenas na hipótese em que o plano de saúde utilizar a modalidade pós-pagamento[223].

Em outras palavras, no momento da contratação do plano de saúde pela empresa, a ser oferecido ao seu empregado, deverá ser observado se este terá como característica a modalidade de custeio pré-pagamento ou pós-pagamento. Na hipótese de ser adotado o pré-pagamento, a ANS determina a apuração do prêmio de cada beneficiário conforme tabela de faixa etária, independentemente da decisão da empresa quanto à forma de cobrança desse valor dos beneficiários, ou seja, se haverá sub-

---

[221] "Art. 15. No ato da contratação do plano privado de assistência à saúde, a operadora deverá apresentar aos beneficiários o valor correspondente ao seu custo por faixa etária, mesmo que seja adotado preço único ou haja financiamento do empregador. §1º Deverá estar disposto no contrato o critério para a determinação do preço único e da participação do empregador, indicando-se a sua relação com o custo por faixa etária apresentado." (RN nº 279/2011).

[222] "(...) §2º No momento da inclusão do empregado no plano privado de assistência à saúde, além da tabela disposta no caput, deverá ser apresentada ainda a tabela de preços por faixa etária que será adotada, com as devidas atualizações, na manutenção da condição de beneficiário de que trata os artigos 30 e 31 da Lei 9.656, de 1998. § 3º As tabelas de preços por faixa etária com as devidas atualizações deverão estar disponíveis a qualquer tempo para consulta dos beneficiários." (Artigo 15 da RN nº 279/2011).

[223] "(...)§4º Excepcionalmente quando o plano dos empregados ativos possuir formação de preço pós-estabelecida, a operadora estará dispensada da apresentação da tabela de que trata o caput." (Artigo 15 da RN nº 279/2011).

sídio ou não da empresa. Essa determinação da ANS decorre do fato de que, ao tornarem-se elegíveis ao direito de manutenção no plano de saúde pós-emprego, previsto nos artigos 30 e 31 da Lei nº 9.656/98, os beneficiários já teriam conhecimento do valor a ser assumido por eles para o exercício do referido direito.

Por outro lado, se a empresa adotar a modalidade de custeio pós-pagamento, a ANS entende que não há necessidade de apuração do prêmio por faixa etária, uma vez que não seriam aplicáveis os artigos 30 e 31 da Lei nº 9.656/98, conforme previsto no artigo 6º, §1º, da RN nº 279/2011[224].

Essa diferenciação de tratamento pela ANS entre os planos pré-pagos e pós-pagos ocorre em razão da dificuldade de apuração do pagamento integral a ser assumido pelo ex-empregado quando o plano de saúde adota a modalidade pós-pagamento com opção custo operacional ante a variação mensal da parcela patronal. Logo, sob a premissa de que, no plano de saúde que adota a modalidade pós-pagamento com opção de custo operacional, os empregados não participariam pela contribuição[225], não haveria o exercício do direito de manutenção no plano pós-emprego.

Todavia, considerando que sempre existiram no mercado, planos de saúde na modalidade pós-pagamento com opção de custo operacional e com a implementação de contribuição do empregado, a ANS prestou esclarecimentos no sentido de que, nessa hipótese, o ex-empregado deveria ser mantido no denominado plano de saúde exclusivo, previsto na RN nº 279/2011, no qual haverá cobrança de preço diferenciada da

---

[224] "Art. 6º Para fins dos direitos previstos nos artigos 30 e 31 da Lei nº 9.656, de 1998, e observado o disposto no inciso I do artigo 2º desta Resolução, também considera-se contribuição o pagamento de valor fixo, conforme periodicidade contratada, assumido pelo empregado que foi incluído em outro plano privado de assistência à saúde oferecido pelo empregador em substituição ao originalmente disponibilizado sem a sua participação financeira." (RN nº 279/2011).

[225] "(...)§1º Os direitos previstos nos artigos 30 e 31 da Lei nº 9.656, de 1998, não se aplicam na hipótese de planos privados de assistência à saúde com característica de preço pós-estabelecido na modalidade de custo operacional, **uma vez que a participação do empregado se dá apenas no pagamento de co-participação ou franquia em procedimentos**, como fator de moderação, na utilização dos serviços de assistência médica ou odontológica." (§1º do artigo 6º da RN nº 279/2011 – destaque acrescido ao texto original).

cobrança dos ativos, devendo estar previsto no contrato a tabela de prêmio por faixa etária a ser assumida pelo ex-empregado, sem prejuízo da existência de subsídio da empresa[226]. Isso ocorre porque é vedada a con-

---

[226] "Questionamentos sobre a Resolução Normativa no 279, de 2011 Direito de manutenção da condição de beneficiário para ex-empregados demitidos ou exonerados sem justa causa e aposentados (...) **5** – Em relação à RN nº 279, de 2011, qual o benefício a ser oferecido ao ex-empregado, que no momento da rescisão contratual estava inscrito em plano com preço pós-estabelecido em custo operacional, logo sem tabela por faixa etária, mas contribuiu para o custeio do plano antecessor? O exercício do direito se dará no plano exclusivo para ex-empregados, pois não há tabela de preço por faixa etária no plano em custo operacional no qual ocorreu a rescisão contratual. (...) **24** – De acordo com a RN nº 279, de 2011, qual é o preço que o ex-empregado irá pagar ao optar pelo direito previsto nos artigos 30 e 31 da Lei nº 9.656, de 1998? O valor a ser pago pelo ex-empregado será exclusivamente em pré-pagamento. Além disso, o beneficiário deverá arcar com o valor total do plano, sendo permitido ao empregador, contudo, subsidiar sua contraprestação pecuniária ou promover a participação dos empregados ativos no seu financiamento. Existem outras regras específicas para o valor da contraprestação pecuniária, dependendo da forma que o plano dos ex-empregados é oferecido: a) manutenção dos ex-empregados no mesmo plano dos empregados ativos. Neste caso, as condições de preço do plano dos ex-empregados são equivalentes às do plano dos empregados ativos. Porém, a tabela de preços dos ex-empregados poderá ser por faixa etária, mesmo que o critério de determinação do preço pago pelos empregados ativos seja diferente (por exemplo, valor único para todas as faixas etárias). Assim, deverá estar disposta no contrato firmado a tabela de custo por faixa etária do plano dos empregados ativos, que será adotada como tabela de preços dos ex-empregados. b) contratação de plano exclusivo para os ex-empregados. Neste caso, as condições de preço do ex-empregado poderão ser diferentes das dos empregados ativos. Assim, deverá estar previsto contratualmente a tabela de preços por faixa etária que será adotada, com as devidas atualizações, quando o beneficiário opta pelo direito previsto nos artigos 30 e 31 da Lei 9.656/98. É importante lembrar que, apesar de ambas as opções preverem uma tabela de preços por faixa etária correspondente à contraprestação pecuniária dos ex-empregados, é permitida a existência de subsidio de seu plano pelo empregador ou a participação dos empregados ativos no seu financiamento. O beneficiário deve ser cientificado no momento da sua inclusão no contrato das tabelas que serão adotadas em cada caso, podendo solicitar a qualquer momento à operadora de as apresente novamente, com as devidas atualizações. (...) **26** – De acordo com a RN nº 279/11, é possível a adoção de preços únicos para os ex-empregados, ou seja, que não varie conforme as faixas etárias? A Resolução Normativa nº 279/11 estabelece que, tanto no caso de manutenção dos ex-empregados no mesmo plano dos empregados ativos ou na contratação de plano exclusivo para os ex-empregados, os preços pagos pelos ex-empregados serão por faixa etária. Porém, caso seja interesse do empregador, é possível a utilização de preços únicos, desde que subsidie o valor da contraprestação do plano para ex-empregados ou promova a participação dos empregados ativos no seu financiamento".

tratação de plano de saúde exclusivo para ex-empregados com formação de preço pós-estabelecida, como previsto no §1º do artigo 19 da RN nº 279/2011[227].

4.2. A Influência do Sistema de Saúde Norte-Americano no Direito à Manutenção no Plano de Saúde

Nos Estados Unidos da América ("**EUA**"), não existe propriamente um sistema público de saúde, universal a todos os cidadãos americanos, como existe no Brasil. Há, no entanto, programas governamentais que asseguram a assistência à saúde a grupos específicos de indivíduos como, por exemplo, o *Medicare* e o *Medicaid*, os quais definiremos mais adiante. Paralelamente, conforme veremos, há um mercado de seguro privado de saúde, denominado *Managed Care*, que vem sendo desenvolvido ao longo do tempo e ganhando cada vez mais espaço em razão da inexistência de um sistema universal. Em razão da existência tanto de recursos públicos quanto de recursos privados na estruturação do sistema de saúde americano, passaremos a analisar, brevemente, algumas de suas características, sem a pretensão, contudo, de esgotar a análise ou aprofundar o tema de forma exaustiva.

A assistência médica nos EUA está entre as indústrias mais reguladas da América. Todos os aspectos do sistema estão sujeitos à supervisão governamental a fim de proteger o interesse público, que deriva da necessidade de controlar três características básicas, quais sejam: **(i)** a seguradora deseja pacientes para receber a assistência à saúde, **(ii)** a qual deve observar certos padrões de qualidade, **(iii)** que permite o acesso difundido e financeiramente viável. É o equilíbrio dessas três características que possibilitará dizer que o sistema tem um bom funcionamento. É, sem dúvida, um grande desafio administrar simultaneamente a maxi-

---

Disponível em <http://www.ans.gov.br/images/stories/Plano_de_saude_e_Operadoras/Area_da_Operadora/20120524_questionamentos_rn279.pdf> (Acesso em 4.1.2016).

[227] "Art. 19. A manutenção da condição de beneficiário em plano privado de assistência à saúde exclusivo para ex-empregados demitidos ou exonerados sem justa causa ou aposentados poderá ocorrer com condições de reajuste, preço, faixa etária diferenciadas daquelas verificadas no plano privado de assistência à saúde contratado para os empregados ativos. §1º É vedada a contratação de plano privado de assistência à saúde de que trata o caput com formação de preço pós-estabelecida."

mização da qualidade dos serviços, mantendo o acesso ao sistema de saúde e controlando o aumento dos custos[228].

A discussão acerca da existência ou não de um sistema único de saúde vai muito além do que seria meramente ideal para um país. A grande questão, a ser primeiramente analisada, como explica Paul STARR[229], é se a medicina deveria ser vista como uma atividade técnica com implicações morais e sociais ocasionais ou, alternativamente, como uma atividade moral e social com uma essência técnica. Se a assistência médica for vista como uma atividade técnica, a sua administração pode ser seguramente confiada a *experts* nessa área. Por outro lado, se a assistência médica for entendida como uma atividade primariamente moral e social, a exemplo da educação, temos que admitir que a situação é diferente. Nesse caso, não se pode atribuir decisões à *experts* quando há questões de propósitos e valores que não se resolvem com o conhecimento técnico, não importa o quão sofisticado e preciso ele seja.

---

[228] "Health care is among the most heavily regulated industries in America. Virtually every aspect of the system is subject to government oversight in one form or another, and often in several forms. (...) Impartial external oversight, rather than market forces, is seen as necessary to protect the public interest. Public protection is particularly important in health care because it directly affects the life and health of its consumers. (...) The public interest in regulating health care derives from the need to control three basic features that in one form or another drive perennial policy attention. Policy makers want patient to receive care that meets standards of acceptable quality, that permits widespread access, and that is affordable. A well-functioning system balances all three. If any element is missing, the system is deficient in one way or another. Unfortunately, maximizing quality, maintaining access, and controlling costs simultaneously is a daunting task that requires ingenuity and resourcefulness on the part of policy makers". FIELD, Robert I. *Health care regulation in America*: Complexity, confrontation, and compromise. New York: Oxford, 2007, p. 3-4.

[229] "The pivotal long-range question in medical reform is whether medicine should be viewed as a technical activity with occasional moral and social overtones or, alternatively as a social and moral activity with a technical substratum. (...) If medical care is ultimately a technical activity like water supply, its management can be safely entrusted to experts in the field. (...) If, on the other hand, medical care is primarily a moral and social activity like education, the situation is quite different. In that case, we cannot entirely cede decisions to experts since there are questions of purpose and value that cannot be resolved by expert knowledge, however refined". STARR, Paul. Medical care as a "good". In: HAVIGHURST, Clark; BLUMSTEIN, James F.; BRENNAN, Troyen A. *Health care law and policy*. Reading, notes and questions. 2nd ed. United States: University Casebook Series, 1998, p. 130-135.

A análise da necessidade ou não de uma reforma no sistema de saúde norte-americano, bem como se a melhor solução seria, de fato, a criação ou não de um sistema universal de saúde, passa por questões não meramente de eficiência do sistema único, mas também pela existência de competição, que poderia não haver na hipótese de um sistema único; o controle da qualidade dos serviços prestados pelo sistema público; a análise personalizada do impacto de fatores culturais ou religiosos na realização de determinados procedimentos médicos; o controle de custos. Portanto, o desafio desse debate não é só prestar boa assistência médica com um custo razoável, o que já é difícil o suficiente, mas fazer isso de uma maneira que preserve a livre escolha e acomode a diversidade cultural[230].

Há muitos anos os EUA vêm analisando a criação ou não de um sistema público de saúde e tanto o governo federal quanto o governo estadual têm adotado diversas medidas para reduzir o número de pessoas sem seguro, fazendo com que os seguros privados de saúde sejam mais acessíveis para a aquisição pela população. É frequente em debates políticos nos EUA a afirmação de que há um "direito à assistência médica", normalmente relacionada às propostas de criação de um programa nacional ou universal de seguro saúde, pelo qual todos os cidadãos teriam assegurados os meios financeiros para a obtenção dos serviços necessários[231].

Considerando a existência de um sistema de saúde relativamente misto nos EUA, passaremos a analisar algumas das características do sis-

---

[230] "The challenge is not just to provide good health care at reasonable cost, though that is difficult enough, but to do it in a way that preserves free choice and accommodates cultural diversity". STARR, Paul. Medical care as a "good". In: HAVIGHURST, Clark; BLUMSTEIN, James F.; BRENNAN, Troyen A. *Health care law and policy*. Reading, notes and questions. 2nd ed. United States: University Casebook Series, 1998, p. 134.

[231] "Both the federal government and the states have adopted or considered numerous incremental measures designed to reduce the number of the underinsured by making private coverage easier to purchase. (...) It is sometimes asserted in policy debates that there is a 'right to health care'. This assertion is usually made in support of proposals to establish a program of national or universal health insurance under which all citizens would be assured the financial means to obtain needed services". HAVIGHURST, Clark; BLUMSTEIN, James F.; BRENNAN, Troyen A. *Health care law and policy*. Reading, notes and questions. 2nd ed. United States: University Casebook Series, 1998, p. 84-86.

tema de saúde atual dos EUA, que nos permitirá identificar e entender algumas similitudes com o sistema brasileiro.

O seguro saúde americano teve origem em 1930, quando um grupo de professores da Baylor University contratou com o Baylor Hospital, em Dallas, a cobertura de despesas hospitalares. Esse contrato de cobertura de despesas hospitalares representou, ao seu turno, a origem dos primeiros planos, conhecidos como "Blue Cross", um modelo privado estruturado como instituição sem fins lucrativos[232]. Esse plano foi destinado a aproximadamente 1.500 professores, com acesso limitado a 21 dias de assistência hospitalar por ano, mediante o pagamento de uma mensalidade de 6 dólares cada[233]. O plano Blue Cross foi posteriormente expandido para incluir a participação de outros empregadores e hospitais, os quais também criaram outros planos Blue Cross. Esses novos planos eram normalmente patrocinados por uma associação hospitalar local ou regional, cujos membros estavam incluídos no plano[234].

Em 1939, um grupo de médicos de Sacramento, Califórnia, criou o primeiro plano denominado *Blue Shield*, para financiar atendimento de serviços médicos. Da mesma forma que o plano Blue Cross, o Blue Shield foi instituído como entidade sem fins lucrativos[235], e, diferentemente daquele, o plano Blue Shield permitia a livre escolha de médicos[236].

Durante a Segunda Guerra Mundial, os beneficiários dos planos Blue Cross passaram de 7 milhões para 25 milhões. Esse aumento pode ser

---

[232] SULTZ, Harry A.; YOUNG, Kristina M. *Health care USA*: Understanding its organization and delivery. 8th ed. Burlington: Jones & Bartlett Learning, 2014, p. 300.

[233] De acordo com Harry A. Sultz e Kristina M. Young, Baylor University Hospital inscreveu 1.250 professores de escolas públicas, mediante o pagamento de 50 centavos por mês. SULTZ, Harry A.; YOUNG, Kristina M. *Health care USA*: Understanding its organization and delivery. 8th ed. Burlington: Jones & Bartlett Learning, 2014, p. 35. Da mesma forma, de acordo com Michael A. Morrisey, também foram inscritos 1.250 professores, mediante o pagamento de 50 centavos por mês para serviços hospitalares por 21 dias. MORRISEY, Michael A. Health insurance. 2nd ed. Chicago: HAP, 2014, p. 6.

[234] KONGSTVEDT, Peter R. *Essentials of managed health care*. 6th ed. Burlington: Jones & Bartlett Learning, 2013, p. 4-5.

[235] FIELD, Robert I. *Health care regulation in America*: Complexity, confrontation, and compromise. New York: Oxford, 2007, p. 6, p. 76-77.

[236] MORRISEY, Michael A. *Health insurance*. 2nd ed. Chicago: HAP, 2014, p. 8.

explicado pela política de congelamento de salários e preços impostos pelo governo federal como ferramenta de controle da inflação. Em 1942, o órgão federal denominado "War Labor Board", que administrava a medida, excetuou os benefícios dessa política de congelamento dos salários, de modo que as empresas passaram a poder competir por trabalhadores por meio da oferta de planos de saúde como um atrativo[237]. É importante entendermos que, a partir dessa política de congelamento dos salários, mas não dos benefícios, o oferecimento do plano de saúde pelas empresas foi mantido ao longo do tempo como uma ferramenta com potencial, inclusive, para atrair novos talentos e reter os bons talentos.

Ainda, essa política interna de benefícios foi ainda mais incentivada após a confirmação pelo serviço de Receita do Governo Federal dos Estados Unidos, denominado "Internal Revenue Service" ("**IRS**"), de que o prêmio pago pelo plano de saúde para os empregados não é considerado salário e, portanto, não está sujeito a tributação. Ao mesmo tempo que esse subsídio fiscal incentivou o oferecimento de seguro saúde coletivo, ele também "desincentivou" o oferecimento de apólices individuais por parte das operadoras de planos de saúde, porque essas apólices se mostravam mais caras para administrar, e os prêmios delas eram mais altos se comparados com os seguros coletivos. Com o surgimento e o aprimoramento desses incentivos fiscais, surgiram no mercado norte-americano outras empresas de seguro saúde, denominadas, genericamente, como *Managed Care Organization* ("**MCO**"), que passaram a dividir o mercado com os planos Blue Cross e Blue Shield[238].

Em 1960, o médico Paul Elwood, baseado no modelo de pré-pagamento (*prepaid group practice*), desenvolveu as chamadas Health Maintenance Organizations ("**HMO**"), que provêm assistência à saúde por meio de profissionais contratados ou grupos de profissionais afiliados. Diferentemente de outras modalidades de operadora de plano de saúde, as HMOs direcionavam o beneficiário, primeiramente, a

---

[237] FIELD, Robert I. *Health care regulation in America*: Complexity, confrontation, and compromise. New York: Oxford, 2007, p. 77.

[238] FIELD, Robert I. *Health care regulation in America*: Complexity, confrontation, and compromise. New York: Oxford, 2007, p. 41.

um clínico geral para, apenas se necessário, encaminhá-lo a um especialista[239].

Uma característica importante das HMOs é que elas utilizavam diversas ferramentas para controlarem os custos, dentre as quais a forma de remuneração dos médicos. Isto é, em vez de remunerar o médico por cada serviço, as HMOs passaram a remunerar os médicos mensalmente, por cada paciente que os procurasse para prestar assistência médica, independentemente da quantidade de serviços demandados[240].

As HMOs são organizações responsáveis pelo financiamento e pela garantia da prestação de serviço de assistência à saúde a uma população devidamente inscrita, mediante o pagamento de um valor pré-fixado[241]. Considerando as ferramentas de controle de custos desenvolvidas pelas HMOs, esperava-se que estas conseguissem reduzir os custos por meio da mudança de incentivo de lucro do *fee for service* – ou seja, pelo pagamento realizado por cada serviço médico – para o *fee for quality*, ou seja, pela promoção de saúde e prevenção de doenças.

Em 1973, foi editado o Health Maintenance Organizations Act (**"HMO Act"**), pelo qual o Congresso dos Estados Unidos, com o objetivo principal de apoiar a expansão das HMOs, determinou, aos empregadores que ofereciam seguro saúde, que incluíssem a modalidade HMO dentre as suas opções de operadora, desde que esta cumprisse determinados requisitos[242] quanto à rede credenciada, cobertura

---

[239] "Under Dr. Elwood's scheme, the capitated payment structure is reserved for primary care physicians. All patients in the plan are assigned to one, and that physician initiates all care. Visits to specialists must follow a referral from the primary care physician, which may be only to specialists within the HMO's network". FIELD, Robert I. *Health care regulation in America*: Complexity, confrontation, and compromise. New York: Oxford, 2007, p. 81.

[240] "(...) HMOs use several tools to manage health care to control costs. The most radical is a change in the form of physician reimbursement. Rather than paying for each service performed, HMOs compensate physicians with a set monthly fee for each patient assigned to them for care, regardless of the amount of services actually rendered". FIELD, Robert I. *Health care regulation in America*: Complexity, confrontation, and compromise. New York: Oxford, 2007, p. 80-81.

[241] SULTZ, Harry A.; YOUNG, Kristina M. *Health care USA*: Understanding its organization and delivery. 8th ed. Burlington: Jones & Bartlett Learning, 2014, p. 300.

[242] Vale ressaltar que a qualificação federal não existe mais, mas foi um requisito importante à época da edição do HMO Act. "Federal Qualification no longer exists, but it was important when managed care was in its infancy and HMOs were struggling for inclusion

e prêmio, bem como desde que as HMOs solicitassem às empresas a sua inclusão[243].

Em 1980, a dinâmica do mercado de assistência à saúde mudou em razão do crescimento descontrolado dos prêmios, e, por força dessa mudança, muitas pequenas empresas passaram a enxergar a oferta de seguro saúde como um benefício insustentável. Nesse contexto, até 1990, as HMOs, com seus prêmios mais baixos, passaram a ser uma opção cada vez mais viável para as empresas, tendo aumentado a sua participação no mercado em 50%. Junto com outras modalidades de operadora de plano de saúde como, por exemplo, Preferred Provider Organizations ("**PPO**")[244], Point-of-Service ("**POS**")[245], cujos conceitos a presente dissertação não pretende aprofundar, os planos privados de saúde passaram a prevalecer na sociedade norte-americana[246].

Em 1982, o Congresso norte-americano autorizou o programa *Medicare* a contratar as HMOs, desde que estas preenchessem os requisitos de participação no *Medicare*. O objetivo dessa interação era que as HMOs pudessem auxiliar o governo no controle de custos e na oferta de mais benefícios pelo *Medicare*[247].

Quase paralelamente ao surgimento das HMOs, logo após a Segunda Guerra Mundial, foram discutidas diversas propostas de criação de um

---

in employment-based health benefits programs, which account for most private health coverage in the United States". KONGSTVEDT, Peter R. *Essentials of managed health care*. 6th ed. Burlington: Jones & Bartlett Learning, 2013, p. 8.

[243] FIELD, Robert I. *Health care regulation in America*: Complexity, confrontation, and compromise. New York: Oxford, 2007, p. 81.

[244] PPOs são operadoras que contratam uma rede credenciada de profissionais médicos e estabelecimentos de saúde para oferecer aos seus beneficiários. Caso o beneficiário opte por utilizar um profissional ou estabelecimento fora da rede credenciada, este pagará um percentual maior de coparticipação e franquia. KONGSTVEDT, Peter R. *Essentials of managed health care*. 6th ed. Burlington: Jones & Bartlett Learning, 2013, p. 28.

[245] *Points-of-services* são planos híbridos que combinam as características de HMO e da PPO, permitindo aos beneficiários a utilização de prestadores fora da rede credenciada. KONGSTVEDT, Peter R. *Essentials of managed health care*. 6th ed. Burlington: Jones & Bartlett Learning, 2013, p. 30.

[246] FIELD, Robert I. *Health care regulation in America*: Complexity, confrontation, and compromise. New York: Oxford, 2007, p. 82.

[247] KONGSTVEDT, Peter R. *Essentials of managed health care*. 6th ed. Burlington: Jones & Bartlett Learning, 2013, p. 9.

sistema universal de saúde, mas nenhuma delas foi implementada. Em compensação, outras soluções, ainda que mais limitadas, foram implementadas em 1965 por meio do *Social Security Act*. Essas novas soluções para incrementar o sistema de saúde americano consistiam em programas federais para financiar a construção de hospitais e expandir o acesso aos seguros saúde em diversos Estados. Elas também pretendiam incrementá-lo pela implementação de uma cobertura nacional de saúde para dois grupos segmentados da população: os idosos e pessoas com recursos financeiros mais limitados[248].

O primeiro programa federal, denominado *Medicare,* é destinado[249] a pessoas com 65 (sessenta e cinco) anos de idade ou mais, pessoas com menos de 65 anos de idade com certas deficiências, bem como a pessoas de qualquer idade em tratamento de doença renal em estágio terminal[250]. Conforme informação do Center for Medicare & Medicaid Services, o *Medicare* cobre, aproximadamente, 55 milhões de americanos[251]

O programa *Medicare,* financiado mediante contribuições para a seguridade social, prêmios e outras receitas, é composto por 3 (três) partes. O *Medicare* Parte A corresponde à cobertura de despesas hospitalares com internações, cuidados de enfermagem especializados, bem como auxilia em cobertura de *home care* e cuidados paliativos. A maioria das pessoas não paga nenhum prêmio pela Parte A, uma vez que já contribuem através de impostos enquanto trabalham[252]. O *Medicare* Parte B, por sua vez, corresponde à cobertura de despesas médicas com consul-

---

[248] FIELD, Robert I. *Health care regulation in America*: Complexity, confrontation, and compromise. New York: Oxford, 2007, p. 6.

[249] "Medicare is a health insurance program for: people age 65 or older, people under age 65 with certain disabilities, and people of all ages with End-Stage Renal Disease (permanent kidney failure requiring dialysis or a kidney transplant)". Disponível em <https://www.cms.gov/Medicare/Medicare-General-Information/MedicareGenInfo/index.html> (Acesso em 30.12.2015).

[250] "Medicare is health insurance for people 65 or older, people under 65 with certain disabilities, and people of any age with End-Stage Renal Disease (ESRD) (permanent kidney failure requiring dialysis or a kidney transplant)". Disponível em <https://www.medicare.gov/pubs/pdf/10050.pdf> (Acesso em 29.12.2015).

[251] Disponível em <https://www.cms.gov/Newsroom/MediaReleaseDatabase/Press-releases/2015-Press-releases-items/2015-07-28.html> (Acesso em 30.12.2015).

[252] Disponível em <https://www.cms.gov/Medicare/Medicare-General-Information/MedicareGenInfo/index.html> (Acesso em 30.12.2015).

tas médicas e ambulatoriais[253]. Vale mencionar que a adesão à Parte B é opcional e há o pagamento de um prêmio para desfrutar dessa cobertura[254]. Ademais, tanto para a Parte A quanto para a Parte B, há, ainda, o pagamento de franquia e coparticipação[255].

Em um primeiro momento, no que se refere à cobertura, o *Medicare* era composto apenas pelas Partes A e B. Assim, os beneficiários financiavam por conta própria o pagamento de medicamentos prescritos, dentre outros procedimentos. Para tanto, eles podiam contratar seguros saúde privados suplementares, conhecidos como *Medigap*, a fim de cobrir os serviços não incluídos no *Medicare*[256].

Conforme informação do Centers of Medicare & Medicaid Services[257], o *Medigap* auxilia o beneficiário a cobrir algumas despesas que o *Medicare* não cobre, mediante o pagamento do valor mensal de $ 96.40 (Database 2011) para a maioria dos beneficiários referente à Parte B, bem como o prêmio para a seguradora privada. Saliente-se que as seguradoras só podem vender aos beneficiários um produto padronizado do *Medigap*, mas o custo pode variar entre as seguradoras. Além disso, cada cônjuge deverá adquirir uma apólice separada, de modo que o *Medigap*

---

[253] POZGAR, George D. *Legal aspects of health care administration*. 11st ed. United States: Jones & Bartlett Learning, 2012, p. 25-26.

[254] De acordo com informação apresentada pelo Centers for Medicare & Medicaid Services, em 2012, o valor do prêmio para adquirir acesso à Parte B era de $ 99.90 por mês. Disponível em <https://www.cms.gov/Medicare/Medicare-General-Information/MedicareGenInfo/Part-B.html> (Acesso em 30.12.2015).

[255] FIELD, Robert I. *Health care regulation in America*: Complexity, confrontation, and compromise. New York: Oxford, 2007, p. 91.

[256] "As with typical private health insurance plan of 1965, Medicare coverage was not complete. In addition to copayment and deductibles, beneficiaries were on their own in paying for prescription drugs, other than those administered in a hospital or in a physician's office, and for long-term nursing care, other than 100 days immediately following a hospitalization. To fill these gaps, beneficiaries could purchase their own private supplemental insurance policies, commonly called 'Medigap' insurance. These policies vary in their generosity, with some covering virtually all health care expenses left unaddressed by Medicare and some primarily absolving patients of responsibility for copayments and deductibles". FIELD, Robert I. *Health care regulation in America*: Complexity, confrontation, and compromise. New York: Oxford, 2007, p. 91.

[257] O Centers for Medicare & Medicaid Services é parte do Department of Health and Human Services. Disponível em <https://www.cms.gov/Medicare/Health-Plans/Medigap/index.html> (Acesso em 30.12.2015).

não cobrirá despesas médicas referente a cônjuge que não adquiriu a apólice.

Por volta de 1990, o Congresso norte-americano ampliou a cobertura oferecida pelo *Medicare*, adicionando mais 2 (duas) partes. A Parte C, denominada em 1997 como *Medicare+Choice* e alterada em 2003 para *Medicare Advantage*, combina a cobertura de internação hospitalar e serviços ambulatoriais para os beneficiários que optarem por receber os benefícios por meio de planos privados de assistência à saúde, os quais são pagos pelo *Medicare* por cada participante que se inscrever, sendo que eles também podem cobrar um prêmio. A Parte D, chamada de *Medicare Advantage with Prescription Drug Coverage*, é administrada por um administrador de benefícios farmacêuticos[258] e por seguradoras privadas de saúde, e se refere ao reembolso por gastos com medicamentos sujeitos à receita médica ambulatorial. A adesão à Parte D tem, enfim, determinadas restrições e está sujeita ao pagamento de um prêmio[259].

O segundo programa instituído pelo governo americano[260], denominado *Medicaid*, é destinado a pessoas com renda inferior ao nível de pobreza definido pelo governo americano, bem como pessoas com deficiências. O *Medicaid* é a terceira maior fonte de seguro saúde nos Estados Unidos da América, depois dos seguros de saúde coletivos empresariais e do *Medicare*[261].

O *Medicaid* assegura assistência à saúde para aproximadamente 70 milhões de norte-americanos e é administrado de forma independente por cada um dos Estados federados, observando os requisitos determinados pela legislação federal. Ele é financiado tanto pelo governo federal quanto pelo estadual, de forma conjunta[262], mas, cada Estado americano estabelece seus próprios critérios de elegibilidade para o *Medicaid*, assim como o tipo, duração, escopo e preço dos serviços, os quais, em geral, correspondem à cobertura de serviços médicos e hos-

---

[258] "Pharmacy Benefit Manager".
[259] FIELD, Robert I. *Health care regulation in America*: Complexity, confrontation, and compromise. New York: Oxford, 2007, p. 93-94.
[260] *Medicare* foi previsto no Title XVIII do Social Security Act e o *Medicaid*, no Title XIX.
[261] SULTZ, Harry A.; YOUNG, Kristina M. *Health care USA*: Understanding its organization and delivery. 8th ed. Burlington: Jones & Bartlett Learning, 2014, p. 325.
[262] Disponível em <http://kff.org/health-reform/issue-brief/medicaid-moving-forward/> (Acesso em 30.12.2015).

pitalares, serviços de diagnóstico, serviços de enfermeira domiciliar para adultos, *home care*, serviços preventivos de saúde, planejamento familiar, dentre outros[263].

É possível que um cidadão americano seja elegível tanto para o *Medicare* quanto para o *Medicaid*[264]. Nesse caso, os serviços cobertos pelo *Medicare* são pagos, primeiramente, pelo próprio *Medicare*, sendo o *Medicaid* a última opção de pagamento, que cobrirá despesas com prescrição médica e outras coberturas não oferecidas pelo *Medicare*[265]

Paralelamente aos programas federais *Medicare* e *Medicaid*, os EUA também oferecem aos seus funcionários públicos, a oportunidade de permanecerem cobertos pelo plano coletivo empresarial oferecido pelo empregador enquanto na ativa depois que se aposentarem. O oferecimento desse benefício ajuda o Estado a atrair e reter empregados qualificados, bem como a diminuir a rotatividade de empregados no geral. Além disso, o benefício também interfere na escolha pelo funcionário do momento da aposentadoria[266].

Antes, contudo, de adentrar às características desse programa específico para aposentados, é importante esclarecer que, após a criação do *Medicare*, muitas empresas passaram a oferecer o plano de saúde para os aposentados. Essa medida era um incentivo para facilitar a aposentadoria precoce de empregados mais velhos. Isso porque se o empregado ainda não atingiu os 65 anos de idade e, portanto, não é elegível ao *Medicare*, ele se preocupará em se aposentar mais cedo e, se sair do emprego, ter que custear sozinho o plano de assistência à saúde. Mas, se a empresa lhe oferece um plano de saúde no qual o empregado pode permanecer até se tornar elegível ao *Medicare*, o plano passa a ser uma solução para a situação.

---

[263] SULTZ, Harry A.; YOUNG, Kristina M. *health care USA*: Understanding its organization and delivery. 8th ed. Burlington: Jones & Bartlett Learning, 2014, p. 27 e 326.
[264] KONGSTVEDT, Peter R. *Essentials of managed health care*. 6ᵗʰ ed. Burlington: Jones & Bartlett Learning, 2013, p. 547.
[265] Disponível em <https://www.cms.gov/Outreach-and-Education/Medicare-Learning-Network-MLN/MLNProducts/downloads/medicare_beneficiaries_dual_eligibles_at_a_glance.pdf> (Acesso em 30.12.2015).
[266] CLARK, Robert; MORRILL, Melinda Sandler. *Retiree health plans in the public sector*: Is there a funding crisis? United States: Edward Elgar Pub, 2010, p. 146.

Todavia, desde 1990, essa modalidade de plano tem desaparecido do setor privado de saúde norte-americano, uma vez que os custos médicos cresceram abruptamente, a população das empresas envelheceu, se comparada à população de empregados ativos, e especialmente, as regras contábeis foram alteradas[267].

Na época da sua criação, o custo do plano de saúde dos aposentados, tanto no setor público quanto no privado, era reportado anualmente ao empregador, sem qualquer contabilização ou provisão associada à promessa de manutenção do seguro saúde dos aposentados no futuro. Em 1989, contudo, o *Financial Accounting Standard Board* ("**FASB**") determinou que as empresas privadas deveriam reportar a provisão referente a esse benefício, o que representaria, mais tarde, um compromisso de bilhões de dólares. Diante disso, a oferta do plano de saúde por empresas privadas diminuiu drasticamente[268].

De acordo com pesquisa realizada pela Kaiser Family Foundation[269], antes da regulamentação FASB, de 1989, 66% das empresas privadas ofereciam plano de saúde para os aposentados. Esse percentual tem reduzido, no entanto, a cada ano. Em 1991, ele caiu para 46% e, em 2013 para 28%. O que o mercado tem observado é que os planos de saúde oferecidos por empresas[270] desempenham um papel relevante na sociedade,

---

[267] CLARK, Robert; MORRILL, Melinda Sandler. *Retiree health plans in the public sector*: Is there a funding crisis? United States: Edward Elgar Pub, 2010, p. 5.

[268] "When first introduced, the cost of retiree health plans in both the public and private sectors was typically reported as an annual cost to the employer and there was no recognition of the accrued liability associated with promising health insurance to retirees in the future. In 1989, the Financial Accounting Standard Board (FASB) required private employers to report accrued liabilities associated with the promise of retiree medical plans (FASB, 1989). Subsequent statements based on the new FASB requirements revealed that the promises of medical coverage to retirees represented billion dollar commitments in many large companies". CLARK, Robert; MORRILL, Melinda Sandler. *Retiree health plans in the public sector*: Is there a funding crisis? United States: Edward Elgar Pub, 2010, p. 5.

[269] Kaiser Family foundation é uma organização americana sem fins lucrativos, que está voltada para pesquisas relacionadas à assistência à saúde. Disponível em <http://www.kaiserfamilyfoundation.files.wordpress.com/2014/04/8576-retiree-health-benefits-at-the--crossroads.pdf > (Acesso em 30.12.2015).

[270] Conforme indicado no início desta dissertação, denominaremos esses planos de planos de saúde coletivo empresariais, ainda que estejamos tratando do sistema americano, pois a essência da modalidade de plano de saúde é a mesma.

conforme pesquisa realizada em 2012, em que verificou que 45% dos aposentados com idade entre 55 e 64 anos – logo, ainda não elegíveis ao *Medicare* – eram beneficiários de planos empresariais.

Da mesma forma, em 16 de junho de 2004, o *Government Accounting Standards Board* ("**GASB**"), aprovou o *Statement* No. 45, que, em linha com o FASB 1989, determinou aos empregadores públicos a elaboração de uma avaliação financeira anual do programa de plano de saúde oferecido aos empregados aposentados.

Nesse contexto, e passando a analisar as características propriamente ditas desse plano de saúde, vale destacar que o empregador poderá oferecer ao seu funcionário aposentado a possibilidade de continuar no plano de saúde, desde que ele tenha trabalhado na empresa por determinado período de tempo, que pode variar de empresa para empresa. Além disso, as empresas podem definir se subsidiarão ou não o plano de saúde do empregado aposentado, o qual é baseado no risco calculado juntamente com os empregados ativos, sendo certamente menor se comparado ao prêmio de um plano privado de saúde adquirido diretamente pelo aposentado no mercado[271].

Esse plano de saúde destinado aos ex-empregados aposentados pode permitir que o beneficiário permaneça nele para toda a vida ou até se tornar elegível ao *Medicare*, ou seja, até completar 65 (sessenta e cinco) anos de idade. Isso porque, de acordo com a lei federal, o *Medicare* é a primeira fonte pagadora da assistência médica dos idosos[272].

Ademais, alguns Estados americanos solicitam que o aposentado custeie integralmente o plano de saúde, enquanto outros Estados optam por subsidiar o plano de saúde dos empregados aposentados. É importante mencionar que, normalmente, o valor do prêmio do plano de saúde do aposentado é a média dos custos de todos os participantes do plano de saúde e, permitir que o aposentado pague esse valor implicará um subsídio implícito do empregador, o qual também deverá ser reportado no relatório anual ao GASB. É evidente que esse subsídio também pode estar atrelado ao tempo de serviço exigido pelo empregador

---

[271] CLARK, Robert; MORRILL, Melinda Sandler. *Retiree health plans in the public sector*: Is there a funding crisis? United States: Edward Elgar Pub, 2010, p. 4.

[272] CLARK, Robert; MORRILL, Melinda Sandler. *Retiree health plans in the public sector*: Is there a funding crisis? United States: Edward Elgar Pub, 2010, p. 4 e 27.

para que o empregado aposentado se torne elegível ao plano. Na prática, isso significa que, se o empregado trabalhou, por exemplo, por 10 anos na empresa, ele deverá assumir o pagamento de um percentual ou o valor integral do prêmio do plano de saúde após o seu desligamento da empresa e, se trabalhou por 20 anos, a empresa se compromete a custear integralmente o pagamento do plano de saúde[273].

O que podemos concluir, por ora, é que o sistema norte-americano é uma mistura de programas públicos com o sistema privado de saúde, sendo amparado por ambos na árdua missão de garantir a assistência à saúde a toda a sua população. Logo, os cidadãos norte-americanos têm como opção adquirir um seguro saúde privado ou buscar cumprir os requisitos de elegibilidade dos programas governamentais como, por exemplo, o *Medicare* e o *Medicaid*. Afora essas opções, outra forma de acesso à assistência à saúde são os planos de saúde empresariais, contratados pelo setor produtivo privado e oferecidos aos seus empregados como um benefício vinculado à relação empregatícia[274].

Antes de prosseguirmos, vale salientar, no entanto, que, para os fins da presente dissertação, não adentraremos as recentes e importantes alterações que têm sido realizadas e aprimoradas periodicamente pela lei denominada *The Patient Protection and Affordable Care Act*, editada pelo presidente Barack Obama em 23 de março de 2010, mais conhecida como *ObamaCare*, muito embora o seu objetivo seja aumentar cada vez mais a acessibilidade da assistência à saúde aos norte-americanos.

4.2.1. O Direito de Manutenção no Plano de Saúde Pós-Emprego nos EUA

Para a análise que o presente trabalho se propõe efetuar, o principal programa implementado pelo Governo Norte-Americano é a lei denominada *Employee Retirement Income Security Act* ("ERISA")[275], editada em 1974. ERISA estabelece padrões a serem seguidos pelos planos de saúde

---

[273] CLARK, Robert; MORRILL, Melinda Sandler. *Retiree health plans in the public sector*: Is there a funding crisis? United States: Edward Elgar Pub, 2010, p. 8, p. 26-27.

[274] Quase 60% da população americana com menos de 65 anos tem seguro saúde decorrente de vínculo empregatício. MORRISEY, Michael A. *Health insurance*. 2nd ed. Chicago: HAP, 2014, p. 231.

[275] Disponível em < http://www.dol.gov/dol/topic/health-plans/erisa.htm > (Acesso em 30.12.2015).

coletivos oferecidos pelas empresas aos seus empregados ou por associações de empregados. Os chamados planos de saúde coletivos empresariais, como já mencionado nesta dissertação em relação à legislação brasileira, devem assegurar assistência à saúde por meio de um seguro saúde comercializado por uma seguradora ou um plano administrado[276].

Da mesma forma que na legislação brasileira, Peter R. KONGSTVEDT esclarece que, no seguro saúde (*insured benefit plan*), os empregadores, estipulantes do contrato, pagam prêmios e o risco do pagamento das despesas médico-hospitalares é assumido pela seguradora. No plano de saúde administrado (*self-funded benefit plan*), por sua vez, o empregador assume o risco do pagamento das despesas médico-hospitalares à medida em que elas ocorrem, contratando uma operadora de plano de saúde tão-somente para administrar o plano, e para fornecer a rede de prestadores de serviços aos beneficiários do plano, que são os empregados da empresa contratante do benefício, mediante o pagamento de uma taxa de administração[277]. Traçando um paralelo com o plano de saúde que temos no Brasil, o plano administrado permitido pelo ERISA como opção de modalidade de plano a ser oferecido pela empresa seria enquadrado no contrato de prestação de serviço com estipulação de terceiro.

O plano de saúde administrado traz algumas vantagens para o empregador como, por exemplo, a inexistência de despesas administra-

---

[276] KONGSTVEDT, Peter R. *Essentials of managed health care*. 6th ed. Burlington: Jones & Bartlett Learning, 2013, p. 607-608.

[277] "In health insurance, employers or individual subscribers pay premiums and the health plan is at risk for the cost of covered medical services. (...) In a self-funded plan, the employer is at risk for the cost of covered medical services, and the money used to pay claims is provided by the employer only at the time claims are paid on its behalf, not from premiums paid to an insurer or HMO (...) From an operational point of view, self-funded employer groups contract with an administrator to manage their plans on a day-to-day basis under an administrative services only (ASO) contract. The administrator is paid only to administer the benefits plan on behalf of the plan sponsor, but is not paid to assume risk for medical costs and does not hold the money used for claims payment. Self-funded employers usually (but not always) contract with payers such as HMOs, commercial insurers, or BCBS plans to administer their benefits plan, and the payer's logo will appear on ID cards and correspondence. Doing so allows the self-funded plan to take advantage of a payer's network (...)". KONGSTVEDT, Peter R. *Essentials of managed health care*. 6th ed. Burlington: Jones & Bartlett Learning, 2013, p. 23-25.

tivas adicionais e outras cobranças feitas pelas operadoras de planos de saúde. Além disso, as empresas evitam o pagamento do prêmio mensal, já pré-fixado, independentemente da utilização dos serviços médico-hospitalares. Mais do que essas vantagens, de acordo com o Erisa, os empregados, beneficiários do plano de saúde, estão proibidos de ajuizar ação contra os empregadores referente a decisões sobre a cobertura do plano de saúde. Isso porque, conforme estabelece o Erisa, as empresas que oferecem plano de saúde coletivo empresarial como benefício mantêm um grau de imunidade contra ações judiciais por questões sobre cobertura ou por falharem na prestação do serviço de assistência à saúde[278].

Erisa foi editada para prover uma proteção nacional uniforme aos beneficiários de planos coletivos de saúde e planos de pensão, tendo por objetivo proteger os interesses desses beneficiários por meio da exigência de que os beneficiários sejam informados sobre o financiamento do benefício e outras questões relevantes, a fim de estabelecer responsabilidades, obrigações e padrões de conduta[279]. Todavia, a lei não regula o conteúdo dos benefícios: ela não obriga, por exemplo, as empresas a oferecerem determinados benefícios aos beneficiários[280].

Vale mencionar que os direitos previstos no Erisa podem ser reivindicados pelo próprio beneficiário ou pelo Departamento do Trabalho (*Department of Labor* – "**DOL**"), em nome do beneficiário. Assim, o beneficiário que entenda que seus direitos não estão sendo respeitados, poderá reclamar diretamente ao DOL, que poderá verificar com o empregador para solucionar a reclamação do beneficiário[281].

---

[278] "(...) An additional area of controversy and legal actions surrounding Erisa is its prohibition against employees suing employer-provided health plans over matters involving coverage decisions. Under Erisa, organizations that administer employer-based health benefit plans maintain a degree of legal immunity from litigation and liability for withholding coverage or failing to provide necessary care". Sultz, Harry A.; Young, Kristina M. *Health care USA*: Understanding its organization and delivery. 8th ed. Burlington: Jones & Bartlett Learning, 2014, p. 312.

[279] Kongstvedt, Peter R. *Essentials of managed health care*. 6th ed. Burlington: Jones & Bartlett Learning, 2013, p. 609.

[280] Pozgar, George D. *Legal aspects of health care administration*. 11st ed. Burlington: Jones & Bartlett Learning, 2012, p. 517.

[281] Field, Robert I. *Health care regulation in America*: Complexity, confrontation, and compromise. New York: Oxford, 2007, p. 9.

Em 1986, foi editado o *Consolidated Omnibus Budget Reconciliation Act* ("COBRA"), para emendar a lei ERISA a fim de ampliar os benefícios dos empregados – beneficiários dos planos de saúde coletivos empresariais – e seus dependentes, contemplando o direito de permanecerem, por tempo determinado de 18 a 36 meses, no plano de saúde após o término do vínculo empregatício, com cobertura idêntica a que desfrutavam, mediante o pagamento integral do plano de saúde[282].

Saliente-se que, a princípio, empregadores com menos de 20 empregados são isentos dos requisitos do COBRA[283]. Todavia, muitos Estados americanos têm as chamadas Leis "mini COBRA", aplicáveis a empresas com menos de 20 empregados, com previsão da possibilidade de o período de manutenção no plano de saúde pós-emprego ser menor[284].

A lei do COBRA não se aplica a planos de saúde patrocinados pelo governo federal, por igrejas ou por organizações religiosas[285].

É dever do empregador comunicar aos seus empregados o direito de permanecer no plano de saúde coletivo empresarial após o término do vínculo empregatício[286]. Para tanto, o ex-empregado deverá manifestar ao administrador interesse na sua permanência no plano de saúde, bem como eventos que ocorreram e que possam interferir no seu direito de extensão do plano de saúde como, por exemplo, a separação do cônjuge. Essa opção poderá ser feita até 60 (sessenta) dias após a perda da cobertura do plano de saúde coletivo[287].

---

[282] "The Consolidated Omnibus Reconciliation Act of 1985 (COBRA) amended ERISA, the Code, and the Public Health Service Act to mandate that most employer-provided group health plans provide that qualified beneficiaries have the opportunity to elect to continue health-care coverage under their employer-provided group health plan at group rates, at their own expenses, should certain qualifying events occur that would otherwise cause loss of coverage". PRATT, David A.; REECE, Sharon. *ERISA and employee benefit law*: The essentials. United States: American Bar Association, 2012, p. 277.

[283] MORRISEY, Michael A. *Health Insurance*. 2nd ed. Chicago: HAP, 2014, p. 360.

[284] KONGSTVEDT, Peter R. *Essentials of managed health care*. 6th ed. Burlington: Jones & Bartlett Learning, 2013, p. 612.

[285] Disponível em <http://www.dol.gov/ebsa/publications/cobraemployee.html> (Acesso em 4.1.2016).

[286] PRATT, David A.; REECE, Sharon. *ERISA and employee benefit law*: The essentials. United States: American Bar Association, 2012, p. 276-277.

[287] MORRISEY, Michael A. *Health insurance*. 2nd ed. Chicago: HAP, 2014, p. 360.

Caso o empregador não cumpra o COBRA quanto ao seu dever de informar o seu empregado acerca do direito de permanecer no plano de saúde, é aplicada uma multa de até $ 100 dólares por dia de descumprimento. Além disso, o ERISA autoriza o beneficiário elegível à comunicação de manutenção no plano de saúde pós-emprego a cobrar $ 110 dólares por cada dia após a notificação do empregador ser devida e não cumprida[288].

Dessa forma, os eventos de elegibilidade que, se ocorridos, fariam com que o empregado pudesse permanecer como beneficiário do plano de saúde pós-emprego são: **(i)** término do contrato de trabalho sem justa causa ou redução nas horas de trabalho, não podendo o empregado ser demitido com justa causa; **(ii)** morte do titular do plano de saúde; **(iii)** divórcio ou separação do cônjuge titular do plano de saúde; **(iv)** elegibilidade do beneficiário para o *Medicare;* **(iv)** perda do *status* de dependente do titular do plano de saúde[289]. Na hipótese de o ex-empregado e/ou seus dependentes não serem elegíveis à manutenção no plano de saúde pós-emprego, a ex-empregadora deverá apresentar ao beneficiário uma justificativa formal de recusa de manutenção no plano de saúde no prazo de 14 dias após a solicitação feita pelo beneficiário[290].

Preenchidos os requisitos legais, o ex-empregado poderá permanecer no plano de saúde coletivo empresarial pelo período de 18 a 36 meses. Se a elegibilidade se der em razão do término do contrato de trabalho sem justa causa ou redução das horas de trabalho, voluntário ou involuntário, a manutenção no plano de saúde será por 18 meses após o evento gerador da elegibilidade. Todos os demais eventos permitem a manu-

---

[288] KOZAK, Barry. *Employee benefit plans*. United States: Carolina Academic Press, 2010, p. 477.

[289] "Qualifying events which, if they would otherwise cause a qualified beneficiary to lose coverage and thereby trigger COBRA, are: (1) termination of employment (other than termination due to the employee's gross misconduct) or a reduction in work hour (except leave pursuant to the Family and Medical Leave Act (FMLA)). A corporate merger or acquisition that results in termination of employment can trigger a qualifying event. (2) death of the covered employee; (3) divorce or legal separation of the covered employee; (4) Medicare eligibility of the beneficiary; or (5) loss of dependent status based on the rules of the plan (e.g., a child attaining age 27)". PRATT, David A.; REECE, Sharon. *ERISA and employee benefit law:* The essentials. United States: American Bar Association, 2012, p. 277.

[290] Disponível em <http://www.dol.gov/ebsa/publications/cobraemployee.html> (Acesso em 4.1.2016).

tenção do ex-empregado no plano de saúde pós-emprego pelo período de 36 meses. Se, contudo, o ex-empregado é incluído pela Seguridade Social como pessoa portadora de alguma deficiência, a manutenção no plano de saúde pós-emprego se estenderá pelo período de 29 meses[291]. Após o término desse período, a operadora deverá oferecer ao beneficiário a opção de se inscrever em outro plano de saúde comercializado por ela[292].

É possível, contudo, que ocorra um segundo evento de elegibilidade durante o período de manutenção no plano de saúde. Essa situação pode ser observada quando o beneficiário passa a ter alguma deficiência nos primeiros 60 dias do exercício desse direito. Nesse caso, a manutenção pelo período de 18 meses é substituída para 29 meses, não havendo sobreposição, mas apenas extensão do benefício até o período mais longo. O mesmo ocorre, por exemplo, se o ex-empregado, demitido sem justa causa, morre ou se divorcia. Nestes casos, o segundo evento assegura a manutenção do benefício aos dependentes sobreviventes pelo período de 36 meses[293].

É possível também que haja o término antecipado do período de manutenção no plano de saúde pós-emprego. Ou seja, se o motivo da elegibilidade foi o término do contrato de trabalho, o ex-empregado poderá permanecer no plano de saúde por 18 meses. Se, por exemplo, esse ex-empregado tornar-se elegível ao *Medicare* 8 meses antes de completar os 18 meses, a operadora deverá notificar o beneficiário. A cobertura para seus dependentes, no entanto, é mantida por 28 meses, ou seja, 36 meses menos 8 meses[294]. Isso porque, além de haver o término

---

[291] KONGSTVEDT, Peter R. *Essentials of managed health care*. 6th ed. Burlington: Jones & Bartlett Learning, 2013, p. 612.

[292] PRATT, David A.; REECE, Sharon. ERISA *and employee benefit law:* The essentials. United States: American Bar Association, 2012, p. 277-279.

[293] PRATT, David A.; REECE, Sharon. ERISA *and employee benefit law:* The essentials. United States: American Bar Association, 2012, p. 278-279.

[294] "When the qualifying event is the end of employment or reduction of the employee's hours, and the employee became entitled to Medicare less than 18 months before the qualifying event, COBRA coverage for the employee's spouse and dependents can last until 36 months after the date the employee becomes entitled to Medicare. For example, if a covered employee becomes entitled to Medicare 8 months before the date his/her employment ends (termination of employment is the COBRA qualifying event), COBRA coverage for his/

antecipado do benefício, houve um segundo evento elegível aos dependentes, passando a manutenção a ser de 36 meses em vez de apenas 18 meses.

Em relação à cobertura, ela deverá ser idêntica à cobertura dos demais participantes do plano ainda na ativa. Portanto, os empregadores não podem reduzir os benefícios do plano de saúde dos ex-empregados elegíveis ao COBRA[295].

Para desfrutar desse direito, o ex-empregado ainda deverá assumir o pagamento integral do plano de saúde, isto é, a parte que vinha pagando mais a parcela do empregador, somado a uma pequena taxa[296], e não apenas a parcela que o empregado era responsável por custear na vigência do contrato de trabalho[297]. Não se exige do empregador que ele subsidie o plano de saúde dos ex-empregados. Logo, durante a extensão do plano de saúde, o ex-empregado pagará 100% do prêmio mais 2% referente à taxa de administração.

Saliente-se que o COBRA permite a seleção adversa, de modo que somente os beneficiários que provavelmente incorrerão em custos substanciais pagarão o prêmio alto para permanecer no plano de saúde. Assim se dá porque há evidências de que as despesas médico-hospitalares pagas por aqueles que optam por exercer o direito de manutenção no plano de saúde excedem substancialmente o prêmio pago por eles, gerando o subsídio indireto da ex-empregadora, na medida em que aumenta o valor do prêmio de todo o plano de saúde[298].

---

her spouse and children would last 28 months (36 months minus 8 months)". Disponível em <http://www.dol.gov/ebsa/publications/cobraemployee.html> (Acesso em 4.1.2016).

[295] PRATT, David A.; REECE, Sharon. *ERISA and employee benefit law*: The essentials. United States: American Bar Association, 2012, p. 276-277.

[296] "(...) They must pay the entire cost of the premium, both the share they had been paying and the share their employer had contributed, plus a small fee". FIELD, Robert I. *Health care regulation in America*: Complexity, confrontation, and compromise. New York: Oxford, 2007, p. 87.

[297] KOZAK, Barry. *Employee benefit plans*. United States: Carolina Academic Press, 2010, p. 478.

[298] "(...) Empirical evidence show that the claims paid for those who elect continuation coverage substantially exceed the premiums paid by those individuals, so the employer must indirectly subsidize the cost of continuation coverage by incurring higher costs for the plan as a whole". PRATT, David A.; REECE, Sharon. *ERISA and employee benefit law*: The essentials. United States: American Bar Association, 2012, p. 279.

Em resposta ao aumento do desemprego, o Congresso norte-americano tem buscado amenizar o problema da perda da cobertura por meio da concessão de um subsídio temporário de até 65% dos custos do Cobra para indivíduos que são involuntariamente desligados. Esse subsídio pode ser pelo período de até 15 meses[299].

Saliente-se, por fim, que, se o empregador deixar de oferecer o benefício do plano de saúde, sua extensão não será mais possível para fins de aplicação do Cobra[300].

4.2.2. A Correlação entre o Cobra e Direito Brasileiro

Após essa breve análise do sistema de saúde norte-americano, é possível concluirmos que o direito de extensão do plano de saúde coletivo empresarial aos empregados após o desligamento da empresa, previsto nos artigos 30 e 31 da Lei nº 9.656/98, possivelmente derivou do direito norte-americano, com certa ampliação nas suas condições ou, ao menos, foi uma das fontes de inspiração.

Em termos de elegibilidade ao direito, manutenção das mesmas condições de cobertura assistencial e assunção do pagamento integral do prêmio, é possível verificarmos que ambos, o direito norte-americano e o direito brasileiro, são idênticos quanto aos seus requisitos legais. A principal diferença entre eles se refere ao tempo de manutenção no plano de saúde, uma vez que, no direito norte-americano, a extensão ocorre pelo período máximo de 36 meses, enquanto, no direito brasileiro, a manutenção pode ser por período indeterminado, na hipótese de o ex-empregado ser aposentado e ter contribuído para o plano de saúde pelo período de 10 (dez) anos.

Essa diferença é relevante, uma vez que, no sistema de saúde norte-americano, o pagador principal é o Estado, de modo que, após o

---

[299] "In response to increasing unemployment and underemployment caused by the recession, Congress has tried to ameliorate the problem of loss of coverage by temporally subsidizing up to 65 percent of the Cobra coverage costs (including similar continuation coverage under a state statute), beginning in 2009, for certain individuals who are involuntarily terminated. As extended, the subsidy period can be as long as 15 months". Pratt, David A.; Reece, Sharon. *Erisa and employee benefit law:* The essentials. United States: American Bar Association, 2012, p. 279.

[300] Field, Robert I. *Health care regulation in America:* Complexity, confrontation, and compromise. New York: Oxford, 2007, p. 88.

beneficiário tornar-se elegível ao *Medicare*, há certa pressão para que o beneficiário se inscreva no programa do governo, passando a ser financiado pelo Estado. Assim, como foi visto, aquele subsídio financeiro indireto realizado pela ex-empregadora deixa de existir. Ademais, em alguns casos, vimos, inclusive, que o governo norte-americano auxilia o ex-empregado com um subsídio financeiro de até 65% do custo do plano de saúde.

No sistema de saúde brasileiro, por sua vez, verificamos que o ex-empregado aposentado permanece no plano de saúde coletivo empresarial por período indeterminado, ou seja, o subsídio financeiro da ex-empregadora persiste por período indeterminado, tendendo apenas a crescer em razão do aumento da população de ex-empregados e do envelhecimento dela.

Além disso, no Brasil, não existe subsídio financeiro por parte do governo para a manutenção desse benefício, de modo que, conforme veremos mais adiante, esse subsídio da ex-empregadora passa a ser não só indireto, como direto em razão de, dentre outras razões, diversas ações judiciais ajuizadas por ex-empregados contra a ex-empregadora, questionando o valor do pagamento integral a ser assumido pelos ex-empregados. Nessas ações são fixados valores inferiores àquele com que o ex-empregado deveria arcar para permanecer no plano de saúde.

5.
Os Princípios Contratuais e a Crise da Saúde Suplementar

Em razão do chamado *Welfare State* ou Estado social, os contratos ganharam nova dimensão. Com a ascensão do estado social, explica Luciano Benetti Timm, *o contrato não estará mais a serviço apenas do indivíduo, mas da sociedade*[301]. A vontade das partes deixou de ser o elemento principal dos contratos para dar lugar a outros princípios contratuais, que levam em consideração a coletividade em vez do interesse individual, bem como impõem determinadas discriminações positivas, conhecidas como *affirmative actions* (ações afirmativas), tais como o tratamento protecionista diferenciado das partes mais vulneráveis como o consumidor, o pobre, o idoso e o trabalhador[302].

Embora os princípios clássicos do contrato, como a autonomia da vontade, relatividade dos contratos e a força obrigatória, continuem fazendo parte das relações contratuais, eles disputam espaço com novos princípios, provenientes do estado social, que também devem ser observados pelas partes contratantes. Trata-se dos princípios da função social, boa-fé, equilíbrio econômico dos contratos, solidariedade e o mutualismo, que servem de limitadores para aqueles primeiros, decorrentes do Estado Liberal.

Conforme os ensinamentos de Claudio Luiz Bruno de Godoy, *cuida-se mesmo de o Estado invadir a autonomia da vontade para, em primeiro lugar*

---

[301] Timm, Luciano Benetti. *Direito contratual brasileiro*. Críticas e alternativas ao solidarismo jurídico. 2ª ed. São Paulo: Atlas, 2015, p. 36.
[302] Macedo Junior, Ronaldo Porto. *Contratos relacionais e defesa do consumidor*. 2ª ed. São Paulo: RT, 2007, p. 52.

por meio da lei, garantir uma desigualdade que faça o papel de equilibrar a desigualdade inversa que a situação das partes intrinsecamente envolve[303].

Ao tratar da chamada nova teoria dos contratos, Orlando GOMES também pondera que o contrato deixou de ser uma simples expressão da autonomia da vontade e passou a ter uma estrutura híbrida, ou seja, com disposições voluntárias e compulsórias. Isso porque, além da vontade das partes, deve-se considerar que existem outras fontes e interesses que integram o seu conteúdo[304].

Os princípios são normas que guiam o raciocínio jurídico, cuja função é controlar e limitar a atividade principal. A preocupação no direito moderno não é o princípio como fonte, mas sim o seu caráter normativo. Interessa o alcance que os princípios têm tido na atividade jurisdicional, atingindo um ponto em que a lei tende a legislar mais por princípios e menos por intermédios de suportes fáticos[305], conforme veremos, de forma mais detalhada, adiante.

Os princípios são, ainda, diretrizes para o comportamento humano juridicamente considerado[306] e auxiliam o Poder Judiciário a decidir questões que não estão plenamente reguladas pela legislação brasileira[307]. Afinal, de acordo com o artigo 4º da Lei de Introdução às Normas do Direito Brasileiro ("**LINDB**"), *quando a lei for omissa, o juiz decidirá o caso de acordo com a analogia, os costumes e os princípios gerais de direito*.

Os princípios também se submetem, contudo, aos imperativos da legalidade. Mas não à estrita legalidade, pois, se a lei não proíbe nem obriga a agir, pode-se agir. Há, entretanto, outros princípios, que limitam essa permissão, como o da boa-fé, que protege a confiança e exige a lealdade nos negócios jurídicos[308]. Conforme explica Ronaldo PORTO

---

[303] GODOY, Claudio Luiz Bueno de. *Função social do contrato*. São Paulo: Saraiva, 2004, p. 6.

[304] GOMES, Orlando. *Contratos*. 26ª ed. Rio de Janeiro: Forense, 2007, p. 17

[305] LORENZETTI, Ricardo Luis. *Teoria da decisão judicial*: Fundamentos de direito. 2ª ed. São Paulo: RT, 2010, p. 123-124.

[306] FERRAZ JUNIOR, Tercio Sampaio. *Introdução ao estudo do direito*: Técnica, Decisão, Dominação. 8ª ed. São Paulo: ATLAS, 2015, p. 108.

[307] LANDO, Ole; BEALE, Hugh. *Principles of European contract law*. Parte I e II. The Commission on European Contract Law (Prepared by). United States: Kluwer Law International, 2000, p. xxiv.

[308] FERRAZ JUNIOR, Tercio Sampaio. *Introdução ao estudo do direito*: Técnica, Decisão, Dominação. 8ª ed. São Paulo: ATLAS, 2015, p. 107.

MACEDO JUNIOR[309], em consonância com os ensinamentos de Claudio Luiz Bueno de GODOY[310], o estado social é um direito das desigualdades, pelo qual se busca socializar os riscos e as perdas sociais. E um dos meios utilizados pelo Poder Judiciário para atingir esse objetivo é a invocação dos princípios para solucionar os litígios, especialmente quando a lei e o contrato possuem lacunas a serem preenchidas pelo Poder Judiciário.

Nesse contexto, passaremos a analisar a crise da saúde suplementar frente à aplicação dos novos princípios contratuais, em detrimento dos princípios clássicos do Estado Liberal, em relação ao direito à saúde e, mais especificamente, quanto às questões relativas ao direito de manutenção do ex-empregado no plano de saúde coletivo empresarial de que desfrutava enquanto vigente o seu contrato de trabalho.

5.1. A Relativização dos Princípios Contratuais Clássicos na Defesa do Direito à Saúde

No direito privado, vige, supremamente, o princípio da autonomia privada. Esse princípio está na base tanto dos acordos de vontade quanto dos atos de vontade unilaterais. Conforme explica Enzo ROPPO[311],

> autonomia significa, etimologicamente, poder de modelar por si – e não por imposição externa – as regras da sua própria conduta; e a autonomia privada ou autonomia contratual, significam liberdade dos sujeitos de determinar com a sua vontade, eventualmente aliada à vontade de uma contraparte no consenso contratual, o conteúdo das obrigações que se pretende assumir, das modificações que se pretende introduzir no seu patrimônio.

O princípio da autonomia da vontade consiste na ampla liberdade das partes de decidir se desejam ou não celebrar contrato uma com a outra, bem como de dispor e estabelecer livremente o seu conteúdo, mediante acordo[312]. Em razão disso, o princípio da autonomia da vontade é subdividido na "liberdade de contratar" e na "liberdade contratual". A primeira diz respeito à faculdade de realizar ou não

---

[309] MACEDO JUNIOR, Ronaldo Porto. *Contratos relacionais e defesa do consumidor.* 2ª ed. São Paulo: RT, 2007, p. 72.
[310] GODOY, Claudio Luiz Bueno de. *Função social do contrato.* São Paulo: Saraiva, 2004, p. 6.
[311] ROPPO, Enzo. *O contrato.* Portugal: Almedina, 2009, p. 128.
[312] GOMES, Orlando. *Contratos.* 26ª ed. Rio de Janeiro: Forense, 2007, p. 25-37.

determinado negócio, a segunda se refere à possibilidade de estabelecer o conteúdo do contrato[313]. Conforme explica Aurisvaldo SAMPAIO[314], *o princípio do consensualismo determina que a formação do contrato não dependa de outra coisa senão do simples consentimento, dispensando qualquer formalidade para obrigar as partes e produzir os efeitos admitidos pela ordem jurídica. Neste instante, tão-somente com o acordo de vontades, reputa-se perfeita a avença.*

O contrato de seguro é formado pelos **(i)** dados normativos, isto é, aqueles de que a lei exige a inclusão no contrato e **(ii)** dados voluntários, que são consideradas habituais e advêm de uma expressa vontade negocial[315].

A liberdade contratual é relativa nos chamados contratos de adesão, uma vez que eles são caracterizados pela pré-constituição do seu conteúdo, elaborado por uma das partes contratantes. Conforme já mencionado, no contrato de plano de saúde, por exemplo, não existe, a princípio, discussão do conteúdo do contrato pelas partes contratantes.

O contrato de plano de saúde também tem esse caráter de contrato de adesão em razão da necessidade de os produtos da operadora de plano de saúde serem registrados na ANS. Por isso, a oferta não pode ser essencialmente modificada, já que a situação jurídica em que a pessoa será inserida deve ser igual à de todos os demais que aceitarem a proposta. Conforme já mencionado, essa rigidez das cláusulas contratuais é relativamente mitigada no contrato coletivo empresarial de plano de saúde, uma vez que a estipulante possui um certo poder de barganha perante a operadora de plano de saúde – ao menos, um poder de barganha maior se comparado ao beneficiário individualmente – para negociar determinadas cláusulas contratuais como, por exemplo, rede credenciada, carência, percentual e prazo de reembolso e/ou preço.

Nesse caso, notamos uma maior efetividade do princípio da autonomia de vontade, pois, de fato, as partes escolhem livremente se desejam

---

[313] MARQUES, Claudia Lima. *Contratos no Código de Defesa do Consumidor:* O novo regime das relações contratuais. 6ª ed. São Paulo: RT, 2011, p. 66.
[314] SAMPAIO, Aurisvaldo. *Contratos de plano de saúde*. São Paulo: RT, 2010, p. 69-70.
[315] CORDEIRO, António Menezes. *Direito dos seguros*. Coimbra. Almedina, 2013, p. 515.

ou não contratar uma com a outra, bem como podem definir o conteúdo do contrato, respeitando as características gerais do produto registrado na ANS.

É bem verdade que esse livre exercício do princípio da autonomia do mercado é restringido por outros fatores extrínsecos como, por exemplo, a capacidade de cada operadora de assumir a população de uma empresa ou as necessidades de cada empresa em termos geográficos, fazendo com que muitas empresas fiquem limitadas a um número pequeno de opções de operadoras de planos de saúde. Embora essa barreira não seja objeto dessa dissertação, é importante termos conhecimento dessa questão a fim de entendermos porquê o poder de barganha das empresas não é tão expressivo como muitos pensam.

Diferentemente se dá nos contratos individuais de planos de saúde, uma vez que o consumidor não possui qualquer poder de barganha em relação à operadora de plano de saúde, prevalecendo a natureza pura do contrato de adesão. Nessa situação específica, o consumidor limita-se a aceitar um contrato elaborado de forma unilateral e uniforme, figurando como mero aderente ao contrato[316]. O princípio da autonomia da vontade, contudo, não é absoluto, pois deve se submeter à supremacia da ordem pública, devendo o conteúdo do contrato também estar em conformidade com os bons costumes, o interesse coletivo e demais regulamentações aplicáveis, sob pena de nulidade[317].

Existem certos interesses que se chocam com a utilidade social ou com princípios considerados indispensáveis por toda a coletividade para a manutenção da ordem social. Nesse caso, a autonomia da vontade deve ser mitigada, prevalecendo a ordem pública e os bons costumes. Nesse sentido dispõe o artigo 421 do Código Civil, ao estabelecer que *a liberdade de contratar será exercida em razão e nos limites da função social do contrato*, do qual se tratará adiante.

Além disso, devemos observar o princípio da relatividade dos contratos, o qual estabelece que o contrato só atinge aqueles que dele participaram, não podendo ter efeito sobre terceiros, seja para beneficiá-los,

---

[316] MARQUES, Claudia Lima. *Contratos no Código de Defesa do Consumidor:* O novo regime das relações contratuais. 6ª ed. São Paulo: RT, 2011, p. 76.
[317] RIZZARDO, Arnaldo. *Contratos.* 13ª ed. Rio de Janeiro: Forense, 2013, p. 18.

seja para prejudicá-los, salvo disposição em contrário na lei[318]. Esse princípio trata do âmbito subjetivo da relação contratual travada entre as partes dado que ninguém pode tornar-se credor ou devedor contra a vontade. Isso não significa, todavia, que terceiros não possam ser obrigados a respeitar a obrigação constituída entre as partes[319]. É exatamente em razão de o contrato vincular apenas as partes contratantes que se pode dizer que esse princípio decorre da autonomia da vontade, pois as partes se vincularam porque aceitaram livremente celebrá-lo.

Esse princípio, contudo, não é absoluto. Existem exceções ao princípio da relatividade dos contratos, segundo as quais os efeitos do contrato podem atingir terceiros, ainda que não façam parte direta da relação jurídica. O princípio da relatividade dos contratos também se aplica em relação ao seu objeto, uma vez que o contrato só tem efeito acerca das coisas que caracterizam a prestação[320].

Podemos mencionar como exemplo de exceção ao princípio da relatividade do contrato a estipulação em favor de terceiros prevista nos artigos 436 a 438 do Código Civil, como já analisamos no início desta dissertação.

A estipulação em favor de terceiro poderá ser verificada nos contratos coletivos de plano de saúde, uma vez que o estipulante do contrato é o empregador, e a contratada é a operadora de plano de saúde. O referido contrato, no entanto, é em favor do empregado juntamente com seus dependentes, os quais são seus beneficiários. Logo, o beneficiário do contrato de plano de saúde não participa da negociação do benefício, sendo apenas o favorecido.

Devemos, ainda, observar o princípio da força obrigatória dos contratos, pelo qual as partes devem cumprir fielmente o acordado, haja vista que o contrato faz lei entre as partes (*pacta sunt servanda*)[321]. Esse princípio *está no pressuposto de que o contrato é o resultado da convergência das vontades de partes livres e iguais. Logo, aquilo que acordaram deverá ser cumprido*[322].

---

[318] GOMES, Orlando. *Contratos*. 26ª edição. Rio de Janeiro: Forense, 2007, p. 46-48.
[319] NORONHA, Fernando. *Direito das obrigações*. São Paulo: Saraiva, 2010, p. 38.
[320] GOMES, Orlando. *Contratos*. 26ª edição. Rio de Janeiro: Forense, 2007, p. 47.
[321] RIZZARDO, Arnaldo. *Contratos*. 13ª ed. Rio de Janeiro: Forense, 2013, p. 23-30.
[322] SAMPAIO, Aurisvaldo. *Contratos de plano de saúde*. São Paulo: RT, 2010, p. 71.

A alteração dos termos do contrato somente é possível mediante novo acordo de vontades, não podendo haver alteração unilateral.

Portanto, em regra, o contrato não pode ser alterado unilateralmente pelas partes nem mesmo pelo Judiciário. Essa impossibilidade decorre de que, conforme verificamos anteriormente, na estipulação em favor de terceiro, o beneficiário do contrato, se aceitar o benefício contratado e negociado pelo estipulante, deverá aceitá-lo nos termos estabelecidos com a contratada, que é a operadora de plano de saúde, não podendo esta ser obrigada a cumprir mais do que aceitou originalmente. De acordo com Orlando GOMES, *o contrato importa restrição voluntária da liberdade; cria vínculo do qual nenhuma das partes pode desligar-se sob o fundamento de que a execução a arruinará ou de que não o teria estabelecido se houvesse previsto a alteração radical das circunstâncias*[323].

Não obstante o entendimento de Orlando GOMES de que a possível ruína do contrato não é motivo suficiente para o não cumprimento do princípio da obrigatoriedade dos contratos, veremos nesta dissertação que a ruína do contrato é, ao contrário, motivo para a possibilidade de alteração do conteúdo contratual, sob pena de prejudicar toda uma coletividade de beneficiários, e, por conseguinte, o cumprimento da função social do contrato de plano de saúde.

Esse princípio reflete o máximo do subjetivismo que a ordem legal permite, conforme explica Caio Mário da SILVA PEREIRA[324], uma vez que as partes – estipulante, que é a empregadora, a contratada, que é a operadora, e o terceiro, que é o beneficiário – livremente escolheram e aceitaram os termos do contrato de plano de saúde, assumindo todos os riscos e vinculando-se ao contrato.

Tanto o princípio da relatividade dos contratos quanto o da força obrigatória dos contratos têm por objetivo garantir a segurança nos negócios jurídicos e a garantia da autonomia da vontade das partes no que se refere à liberdade de contratar e à definição do conteúdo do contrato.

Para isso, o Código Civil também previu nos artigos 478 a 480, a possibilidade de revisão do contrato nos casos de desequilíbrio contratual

---

[323] GOMES, Orlando. *Contratos*. 26ª ed. Rio de Janeiro: Forense, 2007, p. 38.
[324] PEREIRA, Caio Mário da Silva. *Instituições de direito civil*: Contratos. Volume III. 17ª ed. Rio de Janeiro: Forense, 2013, p. 14.

e na hipótese de excessiva onerosidade para uma das partes. Todavia, é necessário verificar-se um evento imprevisível e extraordinário.

O princípio da força obrigatória dos contratos, além disso, não é absoluto e, em razão da constatação de situações de abusividade contratual cometida por um dos contratantes, passou-se a permitir que o Poder Judiciário intervenha no conteúdo dos contratos, alterando-o sempre que necessário a fim de buscar o equilíbrio entre as partes.

5.2. O Direito à Saúde na Ótica da Função Social dos Contratos

Na chamada nova teoria contratual, a função social é um dos princípios fundamentais, e influencia todos os demais na busca da satisfação da coletividade. Assim, considerando que o contrato é um instrumento capaz de expressar a autonomia da vontade das partes, a nova teoria contratual estabelece que o contrato também deve realizar o interesse da coletividade, passando a ter o instrumento contratual uma função social, conforme prevê o artigo 421 do Código Civil[325].

Dessa forma, o interesse individual deve moldar-se ao interesse coletivo, não o contrário. É incompatível com a função social que o interesse coletivo se sujeite ao interesse privado. O interesse coletivo não significa, necessariamente, que o cumprimento do contrato traga benefícios à sociedade, mas que, ao menos, ele não lhe trará prejuízo.

A fim de adequar os contratos à globalização da economia e ao interesse coletivo, ainda se verificou um tipo de seleção natural dos instrumentos jurídicos mais aplicáveis a esse fenômeno, configurando uma tendência à estandardização dos contratos. Por esse processo de padronização, as empresas buscam as estruturas jurídicas que lhes são mais favoráveis, e ferramentas para evitar ou contornar um sistema normativo rigoroso demais para os parâmetros da atividade econômica[326].

Contudo, a massificação dos contratos e a intervenção do Judiciário não são a única causa para a transformação do direito contratual[327].

---

[325] "Art. 421. A liberdade de contratar será exercida em razão e nos limites da função social do contrato."

[326] FEITOSA, Maria Luiza Pereira de Alencar Mayer. *Paradigmas inconclusos*: Os contratos entre a autonomia privada, a regulação estatal e a globalização dos mercados. Coimbra: Coimbra Editora, 2007, p. 267

[327] MACEDO JUNIOR, Ronaldo Porto. *Contratos relacionais e defesa do consumidor*. 2ª ed. São Paulo: RT, 2007, p. 37.

É necessário analisar três planos básicos: **(i)** o *welfarismo contratual*, ou seja, o plano da inclusão de novos valores de bem-estar e justiça distributiva; **(ii)** o plano das mudanças do mercado e das formas de articulação da produção e distribuição dos bens; **(iii)** o plano da mudança da racionalidade jurídica dominante, que confere sentido às duas mudanças anteriores.

Conforme ensina o professor Ronaldo PORTO MACEDO JUNIOR[328], a intervenção do Poder Judiciário na economia, nos contratos, e em outros setores, incorporou critérios de justiça social e, à medida que regula as transações econômicas, o contrato desempenha um papel na alocação de poder e riqueza. A princípio, um contrato livremente pactuado pode ser injusto. Todavia, é exatamente nesses casos que o Poder Judiciário deve intervir para revisá-los e, se necessário, modificá-los[329].

De fato, as conquistas do *Welfare state* em termos de valores sociais não devem ser abandonadas, mas compatibilizadas com as novas tendências referentes à análise das relações contratuais. Nos contratos cativos de longa duração, espera-se, por exemplo, cada vez mais a observância da cooperação e da solidariedade. É por meio das relações de solidariedade e de responsabilidade mútuas que a comunidade de pessoas se constrói juridicamente[330]. Não se fala apenas no mutualismo próprio dos contratos de seguro, mas em uma cooperação com os consumidores e com a manutenção do vínculo contratual e do sistema privado de saúde suplementar como forma de possibilitar o acesso ao sistema[331].

No *welfarismo contratual* entende-se que o direito social passará a ser um direito de desigualdades. A ideia de reciprocidade também sofre mudanças, uma vez que, por essa concepção, passa a definir a contraprestação formal e uma equivalência substancial entre os valores dos termos intercambiados. Portanto, o direito social passa a evidenciar o tratamento diferenciado e mais protetivo às partes mais vulneráveis. Trata-se das ações afirmativas e da busca pelo ideal de justiça distribu-

---

[328] MACEDO JUNIOR, Ronaldo Porto. *Contratos relacionais e defesa do consumidor*. 2ª ed. São Paulo: RT, 2007, p. 47.

[329] NEGREIROS, Teresa. *Teoria do contrato*: novos paradigmas. 2ª ed. Rio de Janeiro: Renovar, 2002, p. 19 e 160.

[330] GODOY, Claudio Luiz Bueno de. *Função social do contrato*. São Paulo: Saraiva, 2004, p. 12.

[331] MARQUES, Claudia Lima. *Contratos no Código de Defesa do Consumidor*: O novo regime das relações contratuais. 6ª ed. São Paulo: RT, 2011, p. 520-521.

tiva. Assim, o *welfarismo* contratual poderia ser pensado como as limitações ao princípio da liberdade contratual[332].

Os contratos padronizados ainda preservam a igualdade entre as pessoas, estendendo a justiça distributiva a relações intrinsecamente desiguais ao fomentar o acesso a bens e serviços. A função social do contrato promove, pois, a dignidade humana e o solidarismo. A solidariedade potencializada pela função social do contrato compatibiliza os interesses dos particulares com os interesses de toda a coletividade, ainda que, para isso, a autonomia da vontade tenha que ser mitigada[333].

Nesse contexto, os contratos de planos de saúde são bons exemplos de como o princípio da função social incide nas relações contratuais em consonância com os princípios da solidariedade e do mutualismo, em busca da proteção da coletividade por meio da intervenção do Poder Judiciário na interpretação e controle desses contratos, especialmente no que se refere ao seu equilíbrio financeiro. Ocorre que, nos contratos relacionais de longa duração, como é o caso dos planos de saúde, a gestão do risco da perspectiva da técnica atuarial, embora nem sempre observada, é fundamental para a compreensão dos cálculos, haja vista que a ciência atuarial consiste em uma técnica de controle e previsão riscos, realizando uma projeção do presente para o futuro no intuito de garantir a sustentabilidade financeira do contrato[334].

Em busca da função social, a intervenção do Poder Judiciário mostra-se, no entanto, tão efetiva nesses contratos que ele chega a praticamente legislar sobre as regras que incidem nos contratos de planos de saúde. Como explica Richard A. POSNER, os juízes, ocasionalmente, atuam como legisladores, mas, em sua capacidade legislativa, eles atuam com algumas restrições[335]. Os juízes legislam apenas depois de terem

---

[332] MACEDO JUNIOR, Ronaldo Porto. *Contratos relacionais e defesa do consumidor*. 2ª ed. São Paulo: RT, 2007, p. 51-53.

[333] FEITOSA, Maria Luiza Pereira de Alencar Mayer. *Paradigmas inconclusos*: Os contratos entre a autonomia privada, a regulação estatal e a globalização dos mercados. Coimbra: Coimbra Editora, 2007, p. 314.

[334] MACEDO JUNIOR, Ronaldo Porto. *Contratos relacionais e defesa do consumidor*. 2ª ed. São Paulo: RT, 2007, p. 62.

[335] "Appellate judges are occasional legislators. In their legislative capacity they labor under constraints that do not bind the official legislators – rules of standing. (...) It might seem that judges would legislate only after they had tried and failed to decide a case by

tentado decidir e falhado na resolução de um litígio com base nas normas existentes. A partir da sua intervenção são criadas formas de solidariedade que passam a regular os conflitos ante a desigualdade inerente ao estado social[336].

Assim, como visto, além da tendência de padronização dos contratos e da necessidade de interferência do Poder Judiciário para coibir práticas abusivas, o princípio da função social relativizou a autonomia da vontade ao vetar a chamada seleção de risco nos contratos de plano de saúde. Por força desse veto, as operadoras não podem se recusar a contratar com uma pessoa ou um grupo de pessoas em razão da sua alta sinistralidade.

A função social do contrato de plano de saúde é prestar o serviço de assistência médica ao beneficiário, independentemente da sua raça, idade, situação financeira, etc. Portanto, a autonomia da vontade das partes é mitigada, uma vez que as operadoras de planos de saúde não podem escolher plenamente com quem vão contratar, ao menos não por um motivo que viola direito alheio como é o caso da seleção de risco.

Para coibir essa prática de seleção de risco, a ANS editou a Súmula nº 19, de 28 de julho de 2011[337] ("**Súmula nº 19/2011**"), pela qual estabeleceu que

> a comercialização de planos privados de assistência à saúde por parte das operadoras, tanto na venda direta, quanto na mediada por terceiros, não pode desestimular, impedir ou dificultar o acesso ou ingresso de beneficiários em razão da idade, condição de saúde ou por portar deficiência, inclusive com a adoção de práticas ou políticas de comercialização restritivas direcionadas a estes consumidores.

O artigo 14 da Lei nº 9.656/98 também previu que *em razão da idade do consumidor, ou da condição de pessoa portadora de deficiência, ninguém pode ser*

---

reference to the orthodox materials of legislative text and precedent". POSNER, Richard A. *How judges think*. London: Harvard University Press, 2010, p. 81-95.

[336] MACEDO JUNIOR, Ronaldo Porto. *Contratos relacionais e defesa do consumidor*. 2ª ed. São Paulo: RT, 2007, p. 72.

[337] A íntegra dessa Súmula editada pela ANS pode ser encontrada em: <http://www.ans.gov.br/index2.php?option=com_legislacao&view=legislacao&task=PDFAtualizado&format=raw&id=1783> (Acesso em 17.7.2014).

impedido de participar de planos privados de assistência à saúde[338]. Mais recentemente, inclusive, a ANS editou a Súmula nº 27, de 10 de junho de 2015 ("**Súmula nº 27/2015**")[339], pela qual manifestou o entendimento de que *é vedada a prática de seleção de risco pelas operadoras de plano de saúde na contratação de qualquer modalidade de plano privado de assistência à saúde*. A referida súmula foi editada pela ANS em razão da existência de reclamações dos consumidores sobre o comportamento de seleção de risco pelas operadoras de planos de saúde, bem como por existirem mecanismos regulatórios que já permitem às operadoras mitigar os riscos decorrentes, por exemplo, de doenças preexistentes.

Caso as operadoras de planos de saúde impeçam ou restrinjam a participação de consumidor em plano privado de assistência à saúde, com o intuito de praticarem a seleção de risco, que é vetada pela Lei nº 9.656/98 e pela regulamentação da ANS em vigor, estarão sujeitas à penalidade de advertência e multa de R$50.000,00 (cinquenta mil reais), nos termos do artigo 62 da Resolução Normativa da ANS nº 124, de 30 de março de 2006 ("**RN nº 124/2006**")[340], sem prejuízo da aplicação de atenuantes e agravantes à penalidade.

Da mesma forma, o princípio da relatividade dos contratos também foi mitigado pela função social, pois expandiu os efeitos dos contratos a terceiros, podendo ser-lhes exigida a prestação principal. Um exemplo da influência do princípio da função social é o Código de Defesa do Consumidor, que estabelece a responsabilidade solidária de toda a cadeia produtiva.

Também é possível verificar o reflexo do princípio da função social na força obrigatória dos contratos, com a flexibilização da intangibilidade dos contratos diante da ampliação da intervenção do Poder Judiciário no conteúdo deles. Essa interferência do Poder Judiciário busca

---

[338] "Art. 14. Em razão da idade do consumidor, ou da condição de pessoa portadora de deficiência, ninguém pode ser impedido de participar de planos privados de assistência à saúde." (Redação dada pela Medida Provisória nº 2.177-44, de 2001) (Vide Lei nº 12.764, de 2012).

[339] A íntegra dessa Súmula editada pela ANS pode ser encontrada em: <http://www.ans.gov.br/component/legislacao/?view=legislacao&task=PDFAtualizado&format=raw&id=Mjk5NA==> (Acesso em 12.1.2016).

[340] "Art. 62. Impedir ou restringir a participação de consumidor em plano privado de assistência à saúde: Sanção – advertência; multa de R$ 50.000,00."

garantir a máxima eficácia do contrato, reforçando a proteção dos valores consistentes na justiça distributiva, dignidade da pessoa e interesse social e coletivo do contrato. Em vez de apenas avaliar uma eventual nulidade e/ou abusividade de cláusula contratual, o Poder Judiciário passou a intervir diretamente no conteúdo dos contratos, afetando, inclusive, a economia contratual ali prevista e repartida entre os contratantes.

5.3. A Essencialidade da Boa-Fé entre os Agentes do Contrato de Plano de Saúde

O artigo 422 do Código Civil estabelece que *os contratantes são obrigados a guardar, assim na conclusão do contrato, como em sua execução, os princípios de probidade e boa-fé*[341]. O artigo 765 do Código Civil também prevê que *o segurado e o segurador são obrigados a guardar, na conclusão e na execução do contrato, a mais estrita boa-fé e veracidade, tanto a respeito do objeto como das circunstâncias e declarações a ele concernentes*[342].

Por esse princípio, entende-se que a intenção manifestada pelas partes deve prevalecer sobre a estrutura e o aspecto literal de linguagem, conforme os artigos 112 e 113 do Código Civil[343]. As partes devem agir com lealdade, honradez e honestidade umas para com as outras durante todo o relacionamento contratual. A teoria da confiança tem por objetivo proteger as expectativas originais dos contratantes.

É possível afirmar, ademais, que, por esse princípio contratual, as partes devem agir com a necessária colaboração recíproca, ajudando um ao outro na execução do contrato, de modo a evitar que uma parte dificulte o cumprimento do contrato pela outra parte[344]. Conforme ensina

---

[341] "Art. 422. Os contratantes são obrigados a guardar, assim na conclusão do contrato, como em sua execução, os princípios de probidade e boa-fé."
[342] "Art. 765. O segurado e o segurador são obrigados a guardar na conclusão e na execução do contrato, a mais estrita boa-fé e veracidade, tanto a respeito do objeto como das circunstâncias e declarações a ele concernentes."
[343] "Art. 112. Nas declarações de vontade se atenderá mais à intenção nelas consubstanciada do que ao sentido literal da linguagem." e "Art. 113. Os negócios jurídicos devem ser interpretados conforme a boa-fé e os usos do lugar de sua celebração."
[344] GOMES, Orlando. *Contratos*. 26ª ed. Rio de Janeiro: Forense, 2007, p. 43

Clóvis do COUTO E SILVA[345], o agente econômico deve agir com boa-fé, impedindo *que sua conduta venha dificultar a prestação do credor*.

Nos contratos de plano de saúde, é comum que no momento da contratação, a operadora de plano de saúde solicite ao beneficiário o preenchimento de uma declaração com as suas informações pessoais e histórico de saúde. Essa informação é utilizada na análise de risco, bem como para checar se o beneficiário possui doença ou lesão preexistente. O beneficiário, por sua vez, tem o dever de veracidade nas informações, não omitindo ou alterando qualquer informação acerca do seu histórico de saúde.

A boa-fé é subdivida em boa-fé objetiva e boa-fé subjetiva. Na primeira, verifica-se um modelo de conduta social, ou seja, uma regra de comportamento que se espera do indivíduo. Na segunda, a análise é do estado psicológico do indivíduo, é o estado de ignorância da antijuridicidade, o que se acredita ser o correto[346].

No que se refere às funções do princípio da boa-fé, a doutrina as classifica em interpretativa, supletiva e corretiva[347].

A função interpretativa do princípio da boa-fé se refere à análise da intenção das partes na declaração de vontade. Analisa-se também a diligência da parte contratante em relação às obrigações por ela assumidas. A interpretação do contrato envolve a apreensão do alcance do consenso dos contratantes, a fim de verificar a real intenção das partes por meio da análise dos próprios termos do contrato, bem como do comportamento delas perante o seu cumprimento.

A função supletiva, ao seu turno, é verificada na tentativa de sanar as falhas da declaração de vontade do contratante, criando deveres anexos, no intuito de assegurar o cumprimento do contrato e a satisfação dos contratantes, como, por exemplo, o dever de informação, sigilo, colaboração, dentre outros.

O direito das obrigações contempla uma relação jurídica complexa e dinâmica, na qual se espera que as partes se vinculem à prestação

---

[345] SILVA, Clóvis V. do Couto. *A obrigação como processo*. Rio de Janeiro: Editora FGV, 2006, p. 97.
[346] NEGREIROS, Teresa. *Teoria do contrato*: Novos paradigmas. 2ª ed. Rio de Janeiro: Renovar, 2002, p. 119-125.
[347] GOMES, Orlando. *Contratos*. 26ª ed. Rio de Janeiro: Forense, 2007, p. 44-46.

principal, mas também aos deveres anexos ou secundários, como, por exemplo, à consecução, o seu adimplemento[348], a informação, o sigilo, a transparência, dentre outros. Judith MARTINS-COSTA[349] define os deveres anexos como aqueles que atuam na otimização do adimplemento satisfatório da prestação principal, como, por exemplo, o direito de informação, de esclarecimento, de lealdade na conduta contratual.

Antunes VARELA[350] explica a diferença dos deveres principais e secundários na relação contratual. Os primeiros são aqueles que definem as condições essenciais da prestação obrigacional assumida pelas partes. Os segundos são aqueles que se referem aos meios para o cumprimento da prestação principal.

MENEZES CORDEIRO[351], por sua vez, consolida essa divisão em três deveres acessórios genéricos: **(i)** dever de proteção, pelo qual as partes buscam evitar que ocorram danos mútuos uma à outra ou ao patrimônio de cada uma delas; **(ii)** dever de esclarecimento, pelo qual as partes se obrigam a se informar mutuamente de todos os aspectos relevantes ao vínculo contratual; **(iii)** dever de lealdade, correspondente à obrigação assumida pelas partes de se absterem de comportamentos que falseiem o objetivo do negócio ou desequilibrem as prestações assumidas.

Em relação aos contratos de plano de saúde, presume-se que as partes agirão com boa-fé ao longo de toda a relação contratual, em que devem ser protegidos tanto o grupo segurado quanto o beneficiário individualmente considerado[352]. Além disso, espera-se que todas as partes contratantes ajam com lealdade no que interessa aos deveres anexos, dentre eles o dever de informação.

No caso da estipulante do contrato, que é a empregadora, espera-se que ela informe os seus empregados sobre o benefício do plano de saúde

---

[348] SILVA, Clóvis V. do Couto. *A obrigação como processo.* Rio de Janeiro: Editora FGV, 2006, p. 91-98.

[349] MARTINS-COSTA, Judith. *A boa-fé no direito privado:* Critérios para a sua aplicação. São Paulo: Marcial Pons, 2015, p. 222-223.

[350] VARELA, João de Matos Antunes. *Das obrigações em geral.* Volume 1. 10ª ed. Coimbra: Almedina, 2009, p. 121-125.

[351] ROCHA, António Manuel da; CORDEIRO, Menezes. *Da boa-fé no direito civil.* Coimbra: Almedina, 1953, p. 604-608.

[352] MARTINS-COSTA, Judith. *A boa-fé no direito privado:* Critérios para a sua aplicação. São Paulo: Marcial Pons, 2015, p. 341.

contratado com a operadora, dando-lhes explicações sobre a cobertura a que terão acesso, a possibilidade de inclusão de dependentes, dentre outros procedimentos, sobre o direito de manutenção no plano de saúde após o término do contrato de trabalho, desde que elegíveis ao benefício. A operadora de plano de saúde também deve prestar todas as informações e esclarecimentos necessários sobre a cobertura, rede credenciada, percentual e procedimento de reembolso, necessidade de autorização para a realização de exames, dentre outros aspectos operacionais.

O beneficiário, por sua vez, também tem dever de agir com boa-fé e prestar informações úteis à empregadora e/ou à operadora de plano de saúde. Esses deveres incluem, por exemplo, situações em que o beneficiário perde a elegibilidade, tais como: a exclusão de um dependente em razão de divórcio ou, após o seu desligamento da empresa, comunicar sua admissão em novo emprego, o que também implicaria na sua inelegibilidade para permanecer como beneficiário do plano de saúde oferecido pela antiga empregadora.

Há, ainda, a função corretiva do princípio da boa-fé, que atua no controle de cláusulas abusivas. Judith MARTINS-COSTA explica que a função de ajustamento ou correção como meio de controle do conteúdo contratual por meio de interferências exteriores deve ser pontual, não devendo substituir em caráter geral a vontade das partes, a qual pode ser restringida nas situações em que se verifique uma disparidade entre as partes. Nesse caso, a função da boa-fé corretiva é coibir abusos no exercício da liberdade contratual, adequando-os a padrões pré-determinados de justiça contratual[353].

A boa-fé objetiva pressupõe que as partes contratantes agirão de forma tal a colaborar com o cumprimento do contrato. Além de a boa-fé objetiva ser um elemento interpretativo do contrato, ela também é um elemento de limitação, evitando o *venire contra factum proprium* a fim de evitar comportamento contraditório do contratante.

---

[353] MARTINS-COSTA, Judith. *A boa-fé no direito privado*: Critérios para a sua aplicação. São Paulo: Marcial Pons, 2015, p. 572-575.

Logo, considerando que o homem é um ser social, e não isolado, é de suma relevância observar a boa-fé nas relações contratuais em busca do bem comum[354].

5.4. A Equalização do Equilíbrio Financeiro nos Contratos de Plano de Saúde

O conceito de justo preço ressurge com um novo significado. O justo preço deixou de ser o valor intrínseco da própria coisa, e passou a ser analisado a partir de juízos coletivos. Trata-se do preço normal da coisa a fim de assegurar o equilíbrio entre as partes envolvidas.

Conforme veremos ao longo desta dissertação, o Poder Judiciário tem aplicado cada vez mais as concepções do direito social ao intervir nos contratos de planos de saúde, especialmente quanto à economia do contrato, buscando manter o seu equilíbrio. Todavia, o que veremos é que esse equilíbrio ainda não foi alcançado e, se em um momento, o consumidor estava em desvantagem excessiva, passamos ao outro extremo da relação contratual e, atualmente, o consumidor está superprotegido, mantendo a desigualdade das partes no contrato e, por reflexo, prejudicando a coletividade que ainda é beneficiada pelo mesmo instrumento como ocorreu nos planos de saúde.

É importante que na relação contratual tenha-se claro o conceito do que é justo naquela relação para garantir o equilíbrio entre as expectativas de cada um dos contratantes, considerando as prestações ali previstas e os riscos assumidos pelas partes.

O equilíbrio contratual não se limita, contudo, às questões econômicas do contrato, mas ao equilíbrio da relação contratual como um todo, englobando o nível do tratamento leal e digno entre as partes, a qualidade dos serviços prestados e a razoável contraprestação, buscando-se configurar o enriquecimento sem causa de qualquer das partes da relação contratual.

Embora seja importante garantir que a uma prestação se assegure uma contraprestação justa, isto é, que sejam levadas em consideração as vantagens e desvantagens a ela inerentes, a dificuldade está na identifi-

---

[354] ROSENVALD, Nelson. *Dignidade humana e boa-fé no Código Civil*. São Paulo: Saraiva, 2005, p. 63.

cação do que é o justo valor[355]. Diante dessa dificuldade, presume-se que as partes contraentes tenham ponderado tais questões ao manifestarem concordância com a celebração do contrato nos termos apresentados.

O próprio artigo 4º, inciso III do CDC prevê que deve haver *harmonização dos interesses dos participantes das relações de consumo e compatibilização da proteção do consumidor com a necessidade de desenvolvimento econômico e tecnológico, de modo a viabilizar os princípios nos quais se funda a ordem econômica (art. 170, da Constituição Federal), sempre com base na boa-fé e equilíbrio nas relações entre consumidores e fornecedores*[356].

Além disso, o artigo 51, §1º, inciso II do CDC[357] também estabeleceu que se presumem exageradas as vantagens que restringem direitos ou obrigações fundamentais inerentes à natureza do contrato que ameacem seu objeto ou equilíbrio contratual.

Esse princípio deve ser observado, inclusive, nos contratos aleatórios, ainda que o risco lhe seja inerente. Isso porque se admite que os contratos aleatórios podem ser alterados ou, até mesmo, resolvidos se a alteração das circunstâncias exceder apreciavelmente todas as flutuações previsíveis na data do contrato[358].

5.5. A Relevância do Mutualismo nos contratos de Plano de Saúde

Outro princípio presente nos contratos de planos de saúde e de extrema relevância é o princípio do mutualismo, que permite a diluição do risco entre todos os beneficiários da carteira da operadora de plano de saúde ou, ao menos, de uma determinada apólice. A socialização do risco está baseada na ideia de justiça distributiva do direito social[359], no qual o

---

[355] GODOY, Claudio Luiz Bueno de. *Função social do contrato*. São Paulo: Saraiva, 2004, p. 37.
[356] Disponível em <http://www.planalto.gov.br/ccivil_03/leis/l8078.htm> (Acesso em 17.7.2014).
[357] Art. 51. São nulas de pleno direito, entre outras, as cláusulas contratuais relativas ao fornecimento de produtos e serviços que: (...) §1º Presume-se exagerada, entre outros casos, a vantagem que: (...) II – restringe direitos ou obrigações fundamentais inerentes à natureza do contrato, de tal modo a ameaçar seu objeto ou equilíbrio contratual.
[358] GODOY, Claudio Luiz Bueno de. *Função social do contrato*. São Paulo: Saraiva, 2004, p. 41.
[359] MACEDO JUNIOR, Ronaldo Porto. *Contratos relacionais e defesa do consumidor*. 2ª ed. São Paulo: RT, 2007, p. 71.

que se observa é o resultado de um equilíbrio entre interesses conflitantes formalizados por um acordo que implicará sempre em sacrifícios mútuos.

No plano de saúde, o mutualismo corresponde à solidariedade financeira entre os beneficiários, ou seja, aqueles que não utilizaram os serviços médico-hospitalares acabam pagando pelas despesas assistenciais incorridas pelos demais beneficiários[360].

A solidariedade nos contratos de seguro surgiu muito cedo como fator de superação de dificuldades, ligada à ideia de que era mais fácil suportar coletivamente os efeitos do risco do contrato que atingiam individualmente as pessoas, trabalhando sempre em proveito de toda a coletividade[361]. O contrato poderia beneficiar mais ora um, ora outro, mas sempre beneficiaria o grupo como um todo. É a sistemática existente no seguro.

Para tanto, como bem aponta Ian R. MACNEIL, é preciso que cada pessoa responda afirmativamente à seguinte pergunta: *Acredito que continuará a existir condições por meio das quais cada um de nós desejará depender um do outro e será capaz de fazê-lo?*[362]. A pergunta é pertinente porque quando essa resposta passar a ser negativa, não haverá mais que se falar em solidariedade orgânica entre as pessoas.

Como explica Ronaldo PORTO MACEDO JUNIOR[363], no estado social ou Welfarista, o Estado cria formas de solidariedade que regem os conflitos. E, portanto, essa característica do direito social é justamente o que relativiza o estado liberal ante o abandono ou a flexibilização de conceitos da teoria contratual clássica. O atual direito social é considerado o direito das desigualdades, dos privilégios, discriminatório, um direito dos grupos, que procura socializar os riscos e perdas sociais.

Ademais, o conceito de solidariedade envolve a ideia de confiança, que consiste na expectativa mútua de que nenhuma parte irá explorar a

---

[360] CARNEIRO, Luiz Augusto Ferreira. Princípios básicos de seguros e planos de saúde. In: *Planos de saúde*. Aspectos jurídicos e econômicos. Rio de Janeiro: Forense, 2012, p. 73.
[361] ALVIM, Pedro. *O contrato de seguro*. 3ª ed. Rio de Janeiro: Forense, 1999, p. 1-2.
[362] MACNEIL, Ian R. *O novo contrato social*. Trad. Alvamar de Campos Andrade Lamparelli. Rio de Janeiro: Elsevier, 2009, p. 89.
[363] MACEDO JUNIOR, Ronaldo Porto. *Contratos relacionais e defesa do consumidor*. 2ª ed. São Paulo: RT, 2007, p. 72.

vulnerabilidade da outra[364]. Tem-se buscado mecanismos para aumentar o nível de confiança nas economias de modo a ampliar a produtividade. Para que a solidariedade esteja presente nas relações contratuais, é necessária a crença na interdependência futura, que não resistirá ao tempo se as relações jurídicas passarem a ser vistas como destituídas de reciprocidade e, consequentemente, de equilíbrio contratual[365].

Essa teoria enfatiza o direito dos grupos e assinala a existência das contratações relacionais nas relações concretas de produção, organizando-a e proporcionando a circulação de riqueza. Esse fenômeno também estimula a alteração gradual das regras e amplia a aplicação de princípios gerais como a justiça contratual, boa-fé, equilíbrio, dentre outros.

Os consumidores vinculam-se aos planos de saúde quando são mais jovens, a fim de garantir que, quando mais idosos e, possivelmente, mais enfermos, terão a assistência à saúde necessária. Ocorre que, enquanto jovens, a utilização dos serviços médico-hospitalares é muito inferior ao uso pelos mais idosos. Em razão disso, as operadoras de planos de saúde devem realizar os cálculos de modo a assegurar que os mais novos poderão sustentar os mais idosos e com maior sinistralidade. É o princípio do mutualismo na prática dos contratos de plano de saúde.

As pessoas, ao pensarem no que é fundamental para a sua saúde e para o sistema de assistência à saúde, referem-se aos valores de igualdade e solidariedade. Em geral, a solidariedade é associada ao mútuo respeito, benevolência, suporte ao mais fraco, compartilhamento de responsabilidade e comprometimento com uma causa comum[366], e, portanto, contrária à ideia de individualismo e comportamento egoísta. Trata-se de um valor moral e uma atitude social referente àquele que necessita de suporte.

Como explica Luciano Benetti TIMM, no estado social, o contrato é um aspecto da sociedade e interessa à comunidade no sentido de promover a cooperação e ordenação social. Assim, o contratante passou a

---

[364] MACEDO JUNIOR, Ronaldo Porto. *Contratos relacionais e defesa do consumidor*. 2ª ed. São Paulo: RT, 2007, p. 146-150.

[365] MACNEIL, Ian R. *O novo contrato social*. Trad. Alvamar de Campos Andrade Lamparelli. Rio de Janeiro: Elsevier, 2009, p. 89.

[366] MEULEN, Ruud Ter et al. *Solidarity in health and social care in Europe*. Philosophy and medicine (Book 69). Netherlands: Kluwer Academic Publishers, 2001, p. 1.

cumprir um papel social (ex.: trabalhador, consumidor, pai, empresário, etc.), de modo que gera expectativas sociais, o que faz, ao seu turno, com que a teoria contratual passe a ter como preocupação a manutenção do vínculo para atender a função social do contrato[367].

À medida que as pessoas compreendem que outras estão dispostas a causar um prejuízo desproporcional àquele que acredita na solidariedade, essa crença está fadada ao fracasso[368]. Saliente-se que não se trata de um dano mínimo, pois algum dano é inerente das relações humanas e contratuais, mas sim de um prejuízo expressivo.

O mecanismo do seguro saúde seria, em tese, baseado na análise da experiência do risco, de modo que, num primeiro momento, poderia fazer sentido que aquele indivíduo que tem uma taxa de risco menor pague um preço menor. O raciocínio seria semelhante aos seguros de carro, em que o risco e o valor do seguro são apurados levando em consideração algumas informações de cunho pessoal, como, por exemplo, o histórico do motorista, a idade, o sexo, dentre outros fatores. Todavia, no seguro saúde, esse fenômeno é denominado seleção de risco e não é visto de forma aceitável na maior parte dos sistemas, inclusive pelo direito brasileiro, que, conforme já indicado anteriormente, veda a seleção de risco adversa pela operadora.

O fato é que aqueles indivíduos, que são saudáveis e/ou têm bons hábitos de vida e alimentação, não querem pagar um prêmio maior em razão do seu subsídio àqueles que não se preocupam em se curar, cuidar de sua saúde física e/ou mental ou, ainda, em evitar doenças por meio de medidas de prevenção. Mais uma vez, é inevitável que, no mutualismo, tenhamos ambas as populações, as quais devem coexistir para que o seguro saúde seja economicamente viável[369], muito embora a visão dos beneficiários seja cada vez mais informada por uma lógica individualista, não enxergando o contrato de seguro como um grupo e um instrumento do princípio da solidariedade.

---

[367] TIMM, Luciano Benetti. *Direito contratual brasileiro*. Críticas e alternativas ao solidarismo jurídico. 2ª ed. São Paulo: ATLAS, 2015, p. 125-127.

[368] MACNEIL, Ian R. *O novo contrato social*. Trad. Alvamar de Campos Andrade Lamparelli. Rio de Janeiro: Elsevier, 2009, p. 99-100.

[369] FIELD, Robert I. *Health care regulation in America*: Complexity, confrontation, and compromise. New York: Oxford, 2007, p. 80.

Ocorre que a solidariedade é fundamental para a sobrevivência dos planos de saúde. O seu desenvolvimento em sistemas abrangentes de cobertura universal põe em dúvida a aceitabilidade e sustentabilidade do sistema, especialmente em razão da alta demanda por tratamentos cada vez mais caros, da idade elevada da população e da exigência cada vez mais alta dos beneficiários. Assim como o conhecimento médico e oportunidades tecnológicas crescem, os custos das intervenções médicas, que são baseados no alto custo das tecnologias médicas, também aumentarão, colocando o orçamento da assistência à saúde sob pressão[370].

É cada vez menor a disposição dos beneficiários de pagar altos prêmios para ter o plano de saúde. A escassez dos recursos coloca em dúvida a disposição dos mais jovens de contribuir para as despesas dos mais idosos. Considerando que as provisões dos custos com assistência médica são superiores ao pagamento dos prêmios e da coparticipação, é certo que o remanescente será atribuído às atuais gerações de trabalhadores jovens[371].

Vale mencionar que a conscientização acerca dos custos da assistência médica é de extrema importância na sociedade. Em razão disso, a coparticipação em exames e/ou consultas foi implementada no desenho de alguns planos de saúde, a fim de que o beneficiário faça uso consciente do plano, evitando abusos[372].

A solidariedade repousa sobre a uniformidade das crenças, práticas e sentimentos. Assim, a relação de parentesco ou de afinidade entre as pessoas faz com que estas estejam mais facilmente dispostas a custear financeiramente uns aos outros por meio do mutualismo.

---

[370] MEULEN, Ruud Ter et al. *Solidarity in health and social care in Europe*. Philosophy and medicine (Book 69). Netherlands: Kluwer Academic Publishers, 2001, p. 2.

[371] MEULEN, Ruud Ter et al. *Solidarity in health and social care in Europe*. Philosophy and medicine (Book 69). Netherlands: Kluwer Academic Publishers, 2001, p. 4

[372] No sistema americano foram implementadas algumas ferramentas para tentar reduzir e coibir o mau uso do plano de saúde, tais como: a coparticipação, a franquia e o cosseguro. Há uma diferenciação entre coparticipação, que é a cobrança do beneficiário de um valor fixo para cada consulta, internação e prescrição de medicação, e cosseguro, que é a cobrança do beneficiário de um percentual, normalmente entre 10 e 30%, de consultas ou internação. HENDERSON, James W. *Health economics and policy*. 5th ed. South-Western Cengage Learning, 2011, p. 160.

Essa relativa uniformidade pode ser verificada nos contratos coletivos empresariais de planos de saúde, uma vez que a empresa contrata o plano de saúde aos seus funcionários. Podemos partir do pressuposto, portanto, de que a coletividade de empregados de uma empresa forma uma população normalmente semelhante entre si ou relativamente uniforme em algumas características. Todo o prêmio pago por cada um dos beneficiários constituirá um fundo comum, do qual sairão os recursos para o pagamento dos sinistros pela operadora de plano de saúde.

A operadora de plano de saúde, por sua vez, distribui o risco do custo entre todos os beneficiários, tendo em vista que, a princípio, o sinistro será pago com o valor que existe no fundo comum. Logo, poder-se-ia afirmar que existe uma solidariedade entre os beneficiários do contrato de plano de saúde. Assim, podemos dizer que o princípio do mutualismo se refere à divisão pelos segurados dos prejuízos que venham a sofrer em razão do risco incorridos por todos. O grupo de segurados presente em um plano de saúde se une em mutualidade, porque exposto a perigos semelhantes, probabilidades idênticas de dano à saúde.

Todavia, essas pessoas também têm seus próprios planos de saúde, seus próprios filhos e familiares para cuidar. Além disso, elas têm seus desejos pessoais e profissionais a perseguir e conquistar. Dessa forma, verificaremos que, cada vez mais, o individualismo cresce no seio da sociedade, mitigando a aplicação do princípio do mutualismo, que é fundamental para a sustentabilidade e acessibilidade aos planos de saúde.

6.
As Normas do Benefício Pós-Emprego e sua Compreensão

6.1. A Saúde como um Bem Inestimável

Muitas pessoas se fazem a seguinte pergunta: *A saúde é um bem inestimável?*. Os que responderem afirmativamente, deverão concordar com a expressão "a vida não tem preço". Embora saúde não seja tudo na vida, sem saúde, a vida não é nada. Assim, a saúde pode ser considerada um bem de alto valor e um pré-requisito para outras atividades. Ao falar na saúde, dois pensamentos normalmente vêm à mente. O primeiro é que a saúde é o bem mais precioso e, para permanecer saudável, tudo deve ser feito. O segundo é que, sendo um bem precioso e estando num momento de crise, de modo que se os custos continuarem a aumentar de forma proporcionalmente inversa aos recursos financeiros das pessoas, das empresas e do Governo, a saúde se tornará insustentável e inacessível[373] a curto e médio prazo.

A preocupação com a saúde é de escala mundial e, como já dissemos nesta dissertação, pode ser considerada, atualmente, um dos pilares do chamado *apartheid social*, podendo ser resumida em duas questões: qualidade e acessibilidade. No caso do Brasil, o setor público garante o acesso universal dos serviços de assistência médica. Contudo, na prática, é evidente que o sistema público de saúde brasileiro não tem capacidade financeira, nem mão-de-obra suficiente e qualificada, para atender, com a qualidade esperada e necessária, toda a

---

[373] ZWEIFEL, Peter. et al. *Health economics*. 2nd ed. New York: Springer, 2009, p. 1 e 17.

população brasileira, que é hoje de pouco mais de 205.000.000 de pessoas[374].

Justamente em razão dessa deficiência do nosso sistema público de saúde é que o setor privado de assistência à saúde ganhou espaço no Brasil, o que fora concebido para, a princípio, complementar o serviço público, e não substituir. Contudo, o acesso à assistência privada, diferentemente do sistema público de saúde, não é universal nem gratuito. Ademais, há uma relação direta de causa e efeito entre o aumento dos custos da saúde e o aumento da qualidade dos serviços prestados e da tecnologia empregada.

Para tanto, paralelamente à relevância do setor público de saúde, é evidente a importância, nos dias atuais, da existência do plano de saúde coletivo empresarial, oferecido pelo setor produtivo da sociedade aos seus empregados a permitir o acesso à saúde suplementar por meio do emprego formal. Todavia, como bem ilustra James W. HENDERSON[375], empregados e empregadores questionam os altos prêmios, ao passo que pacientes e prestadores de serviços reclamam do alto custo dos tratamentos e o legislador lamenta os altos e crescentes gastos.

Corroborando a ideia de que todos os atores desse setor parecem estar insatisfeitos, Michael E. PORTER[376] desenvolve a teoria da transferência dos custos, pela qual,

> os custos são transferidos do pagador para o paciente, do plano de saúde para o hospital e vice-versa, do hospital para o médico, do plano de saúde para os clientes/associados, do empregador para o empregado, do empregador para o governo, do segurado para o não-segurado, do governo para os seguradores privados, dos estados para a união, e assim por diante. Até os pacientes tomam parte nesse jogo de transferência de custos. Eles tentam usar influência política e os poderes legislativo e judiciário para obter maior cobertura dos planos de saúde e maiores contribuições do governo.

---

[374] Disponível em <http://www.ibge.gov.br/apps/populacao/projecao/> (Acesso em 4.1.2016).

[375] HENDERSON, James W. *Health economics and policy*. 5th ed. South-Western Cengage Learning, 2011, p. 2.

[376] PORTER, Michael E.; TEISBERG, Elizabeth Olmsted. *Repensando a saúde*: Estratégias para melhorar a qualidade e reduzir os custos. Porto Alegre: Bookman, 2007, p. 47.

É um círculo vicioso em que, em vez de os indivíduos desse setor cooperarem entre si, preocupam-se tão-somente em resolver o questionamento isolado e pontual, protelando e aumentando o problema da saúde suplementar. Isso porque, como explica PORTER[377], a competição é saudável nos diversos ramos do mercado, fazendo com que o mercado se regule. Contudo, a competição nesse ramo não está gerando os resultados esperados. O problema do mercado de saúde suplementar não é a ausência de competição, mas sim o tipo de competição. O que verificamos é que esse mercado está equivocadamente focado na transferência contínua de custos, no aumento do poder de barganha e na redução de custos por meio da limitação de serviços.

Assim, PORTER sugere como solução para esse setor a busca da competição em valor agregado aos serviços prestados para os pacientes. Para isso, o novo papel dos planos de saúde passaria a ser **(i)** possibilitar a escolha bem embasada por pacientes e médicos e o gerenciamento da saúde dos pacientes; **(ii)** mensurar e recompensar os prestadores com base nos resultados; **(iii)** maximizar o valor dos serviços de saúde ao longo do ciclo de atendimento; **(iv)** minimizar a necessidade de transações administrativas e simplificar o faturamento; **(v)** competir em resultados de saúde para os clientes[378]. Ou seja, à medida que os planos de saúde investem na qualidade dos serviços prestados e no incentivo aos prestadores pela busca do resultado, os custos com as despesas médico-hospitalares tendem a diminuir. Da mesma forma, se as empresas do setor privado incentivam hábitos saudáveis dos seus funcionários e incorporam essas práticas como parte da filosofia real da empresa, é fato que elas contribuem para a prevenção de doenças. Paralelamente, também é necessário que as próprias pessoas tentem melhorar seus hábitos com prática de exercícios físicos, evitar o tabagismo, ingestão de bebida alcoólica em excesso, ter momentos de descanso e qualidade no sono[379].

---

[377] PORTER, Michael E.; TEISBERG, Elizabeth Olmsted. *Repensando a saúde:* Estratégias para melhorar a qualidade e reduzir os custos. Porto Alegre: Bookman, 2007, p. 47.

[378] PORTER, Michael E.; TEISBERG, Elizabeth Olmsted. *Repensando a saúde:* Estratégias para melhorar a qualidade e reduzir os custos. Porto Alegre: Bookman, 2007, p. 203.

[379] A ANS editou a Resolução Normativa nº 264 e a Resolução Normativa nº 265, ambas de 19 de agosto de 2011 ("RN nº 264/2011" e "RN nº 265/2011"), pelas quais as operadoras poderão oferecer programas para promoção do envelhecimento ativo ao longo do curso da vida, programa para população-alvo específica e programa para gerenciamento de crônicos.

É exatamente em razão desse cenário de insatisfação, de ausência de cooperação mútua entre os agentes desse setor, e da frequente e crescente atuação protecionista do Judiciário em busca da proteção do indivíduo no que se refere ao seu acesso à saúde privada que verificamos uma crescente distorção entre **(i)** o dever do Estado e o dever do setor produtivo para com a saúde e **(ii)** a função social do sistema de saúde público de saúde e da saúde suplementar. Como consequência, temos a descaracterização da natureza da saúde privada e o desequilíbrio das relações contratuais que envolvem o oferecimento do plano de saúde coletivo empresarial.

Embora os custos com a saúde cresçam exponencialmente, não é apenas a saúde que está em crise. Diversos desembolsos têm aumentado nos últimos anos. Todavia, por ser um tema mais sensível, a mídia e as pessoas enfatizam a crise da saúde e, diante da ineficiência do sistema público, refletem sobre o pesadelo que seria não ser capaz de custear um plano de saúde para custear um tratamento médico no momento da vida em que mais se precisa. Um questionamento pertinente seria se o plano de saúde seria desejável ou, diante do cenário socioeconômico atual, se seria imprescindível.

A mídia ainda explora os altos preços das mensalidades dos planos de saúde, desconsiderando a razoabilidade do aumento desses preços, a ampliação do rol de procedimentos da ANS quanto à cobertura assistencial, que as operadoras devem obrigatoriamente custear, o avanço da tecnologia, o aumento real da inflação médica, o envelhecimento populacional, dentre outros fatores. Também deveria fazer parte do papel da mídia auxiliar a enriquecer a cultura e o conhecimento da sociedade, trazendo informações e dados que informem à população a noção real do sistema de saúde brasileiro, público e privado, e seus problemas.

Assim, as operadoras poderão oferecer aos seus beneficiários os seguintes incentivos (i) concessão de bonificação, consistente em vantagem pecuniária representada pela aplicação de desconto no pagamento da contraprestação pelo incentivo à sua participação no programa para promoção do envelhecimento ativo ao longo do curso da vida; e (ii) concessão de premiação, correspondente a vantagem representada pela oferta de prêmio pela participação no programa para população-alvo específica e programa para gerenciamento de crônicos.

Como explica Ricardo Luis LORENZETTI, *o debate miditiático, naturalmente não busca solucionar a diferença senão promover informação e entretenimento, e por isso apresenta um cenário de posições que giram ao decorrer do tempo sem prevalecer de modo definitivo. (...) A necessidade de informar de modo urgente abrevia os argumentos, e para o interesse do público acentuam-se os aspectos emotivos, de modo que, para manter permanentemente sua atenção, a mídia fica obrigada a consultar estaticamente as opiniões*[380].

A título exemplificativo, a crítica que se faz não é contra os aumentos dos valores do plano de saúde tratados isoladamente, os quais, muitas vezes, não são, como a mídia faz crer, desprovidos de toda justificativa. A crítica também é pela ausência de informação clara e completa por parte das operadoras de planos de saúde, gerando o sentimento no beneficiário de falta de transparência e de solidariedade com a situação financeira do beneficiário, que, na maior parte das vezes, já tem idade avançada e, com a redução da sua vida economicamente ativa, dependerá quase que exclusivamente dos recursos financeiros da previdência social, que, na atualidade, quase não cobrem – quando, de fato, não cobrem – os custos com a saúde privada.

É inegável que a análise da assistência à saúde não é simples e não se esgota na parte jurídica, envolvendo outras questões e visões acerca do assunto, como uma abordagem econômica, previdenciária, tecnológica, sociológica, dentre outras. Assim, as decisões das pessoas, das empresas, das operadoras e do próprio Estado, às vezes tomadas sem levar em consideração todas as preocupações e questões originadas de cada um desses ramos interdisciplinares, interferem na preservação do direito à saúde.

O Estado é o responsável por preservar a vida humana contra a escassez dos recursos, por exemplo, o dinheiro. Às pessoas, por outro lado, cabe agir de forma a preservar a sua saúde e buscar incorporar hábitos saudáveis a sua rotina. O uso desmedido dos serviços médico-hospitalares é um dos maiores fatores que contribui para o aumento dos gastos da saúde.

Portanto, a fim de criar um "inibidor" ao comportamento das pessoas em relação ao controle de abusividades, muitas empresas implemen-

---

[380] LORENZETTI, Ricardo Luis. *Teoria da decisão judicial*: Fundamentos de direito, 2ª ed. São Paulo: RT, 2010, p. 54.

taram no desenho dos planos de saúde o pagamento da coparticipação pelos próprios beneficiários dos planos privados de assistência à saúde. Essa medida tem cunho pedagógico para que as pessoas percebam as consequências financeiras de seus hábitos de vida a fim de evitar o aumento das despesas médico-hospitalares a serem suportadas pela coletividade.

O jornal americano *Wall Street* publicou um artigo demonstrando como gastar o dinheiro dos outros distorce o processo de decisão. A história relatada pelo jornal se refere a um homem de 70 anos de idade que sofreu um aneurisma e foi levado ao hospital. Após algumas semanas na UTI, com toda a tecnologia moderna, e 3 semanas no hospital, a conta foi de US$ 275,000, sendo que nada poderia ser pago do bolso do paciente. O médico do homem relatou que seus hábitos de má--higiene, causados pela dentadura mal ajustada, contribuíram para a sua lenta recuperação (Fonte: James P. Weaver. The best care other people's Money can buy. Wall Street Journal. November 19, 1992, A14)[381]. Em razão disso, o médico solicitou que o dentista do hospital fizesse os ajustes necessários na dentadura. Todavia, o médico descobriu que o homem não autorizou o dentista a fazer os ajustes. Quando perguntou a razão, o homem disse que $75 é muito dinheiro e, tendo em vista que o *Medicare* não pagaria a despesa, esta seria uma despesa a ser paga pelo paciente. O que se conclui dessa história é que quando você está gastando o dinheiro de outra pessoa, $275,000 não parece muito, mas, quando você está gastando o seu próprio dinheiro, $75 é muito.

São essas distorções sociais que contribuem para o aumento da má utilização – em termos de desnecessidade – dos serviços de assistência à saúde e refletem na sinistralidade dos grupos segurados, fazendo com que todos sejam impactados pelo aumento dos custos.

Logo, podemos afirmar que tais ferramentas de controle de custo, aliadas à inclusão de hábitos mais saudáveis, nada mais são do que a prática do princípio da precaução tratada pela professora Teresa ANCONA LOPEZ[382] ao ponderar que *o risco como acontecimento futuro e incerto, com*

---

[381] HENDERSON, James W. *Health economics and policy*. 5ᵗʰ ed. South-Western Cengage Learning, 2011, p. 7.
[382] LOPEZ, Teresa Ancona. *Princípio da precaução e evolução da responsabilidade civil*. São Paulo: Quartier Latin, 2010, p. 28 e 33.

mais ou menos probabilidade de acontecer e causar danos coletivos e individuais, existe na sociedade contemporânea de forma presente, isto é, não há hora nem dia para acontecer. É fruto do progresso. Assim, na sociedade buscam-se formas de mitigar esses riscos, seja por meio da aplicação dos princípios da precaução e da prevenção, seja pela socialização dos riscos mediante a disseminação geral dos seguros.

O fato de o crescente aumento dos custos com a saúde estar aparentemente fora de controle, permite-nos notar o aumento da insegurança da população, do Poder Judiciário, do setor produtivo e das operadoras de planos privados de saúde para a manutenção desse benefício, que merece proteção, mas sempre buscando o equilíbrio das relações jurídicas a fim de assegurar a sustentabilidade desse benefício. A consequência desse sentimento de insegurança, contudo, reflete-se no aumento das demandas ajuizadas no Poder Judiciário e na sensação de insatisfação generalizada nesse sistema.

6.2. A Complexidade da Análise do Ordenamento Jurídico na Atividade Jurisdicional

Embora o setor de saúde suplementar seja um mercado regulado, o ordenamento jurídico é incapaz de prever todas as regras de conduta necessárias em uma sociedade. Para tanto, o Poder Legislativo também exerce a sua discricionariedade de delegar o poder de produzir normas jurídicas a poderes ou órgãos inferiores, sempre limitados à legislação hierarquicamente superior e à Constituição Federal.

Trata-se das fontes delegadas, que podem corresponder **(i)** à regulamentação editada pelo Poder Executivo em relação à determinada lei, de modo a integrá-la quando demasiadamente genérica, contendo apenas diretrizes de máxima, que necessitam de especificação, e **(ii)** aos contratos celebrados entre particulares, pelos quais regulam os seus próprios interesses por meio do poder negocial de cada um[383]. Ressalte-se que a atribuição do poder normativo a um órgão inferior por um

---

[383] BOBBIO, Norberto. *Teoria do ordenamento jurídico*. 2ª ed. Trad. Ari Marcelo Solon. São Paulo: EDIPRO, 2014, p. 50-52.

órgão superior não é ilimitada, havendo limites a serem observados na elaboração da norma[384].

No caso do sistema privado de saúde brasileiro, o ordenamento jurídico aplicável corresponde às regras previstas na Constituição Federal, na Lei de Planos de Saúde, no Código Civil e na regulamentação da ANS. Além disso, como exemplo de proteção afirmativa ante o reconhecimento da vulnerabilidade do beneficiário de plano de saúde, aplicam-se as normas especiais do CDC e do Estatuto do Idoso[385].

Para os fins desta dissertação, cujo objeto é a análise do modelo de pós-pagamento nos contratos de plano de saúde para viabilizar o direito do ex-empregado de permanecer como beneficiário do plano de saúde após o seu desligamento, as principais normas a serem suscitadas no exercício desse direito, além da Constituição Federal, do Código Civil e do CDC, são: a Lei nº 9.656/98, a RN nº 279/2011 editada pela ANS, e o contrato celebrado entre a empresa estipulante e a operadora de plano de saúde. Isso porque *as leis ordinárias executam a Constituição e produzem os regulamentos. Os regulamentos executam as leis ordinárias e produzem os comportamentos conformes a elas*[386].

Nesse contexto, verificamos que as decisões judiciais proferidas pelo juiz também estão sujeitas e limitadas às leis relativas ao direito substancial, sob pena de serem consideradas inválidas. O juiz ainda deve considerar que o ordenamento jurídico no qual ele se baseia pode ser considerado um sistema dinâmico em que as normas estão interligadas pelas sucessivas delegações de poder[387].

Essa coordenação das fontes plúrimas de direito dentro de um sistema jurídico à disposição do magistrado para a solução de um conflito é

---

[384] BOBBIO, Norberto. *Teoria do ordenamento jurídico*. 2ª ed. Trad. Ari Marcelo Solon. São Paulo: EDIPRO, 2014, p. 62.

[385] MARQUES, Cláudia Lima. *Diálogo das fontes*. Do conflito à coordenação de normas do direito brasileiro. São Paulo: RT, 2012, p. 56 e 192.

[386] BOBBIO, Norberto. *Teoria do ordenamento jurídico*. 2ª ed. Trad. Ari Marcelo Solon. São Paulo: EDIPRO, 2014, p. 60.

[387] O sistema estático é aquele em que as normas estão interligadas do ponto de vista do seu conteúdo. No sistema dinâmico, ao contrário, as normas não estão relacionadas em razão do seu conteúdo, mas sim em razão das sucessivas delegações de poder, ou seja, uma autoridade inferior deriva de uma autoridade superior. BOBBIO, Norberto. *Teoria do ordenamento jurídico*. 2ª ed. Trad. Ari Marcelo Solon. São Paulo: EDIPRO, 2014, p. 64-78.

conhecida como diálogo das fontes, pelo qual se busca *restaurar a coerência do sistema, reduzir a sua complexidade e realizar os valores ideais da Constituição ou da modernidade, de igualdade, liberdade e solidariedade na sociedade*[388]. De todo modo, ainda que seja necessário conciliar a aplicação de diversas normas e fontes de direito, de acordo com o artigo 5º da LINDB[389], o juiz sempre deverá atender aos fins sociais a que a lei se dirige e às exigências da busca pelo bem comum.

Antes de prosseguirmos, é importante esclarecer que a presente dissertação compreende a teoria do diálogo das fontes como a conciliação e coordenação de diversas fontes de direito que não se excluem e "conversam" umas com as outras, podendo atingir costumes e princípios. Ademais, como bem pontua Claudia LIMA MARQUES, *o diálogo das fontes pode ser usado em várias áreas e disciplinas jurídicas, onde os direitos fundamentais e os valores constitucionais iluminarem a aplicação – simultânea e coerente – de várias fontes. O domínio do método do diálogo das fontes ajuda na escolha das leis a aplicar, na sua ordem e na interpretação delas conforme a Constituição*[390].

Por outro lado, essa dissertação não compartilha do entendimento externado por Claudia LIMA MARQUES[391] de que a aplicação da teoria do diálogo das fontes assegura a aplicação do conjunto das fontes tão-somente a favor do consumidor para protegê-lo, não podendo retirar-lhe direitos.

---

[388] MARQUES, Cláudia Lima. *Diálogo das fontes*. Do conflito à coordenação de normas do direito brasileiro. São Paulo: RT, 2012, p. 27 e 30.

[389] "Art. 5º Na aplicação da lei, o juiz atenderá aos fins sociais a que ela se dirige e às exigências do bem comum." (Lei de Introdução ao Código Civil).

[390] MARQUES, Cláudia Lima. *Diálogo das fontes*. Do conflito à coordenação de normas do direito brasileiro. São Paulo: RT, 2012, p. 18-30.

[391] "Nesse sentido, alerte-se que o método do diálogo das fontes, por respeito aos valores constitucionais e direitos humanos que lhe servem de base, não deve, por exemplo, ser usado para retirar direitos do consumidor: o diálogo só pode ser usado a favor do sujeito vulnerável, ou se transformará em analogia in pejus. A luz que ilumina o diálogo das fontes em direito privado é (e deve ser) sempre a constitucional, valores dados e não escolhidos pelo aplicador da lei – daí por que o resultado do diálogo das fontes só pode ser a favor do valor constitucional de proteção aos consumidores". MARQUES, Cláudia Lima. *Diálogo das fontes*. Do conflito à coordenação de normas do direito brasileiro. São Paulo: RT, 2012, p. 29 e 61.

Esta dissertação também não defende que a aplicação da teoria do diálogo das fontes seja realizada para prejudicar o consumidor ou para retirar-lhe direito. Se o consumidor é sujeito de determinado direito, seu direito deve ser respeitado. Logo, não se trata de prejudicar ou favorecer qualquer das partes envolvidas em litígio decorrente de eventual negócio jurídico. Trata-se apenas de aplicar as regras esparsas de direito às situações concretas, garantindo a segurança jurídica das partes, independentemente de a interpretação ser a favor do consumidor ou a favor da outra parte.

O entendimento defendido por Claudia LIMA MARQUES está amparado no fato de que as normas principiológicas em defesa do consumidor contidas na Constituição Federal[392], implicariam a criação de um método hermenêutico próprio, favorável ao consumidor. Essa interpretação, todavia, não se sustenta, uma vez que a Constituição Federal também assegura a defesa, por exemplo, da livre iniciativa e do princípio da legalidade[393], que devem ser analisados em conjunto com os princípios protetores do consumidor, mas não aniquilados, como se não estivessem inseridos no ordenamento jurídico.

A existência de princípios e direitos fundamentais na Constituição Federal não se presta *a priori* a orientar a função interpretativa

---

[392] Art. 5º Todos são iguais perante a lei, sem distinção de qualquer natureza, garantindo-se aos brasileiros e aos estrangeiros residentes no País a inviolabilidade do direito à vida, à liberdade, à igualdade, à segurança e à propriedade, nos termos seguintes: (...) XXXII – o Estado promoverá, na forma da lei, a defesa do consumidor; Art. 170. A ordem econômica, fundada na valorização do trabalho humano e na livre iniciativa, tem por fim assegurar a todos existência digna, conforme os ditames da justiça social, observados os seguintes princípios: (...) V – defesa do consumidor. (Constituição Federal).

[393] "Art. 1º A República Federativa do Brasil, formada pela união indissolúvel dos Estados e Municípios e do Distrito Federal, constitui-se em Estado Democrático de Direito e tem como fundamentos: (...) IV – os valores sociais do trabalho e da livre iniciativa; (...) Art. 5º Todos são iguais perante a lei, sem distinção de qualquer natureza, garantindo-se aos brasileiros e aos estrangeiros residentes no País a inviolabilidade do direito à vida, à liberdade, à igualdade, à segurança e à propriedade, nos termos seguintes: (...) II – ninguém será obrigado a fazer ou deixar de fazer alguma coisa senão em virtude de lei; (...) Art. 170. A ordem econômica, fundada na valorização do trabalho humano e na livre iniciativa, tem por fim assegurar a todos existência digna, conforme os ditames da justiça social, observados os seguintes princípios: (...) Art. 199. A assistência à saúde é livre à iniciativa privada." (Constituição Federal).

dos aplicadores do direito como método único e específico a ser utilizado na solução de litígios, especialmente se for com o intuito de praticar ações afirmativas apenas para a defesa dos vulneráveis. Os princípios e direitos fundamentais devem ser analisados em conjunto com as normas aplicáveis a determinado direito material e tem por objetivo orientar o processo de elaboração de leis[394] e regulamentos a fim de defender os interesses dos cidadãos e, subsidiariamente, amparar o processo de tomada de decisão nas hipóteses de lacuna legislativa, conforme prevê o artigo 4º da LINDB[395], pelo qual, nas hipóteses de omissão da lei, o juiz decidirá o caso de acordo com a analogia, os costumes e os princípios gerais de direito. Conforme bem ponderado por Bruno MIRAGEM[396],

> o diálogo das fontes é método de interpretação sistemática do direito. E busca responder a dois problemas: a) primeiro, a identificação de um critério para identificação do conflito de leis; b) segundo, a oferta de critérios para a solução do conflito. Da mesma forma, como é próprio de qualquer método de interpretação sistemática, organiza e coordena fontes no sentido da identificação e do preenchimento de lacunas.

Não obstante a vastidão de normas no sistema jurídico que pode ser invocada para a proteção do direito de extensão do plano de saúde pós-emprego, é possível que haja lacunas – como, de fato, existem – nas normas aplicáveis, que geram os conflitos entre os indivíduos e aumentam as dificuldades do Poder Judiciário na sua função de aplicar e interpretar o direito que lhe é posto. Isso porque um ordenamento é considerado completo quando o juiz pode encontrar nele uma norma para regular qualquer caso que lhe seja apresentado[397] o que, como veremos, não ocorre na redação dos artigos 30 e 31 da Lei nº 9.656/98.

---

[394] LORENZETTI, Ricardo Luis, *Teoria da decisão judicial*: Fundamentos de direito, 2ª ed. São Paulo: RT, 2010, p. 127.
[395] "Art. 4º Quando a lei for omissa, o juiz decidirá o caso de acordo com a analogia, os costumes e os princípios gerais de direito". (Lei de Introdução ao Código Civil).
[396] MIRAGEM, Bruno. *Eppur si muove*: Diálogo das fontes como método de interpretação sistemática no direito brasileiro. In: MARQUES, Cláudia Lima (Org.). *Diálogo das fontes*. Do conflito à coordenação de normas do direito brasileiro. São Paulo: RT, 2012, p. 80.
[397] BOBBIO, Norberto, *Teoria do ordenamento jurídico*. 2ª ed. Trad. Ari Marcelo Solon. São Paulo: EDIPRO, 2014, p. 113.

As lacunas são dividias em próprias e impróprias. As primeiras são aquelas que derivam do próprio sistema, enquanto as lacunas impróprias são aquelas que derivam da comparação de um sistema real com um sistema ideal. A diferença entre ambas é o modo como elas podem ser eliminadas, isto é, as lacunas próprias podem ser eliminadas pelo intérprete, ao passo que as impróprias somente podem ser eliminadas pelo legislador. De todo modo, explica Norberto BOBBIO, quando dizemos que um sistema é incompleto, estamos nos referindo às lacunas próprias[398].

Portanto, como veremos mais adiante, as lacunas existentes na legislação aplicável ao direito de extensão do plano de saúde pós-emprego são as próprias, as quais devem ser sanadas pela atuação do Poder Judiciário na sua função de intérprete. Logo, podemos afirmar, também, que, em diversas situações de litígio, estaremos diante de lacuna de *lege lata*, ou seja, uma lacuna no plano do legislador, que pode ser resolvida mediante a atividade de integração do juiz[399]

Segundo o positivismo jurídico, a atividade jurisdicional de interpretar as leis consiste no *remontar dos signos contidos nos textos legislativos à vontade do legislador expressa através de tais signos*[400], podendo ocorrer pelo **(i)** meio léxico, consistente na definição do significado dos termos empregados na norma, também chamada de interpretação gramatical; **(ii)** meio teleológico, baseado na *ratio legis*, ou seja, na finalidade da norma; **(iii)** meio sistemático, pelo qual se concilia a racionalidade do legislador com a sua vontade como uma unidade coerente; **(iv)** meio histórico, correspondente à utilização de documentos históricos para reconstruir a vontade do legislador.

Dessa forma, passaremos a analisar o desafio da tarefa de intérprete dos magistrados, dado o papel de protagonismo do juiz frente à tentativa de buscar soluções para os mais diversos conflitos da sociedade, que, muitas vezes, envolvem conhecimentos interdisciplinares.

---

[398] BOBBIO, Norberto. *Teoria do ordenamento jurídico*. 2ª ed. Trad. Ari Marcelo Solon. São Paulo: EDIPRO, 2014, p. 135-136.

[399] MIRAGEM, Bruno. *Eppur si muove*: Diálogo das fontes como método de interpretação sistemática no direito brasileiro. In: MARQUES, Cláudia Lima (Org.). *Diálogo das fontes. Do conflito à coordenação de normas do direito brasileiro*. São Paulo: RT, 2012, p. 84.

[400] BOBBIO, Norberto. *Teoria do ordenamento jurídico*. 2ª ed. Trad. Ari Marcelo Solon. São Paulo: EDIPRO, 2014, p. 213-214.

6.3. O Impacto da Flexibilização das Normas do Benefício Pós-Emprego

O direito de manutenção no plano de saúde pós-emprego é um dos assuntos mais frequentes nas ações judiciais que tramitam no Poder Judiciário referentes ao direito à saúde. Essas ações judiciais normalmente ajuizadas por ex-empregados, associações ou sindicatos, têm por objeto, na maior parte das vezes, a apuração do pagamento integral a ser assumido pelo ex-empregado, bem como a elegibilidade do ex-empregado ao referido direito, ainda que inexistente o requisito legal da contribuição durante a vigência do contrato de trabalho.

Ocorre que, como veremos, mediante a aplicação de princípios gerais de direito e princípios contratuais, a atuação do Poder Judiciário nessas ações judiciais têm sido, muitas vezes, no sentido de flexibilizar os requisitos legais a fim de viabilizar o direito de manutenção no plano de saúde pós-emprego, como exercício da função do estado social. Além da mitigação dos requisitos legais para o exercício desse direito, verificaremos o enfraquecimento dos contratos como fonte negocial delegada às partes pelo Estado para que elas possam regular os seus próprios interesses mediante atos voluntários, a serem convalidados pelo Estado no plano jurídico[401].

Como explica Norberto BOBBIO, independentemente da natureza real dessa fonte, isto é, se ela deve ser atribuída à autonomia privada das partes como uma fonte independente, anterior ao Estado, ou ao poder delegado pelo Estado aos particulares, posterior ao Estado, o fato é que, *se é verdade que as normas constitucionais produzem as leis ordinárias, é também verdade que as leis ordinárias produzem as normas sobre os contratos, e aqueles que estipulam um contrato produzem o ato executivo*[402]. Logo, por meio do contrato, os indivíduos criam direitos e obrigações recíprocas, limitadas ao ordenamento jurídico em vigor, que passam a ter força de lei.

No caso dos contratos de plano de saúde corporativos, a relação jurídica é formada entre a estipulante do contrato de plano de saúde coletivo empresarial, que é a empregadora, a operadora de plano de saúde,

---

[401] BOBBIO, Norberto. *O positivismo jurídico*. Lições de filosofia do direito. São Paulo: Ícone, 1995, p. 165

[402] BOBBIO, Norberto. *Teoria do ordenamento jurídico*. 2ª ed. Trad. Ari Marcelo Solon. São Paulo: EDIPRO, 2014, p. 52 e 60.

que é a contratada, e o terceiro, beneficiário do contrato, que é o empregado e seu grupo familiar. A estipulante e a operadora de plano de saúde negociam as características do benefício a ser oferecido aos seus empregados. Dentre as diversas questões a serem estabelecidas no contrato, constam a rede credenciada, a abrangência geográfica, se o plano de saúde será contributário ou não, isto é, se os empregados contribuirão para o custeio do plano de saúde, se haverá o pagamento de coparticipação pelos empregados para exames e/ou consultas, a modalidade de custeio (pré-pagamento ou pós-pagamento), se haverá ou não implementação de faixa etária.

Ou seja, as premissas do benefício do plano de saúde estão, antes de tudo, no próprio contrato celebrado entre a estipulante e a operadora. Como explica Enzo ROPPO, o direito dos contratos busca, mais do que revestir as operações econômicas de legalidade, incidir diretamente nessas operações para traçar diretrizes a orientá-las, baseado na soberania individual de juízo e de escolha dos indivíduos. Assim, não se admite violação da liberdade contratual contra a vontade das partes, seja pelo legislador, seja pelos Tribunais[403]. Não obstante a fonte negocial seja reconhecida pela doutrina clássica, cada vez mais os princípios clássicos contratuais, especialmente o da autonomia privada, têm sido limitados, sendo quase suprimidos ante a sua neutralização pela aplicação dos novos princípios contratuais no momento da interpretação da norma pelo juiz. Ocorre que, ao desconsiderar a autonomia privada exercida pelos contratantes, o Poder Judiciário impõe às partes obrigações que elas muitas vezes não têm condições de cumprir, seja por questão de recursos financeiros, seja pela gestão necessária para operacionalizar e cumprir as decisões judiciais.

Vale enfatizar que o contrato de plano de saúde coletivo empresarial está inserido em uma relação civil mantida entre a empresa, na qualidade de estipulante, e a operadora de plano de saúde, não havendo qualquer relação consumerista entre as partes, ainda que o terceiro, beneficiário do contrato, seja o consumidor, conforme já apontado nesta dissertação ao caracterizar o contrato de plano de saúde como interempresarial. Portanto, observaremos que há uma prevalência da autonomia das partes na relação contratual.

---

[403] ROPPO, Enzo. *O contrato*. Portugal: Almedina, 2009, p. 23, p. 32-33.

Dentre os aspectos da negociação entre a estipulante e a operadora de plano de saúde, vamos destacar algumas questões atinentes às características do plano de saúde propriamente dito, como, por exemplo, **(i)** se haverá ou não a contribuição do empregado para o custeio do plano de saúde; **(ii)** qual será a modalidade de custeio desse contrato, ou seja, se será um plano de saúde na modalidade de custeio pós-pagamento, com opção de custo operacional ou rateio, ou um seguro saúde na modalidade de pré-pagamento; **(iii)** qual será a metodologia de cálculo da precificação, ou seja, se haverá a implementação de faixa etária para apuração do prêmio ou se o valor da mensalidade será apurado com base em um valor médio, isto é, o cálculo do valor total a ser pago pela estipulante à operadora, dividido pelo número de beneficiários, ou um valor único, dentre outras questões.

Dessa forma, passaremos a analisar a interferência do Poder Judiciário diretamente na autonomia privada manifestada pela estipulante e pela operadora na contratação do benefício do plano de saúde para os empregados da estipulante. Vale esclarecer que esta dissertação terá como base os precedentes do **(i)** Tribunal de Justiça do Estado de São Paulo[404] ("**TJSP**"), uma vez que, a despeito de existirem demandas perante o Tribunal de Justiça do Estado de Minas Gerais, Tribunal de Justiça do Estado do Rio de Janeiro, Tribunal de Justiça do Estado do Rio Grande do Sul, o TJSP é o Tribunal com atuação mais constante e efetiva, até mesmo em razão do volume de processos judiciais que envolvem a matéria na região em que o TJSP tem competência, e **(ii)** Superior Tribunal de Justiça ("**STJ**").

---

[404] Nesse sentido: Apelação nº 1042811-95.2013.8.26.0100 – Relator Desembargador Francisco Loureiro – 6ª Câmara de Direito Privado do Tribunal de Justiça do Estado de São Paulo – 23.4.2014 – v.u.; Apelação nº 9000002-66.2009.8.26.0011 – Relator Desembargador Francisco Loureiro – 6ª Câmara de Direito Privado do Tribunal de Justiça do Estado de São Paulo – 16.2.2012 – v.u.; Apelação nº 0001069-42.2013.8.26.0445 – Relator Desembargador Galdino Toledo Junior – 9ª Câmara de Direito Privado do Tribunal de Justiça do Estado de São Paulo – 15.12.2015 – v.u.; Apelação nº 0005525-14.2012.8.26.0625 – Relator Desembargador Alexandre Marcondes – 3ª Câmara de Direito Privado do Tribunal de Justiça do Estado de São Paulo – 12.5.2015 – v.u.; Apelação nº 0017848-45.2009.8.26.0564 – Relator Desembargador Piva Rodrigues – 9ª Câmara de Direito Privado do Tribunal de Justiça do Estado de São Paulo – 17.3.2015 – v.u.; dentre outros.

6.3.1. Aplicação do Prazo de 30 dias para o Exercício do Direito de Manutenção

Os artigos 30 e 31 da Lei nº 9.656/98 estabelecem que o ex-empregado demitido sem justa causa e o ex-empregado aposentado, se preenchidos os requisitos legais, têm direito de permanecer como beneficiários do plano de saúde coletivo empresarial do qual desfrutavam na vigência do contrato de trabalho, desde que assumam o pagamento integral. A referida lei, contudo, não estabelece nenhum prazo para o exercício desse direito pelo ex-empregado.

> Art. 30. Ao consumidor que contribuir para produtos de que tratam o inciso I e o § 1º do art. 1o desta Lei, em decorrência de vínculo empregatício, no caso de rescisão ou exoneração do contrato de trabalho sem justa causa, é assegurado o direito de manter sua condição de beneficiário, nas mesmas condições de cobertura assistencial de que gozava quando da vigência do contrato de trabalho, desde que assuma o seu pagamento integral.
>
> §1º O período de manutenção da condição de beneficiário a que se refere o caput será de um terço do tempo de permanência nos produtos de que tratam o inciso I e o § 1º do art. 1º, ou sucessores, com um mínimo assegurado de seis meses e um máximo de vinte e quatro meses.
>
> § 2º A manutenção de que trata este artigo é extensiva, obrigatoriamente, a todo o grupo familiar inscrito quando da vigência do contrato de trabalho.
>
> § 3º Em caso de morte do titular, o direito de permanência é assegurado aos dependentes cobertos pelo plano ou seguro privado coletivo de assistência à saúde, nos termos do disposto neste artigo.
>
> § 4º O direito assegurado neste artigo não exclui vantagens obtidas pelos empregados decorrentes de negociações coletivas de trabalho.
>
> § 5º A condição prevista no caput deste artigo deixará de existir quando da admissão do consumidor titular em novo emprego.
>
> § 6º Nos planos coletivos custeados integralmente pela empresa, não é considerada contribuição a co-participação do consumidor, única e exclusivamente, em procedimentos, como fator de moderação, na utilização dos serviços de assistência médica ou hospitalar.
>
> ----
>
> Art. 31. Ao aposentado que contribuir para produtos de que tratam o inciso I e o §1º do art. 1º desta Lei, em decorrência de vínculo empregatí-

cio, pelo prazo mínimo de dez anos, é assegurado o direito de manutenção como beneficiário, nas mesmas condições de cobertura assistencial de que gozava quando da vigência do contrato de trabalho, desde que assuma o seu pagamento integral.

§ 1º Ao aposentado que contribuir para planos coletivos de assistência à saúde por período inferior ao estabelecido no caput é assegurado o direito de manutenção como beneficiário, à razão de um ano para cada ano de contribuição, desde que assuma o pagamento integral do mesmo.

§ 2º Para gozo do direito assegurado neste artigo, observar-se-ão as mesmas condições estabelecidas nos §§ 2º, 3º, 4º, 5º e 6º do art. 30.

§ 3º Para gozo do direito assegurado neste artigo, observar-se-ão as mesmas condições estabelecidas nos §§ 2º e 4º do art. 30.

Ao regulamentar os artigos 30 e 31 da Lei nº 9.656/98, a regulamentação do CONSU, por sua vez, editou as Resoluções CONSU nºs 20/99 e 21/99, nas quais estabeleceu que o ex-empregado deveria manifestar interesse no exercício desse direito no prazo máximo de 30 (trinta) dias após o seu desligamento da empresa, em resposta à comunicação da ex-empregadora no momento da rescisão contratual.

Art. 2º Para manutenção do exonerado ou demitido como beneficiário de plano ou seguro de assistência à saúde, as empresas empregadoras devem oferecer plano próprio ou contratado e as empresas operadoras ou administradoras de planos ou seguros de assistência à saúde devem oferecer à empresa empregadora, que o solicitar, plano de assistência à saúde para ativos e exonerados ou demitidos.

(...)

§ 6º - O exonerado ou demitido de que trata o Art. 1º, deve optar pela manutenção do benefício aludido no caput, no **prazo máximo de trinta dias** após seu desligamento, em resposta à comunicação da empresa empregadora, formalizada no ato da rescisão contratual. (Resolução CONSU nº 20/99 – destaque acrescido ao texto original)

Art. 2º Para manutenção do aposentado como beneficiário de plano ou seguro de assistência à saúde, as empresas empregadoras devem oferecer plano próprio ou contratado e as empresas operadoras ou administradoras de planos ou seguros de assistência à saúde devem oferecer à empresa empregadora, que o solicitar, plano de assistência à saúde para ativos e aposentados.

(...)

§ 6º – O aposentado de que trata o artigo 1º, deve optar pela manutenção do benefício aludido no caput, no **prazo máximo de trinta dias** após seu desligamento, em resposta à comunicação da empresa empregadora, formalizada no ato da rescisão contratual. (Resolução CONSU nº 21/99 – destaque acrescido ao texto original)

A RN nº 279/2011, ao seu turno, que passou a regulamentar os artigos 30 e 31 da Lei nº 9.656/98, depois da revogação das Resoluções CONSU nºs 20/99 e 21/99, manteve, em seu artigo 10, o prazo de 30 (trinta) dias para a manifestação pelo ex-empregado de interesse no exercício desse direito[405].

Art. 10. O ex-empregado demitido ou exonerado sem justa causa ou aposentado poderá optar pela manutenção da condição de beneficiário no **prazo máximo de 30 (trinta) dias**, em resposta ao comunicado do empregador, formalizado no ato da comunicação do aviso prévio, a ser cumprido ou indenizado, ou da comunicação da aposentadoria. (Redação dada pela RN Nº 297, de 23 de Maio de 2012.) (RN nº 279/2011 – destaque acrescido ao texto original)

Esse prazo é relativamente questionado pela jurisprudência do TJSP[406], sob o argumento de que a Lei nº 9.656/98 não restringe o

---

[405] Saliente-se que, na legislação americana (COBRA), o prazo estipulado para a manifestação do ex-empregado era de 60 (sessenta) dias do desligamento da empresa.
[406] Nesse sentido: Apelação nº 1042811-95.2013.8.26.0100 – Relator Desembargador Francisco Loureiro – 6ª Câmara de Direito Privado do Tribunal de Justiça do Estado de São Paulo – 23.4.2014 – v.u.; Apelação nº 9000002-66.2009.8.26.0011 – Relator Desembargador Francisco Loureiro – 6ª Câmara de Direito Privado do Tribunal de Justiça do Estado de São Paulo – 16.2.2012 – v.u.; Apelação nº 0001069-42.2013.8.26.0445 – Relator Desembargador Galdino Toledo Junior – 9ª Câmara de Direito Privado do Tribunal de Justiça do Estado de São Paulo – 15.12.2015 – v.u.; Apelação nº 0005525-14.2012.8.26.0625 – Relator Desembargador Alexandre Marcondes – 3ª Câmara de Direito Privado do Tribunal de Justiça do Estado de São Paulo – 12.5.2015 – v.u.; Apelação nº 0017848-45.2009.8.26.0564 – Relator Desembargador Piva Rodrigues – 9ª Câmara de Direito Privado do Tribunal de Justiça do Estado de São Paulo – 17.3.2015 – v.u.; dentre outros.

prazo para o exercício do direito de manutenção no plano de saúde pós--emprego. Assim, a regulamentação da ANS – ou antes, do CONSU – não poderia restringir o direito previsto nos artigos 30 e 31 da Lei nº 9.656/98, pois eles nada estabelecem quanto ao requisito temporal para manifestação de interesse referente ao direito.

Tais precedentes ponderam que o ex-empregado não poderia exercer esse direito *ad eternum*, mas indicam que o prazo de 30 (trinta) dias estabelecido pela regulamentação da ANS é muito exíguo, devendo ser, ao menos, flexibilizado, por exemplo, para 12 (doze) meses contados da data do desligamento, sob pena de permitir a legítima pressuposição de que houve a renúncia a ele.

Ademais, os precedentes do TJSP[407] ponderam que, em se tratando de prazo decadencial – prazo máximo de 30 (trinta) dias para que o ex--empregado informe se tem ou não interesse no exercício do direito –, ele não poderia ter sido instituído por meio de ato infralegal, uma vez que os artigos 30 e 31 da Lei nº 9.656/98 não fazem ressalva quanto à existência de um prazo para o seu exercício.

A doutrina de António Manuel da ROCHA e MENEZES CORDEIRO[408] apresenta a teoria da *suppressio*, pela qual um direito deixa de

---

[407] Nesse sentido: Apelação nº 0001069-42.2013.8.26.0445 – Relator Desembargador Galdino Toledo Junior – 9ª Câmara de Direito Privado do Tribunal de Justiça do Estado de São Paulo – 15.12.2015 – v.u.; Apelação nº 1004655-67.2014.8.26.0564 – Relator Desembargador Alexandre Marcondes – 3ª Câmara de Direito Privado do Tribunal de Justiça do Estado de São Paulo – 23.10.2015 – v.u.; Apelação nº 4005913-17.2013.8.26.0590 – Relator Desembargador Francisco Loureiro – 6ª Câmara de Direito Privado do Tribunal de Justiça do Estado de São Paulo – 15.5.2015 – v.u., dentre outros.

[408] "Diz-se *suppressio* a situação do direito que, não tendo sido, em certas circunstâncias, exercido durante um determinado lapso de tempo, não possa mais sê-lo por, de outra forma, se contrariar a boa-fé". ROCHA, António Manuel; CORDEIRO, Menezes. *Da boa-fé no direito civil*. Coimbra: Ed. Almedina, 2011, p. 797. Ainda, vale transcrever a lição de NELSON ROSENVALD sobre o tema: "A *supressio* é a situação do direito que deixou de ser exercitado em determinada circunstância e não mais possa sê-lo, por, de outra forma, contrariar a boa-fé. Seria um retardamento desleal ao exercício do direito que, caso exercitado, geraria uma situação de desequilíbrio inadmissível entre as partes, pois a abstenção na realização do negócio cria na contraparte a representação de que esse direito não mais será atuado. Em suma, a chave da *supressio* está na tutela da confiança da contraparte e a situação de aparência que o iludiu, perante o não exercício do direito". ROSENVALD, Nelson. *Dignidade humana e boa-fé no Código Civil*. São Paulo: Saraiva, 2005, p. 139-140.

poder ser exercido caso o indivíduo não o exerça durante determinado lapso temporal. Isso porque gera-se na outra parte a expectativa de que o direito de manutenção no plano não será mais exercido. Permitir que a parte, mesmo após um longo lapso temporal, ainda opte por desfrutar do benefício viola a boa-fé.

A *suppressio* mostrou-se uma criação jurisprudencial e não há uma definição do lapso temporal necessário para a sua caracterização, motivo pelo qual a aplicação dessa teoria deve ser analisada caso a caso pelo juiz, verificando o efeito e o impacto do decurso do tempo no equilíbrio contratual[409].

Como ponderado pelos precedentes jurisprudenciais do TJSP, a regulamentação da ANS não tem competência para alterar a Lei nº 9.656/98, ampliando ou restringindo direitos nela previstos. Contudo, nas hipóteses em que a lei estabelece apenas a máxima do direito, a regulamentação da ANS, na qualidade de fonte delegada de direito, tem competência para estabelecer a forma de cumprimento do direito previsto pelo legislador. Afinal, não é razoável imaginar que o direito possa ser exercido muito tempo após o desligamento do empregado ante à insegurança jurídica da estipulante e da operadora, uma vez que a inclusão ou exclusão de um beneficiário pode impactar todo o grupo segurado.

A dificuldade encontrada na questão ora debatida é verificar até que ponto, de fato, a ANS extrapolou os limites de sua competência ou se a fixação de um prazo para o exercício do direito de manutenção no plano representa apenas uma diretriz de cumprimento do direito ali previsto para o qual a agência tem competência. Esta dissertação entende que a criação da obrigação do ex-empregado de manifestar o seu interesse à ex-empregadora ou à operadora de plano de saúde não representa uma alteração legislativa, mas tão-somente uma diretriz de como o direito previsto nos artigos 30 e 31 da Lei nº 9.656/98 deverá ser operacionalizado. Podemos utilizar esse raciocínio para a obrigação criada pela RN nº 279/2011[410] de que a empregadora deverá comunicar o seu

---

[409] ROCHA, António Manuel; CORDEIRO, Menezes. *Da boa-fé no direito civil*. Coimbra: Ed. Almedina, 2011, p. 798-802.

[410] "Art. 10. O ex-empregado demitido ou exonerado sem justa causa ou aposentado poderá optar pela manutenção da condição de beneficiário no prazo máximo de 30 (trinta) dias,

empregado, no momento do desligamento da empresa, acerca do seu direito de manutenção no plano de saúde. Logo, a ANS estabeleceu uma diretriz tanto para a empresa quanto para o ex-empregado referente à comunicação da existência do direito e o exercício desse direito, respectivamente.

6.3.2. (In)Dispensabilidade do Requisito Legal da Contribuição

Conforme previsto nos artigos 30 e 31 da Lei nº 9.656/98, a contribuição é um dos requisitos de elegibilidade para que o ex-empregado demitido sem justa causa ou aposentado possa desfrutar do benefício do plano de saúde após o término do seu contrato de trabalho. Tanto é que o cálculo do período de manutenção é, na hipótese de ex-empregado aposentado, auferido em razão do período de contribuição quando esta tiver ocorrido por período inferior a 10 (dez) anos.

> Art. 30. Ao consumidor **que contribuir** para produtos de que tratam o inciso I e o § 1º do art. 1º desta Lei, em decorrência de vínculo empregatício, no caso de rescisão ou exoneração do contrato de trabalho sem justa causa, é assegurado o direito de manter sua condição de beneficiário, nas mesmas condições de cobertura assistencial de que gozava quando da vigência do contrato de trabalho, desde que assuma o seu pagamento integral. (destaque acrescido ao texto original)
>
> ------
>
> Art. 31. Ao aposentado **que contribuir** para produtos de que tratam o inciso I e o § 1º do art. 1º desta Lei, em decorrência de vínculo empregatício, pelo prazo mínimo de dez anos, é assegurado o direito de manutenção como beneficiário, nas mesmas condições de cobertura assistencial de que gozava quando da vigência do contrato de trabalho, desde que assuma o seu pagamento integral.
>
> § 1º Ao aposentado que contribuir para planos coletivos de assistência à saúde por período inferior ao estabelecido no caput é assegurado o direito de manutenção como beneficiário, à razão de um ano para cada ano de contribuição, desde que assuma o pagamento integral do mesmo. (destaque acrescido ao texto original)

em resposta ao comunicado do empregador, formalizado no ato da comunicação do aviso prévio, a ser cumprido ou indenizado, ou da comunicação da aposentadoria." (Redação dada pela RN Nº 297, de 23 de Maio de 2012.) (RN nº 279/2011).

Diante da identificação dessa controvérsia perante o Poder Judiciário, a ANS, ao editar a RN nº 279/2011, previu a definição de contribuição como qualquer valor fixo pago pelo empregado para custear parte ou integralmente a contraprestação do plano de saúde, atribuindo um caráter monetário ao conceito de contribuição. Confira-se:

> Art. 2º Para os efeitos desta Resolução, considera-se:
> I – **contribuição: qualquer valor pago pelo empregado**, inclusive com desconto em folha de pagamento, para custear parte ou a integralidade da contraprestação pecuniária de seu plano privado de assistência à saúde oferecido pelo empregador em decorrência de vínculo empregatício, à exceção dos valores relacionados aos dependentes e agregados e à co-participação ou franquia paga única e exclusivamente em procedimentos, como fator de moderação, na utilização dos serviços de assistência médica ou odontológica; (RN nº 279/2011 – destaque acrescido ao texto original)

> Art. 6º Para fins dos direitos previstos nos artigos 30 e 31 da Lei nº 9.656, de 1998, e observado o disposto no inciso I do artigo 2º desta Resolução, também considera-se **contribuição o pagamento de valor fixo, conforme periodicidade contratada**, assumido pelo empregado que foi incluído em outro plano privado de assistência à saúde oferecido pelo empregador em substituição ao originalmente disponibilizado sem a sua participação financeira. (RN nº 279/2011 – destaque acrescido ao texto original)

Embora os artigos 30 e 31 da Lei nº 9.656/98 determinem apenas que o ex-empregado demitido sem justa causa ou o aposentado deveriam ter contribuído para o plano de saúde, é certo que não há previsão acerca da forma como a contribuição deveria ocorrer. Justamente em razão dessa máxima, a RN nº 279/2011 definiu o requisito legal da contribuição, estabelecendo diretrizes sobre como ela deveria ocorrer, ou seja, por meio do pagamento de qualquer valor para o custeio, parcial ou integral, da contraprestação do plano de saúde. A RN nº 279/2011 apenas regulamentou a prática comercial que, na verdade, já existia em grande parte dos contratos de plano de saúde, uma vez que a contribuição normalmente era realizada mediante o pagamento pelo empregado de um valor simbólico para o custeio do plano de saúde.

Não obstante a ANS tenha esclarecido o conceito do requisito legal da contribuição, há precedentes do TJSP dispensando a exigência do requisito legal da contribuição, sob o fundamento de que seria irrelevante se o empregado contribuiu ou não diretamente para o custeio do plano de saúde, uma vez que o empregado teria contribuído de forma indireta, com a sua força laboral. Ademais, o benefício do plano de saúde teria a natureza de salário indireto, sendo irrelevante, portanto, se o ex-empregado contribuiu ou não para o custeio do plano de saúde[411].

A despeito da existência dessa corrente jurisprudencial, o artigo 458, §2º, inciso IV da Consolidação das Leis do Trabalho ("**CLT**") estabelece expressamente que a assistência médica, hospitalar e odontológica não é considerada como salário. Confira-se:

> Art. 458 – Além do pagamento em dinheiro, compreende-se no salário, para todos os efeitos legais, a alimentação, habitação, vestuário ou outras prestações "in natura" que a empresa, por força do contrato ou do costume, fornecer habitualmente ao empregado. Em caso algum será permitido o pagamento com bebidas alcoólicas ou drogas nocivas. (Redação dada pelo Decreto-lei nº 229, de 28.2.1967)
>
> (...)
>
> § 2º Para os efeitos previstos neste artigo, **não serão consideradas como salário** as seguintes utilidades concedidas pelo empregador: (Redação dada pela Lei nº 10.243, de 19.6.2001)
>
> (...)
>
> IV – **assistência médica, hospitalar e odontológica**, prestada diretamente ou mediante seguro-saúde; (Incluído pela Lei nº 10.243, de 19.6.2001) (destaque acrescido ao texto original)

Portanto, verificamos que esses precedentes violam o previsto na CLT ao atribuir a natureza de salário ao benefício do plano de saúde. O efeito dessa corrente jurisprudencial é a insegurança jurídica por

---

[411] Nesse sentido: Apelação nº 0007489-97.2012.8.26.0348 – Relator Desembargador Teixeira Leite – 4ª Câmara de Direito Privado do TJSP – 26.11.2015 – v.u.; Apelação nº 1018583-22.2014.8.26.0100 – Relator Desembargador James Siano – 5ª Câmara de Direito Privado do TJSP – 18.12.2015 – v.u.; Apelação nº 1016706-36.2013.8.26.0309 – Relator Desembargador Alcides Leopoldo e Silva Júnior – 1ª Câmara de Direito Privado do TJSP – 15.12.2015 – v.u.; dentre outros.

parte das empresas, pois, ainda que elas não tenham implementado a contribuição como característica do plano de saúde por elas contratado com a operadora de plano de saúde e, a princípio, os seus empregados não sejam elegíveis a esse direito ao se desligarem, é possível que, por esses precedentes, as empresas possam ser compelidas a viabilizar a manutenção do benefício pós-emprego.

Outro aspecto a ser levado em consideração no que se refere ao efeito dessas decisões judiciais é o fato de que, com base nessa corrente jurisprudencial, apenas aquele indivíduo que exerce a tutela processual em busca desse direito incerto (ou seja, a manutenção do plano de saúde pós-emprego, ainda que não tenha contribuído para o custeio do plano de saúde enquanto vigente o contrato de trabalho) é que, se obtiver um provimento jurisdicional que o assegure, vai desfrutar do direito de extensão do plano de saúde, enquanto, outros ex-empregados, que não exerceram a tutela processual, não têm ou não terão o mesmo benefício, o que gera uma enorme insegurança jurídica até mesmo para os próprios beneficiários.

Ademais, é importante relembrar que, da mesma forma que a empresa contrata o plano de saúde para os seus empregados, ela também deverá contratar plano de saúde para os seus ex-empregados, desde que as características do plano preencham os requisitos legais, que permitirão aos beneficiários exercer o direito de extensão do plano de saúde pós-emprego. Nessa hipótese, a empresa, juntamente com a operadora, deve definir se os empregados ativos (empregados) e inativos (ex-empregados) serão mantidos no mesmo contrato de plano de saúde ou se serão segregados em contratos diferentes, sendo um contrato destinado apenas para os ativos e outro contrato apenas para os inativos, conforme autoriza o artigo da 13 da RN nº 279/2011[412].

Logo, se uma empresa contrata um plano de saúde, cujas características não incluem a existência de contribuição do empregado para o

---

[412] "Art. 13. Para manutenção do ex-empregado demitido ou exonerado sem justa causa ou aposentado como beneficiário de plano privado de assistência à saúde, os empregadores poderão: I – manter o ex-empregado no mesmo plano privado de assistência à saúde em que se encontrava quando da demissão ou exoneração sem justa causa ou aposentadoria; ou II – contratar um plano privado de assistência à saúde exclusivo para seus ex-empregados demitidos ou exonerados sem justa causa ou aposentados, na forma do artigo 17, separado do plano dos empregados ativos." (RN nº 279/2011).

custeio do plano, naturalmente, essa empresa não terá contratado um plano de saúde que abranja a população de ex-empregados. A inclusão de ex-empregados dessa empresa no mesmo plano de saúde dos ativos, por decisão judicial, e sem qualquer previsão contratual nesse sentido, gera o desequilíbrio do contrato em razão do surgimento de elementos alheios às condições do negócio jurídico até então conhecidas pelas partes, afetando, inclusive, a formação do preço e a sinistralidade do contrato. Vale esclarecer que a possibilidade ou não dessa segregação de ativos e inativos – embora haja regulamentação a esse respeito – é frequentemente afastada pelo Poder Judiciário[413], sob o argumento de que a segregação dos planos de saúde configuraria ato discriminatório.

Por fim, da mesma forma que a Lei nº 9.656/98 não indica expressamente que a contribuição para o plano de saúde deve se dar através do pagamento de qualquer valor fixo para o custeio integral ou parcial do plano de saúde, a referida lei também não especifica a força laboral como meio para a realização da contribuição. Assim, por consequência, de acordo com os precedentes jurisprudenciais do TJSP, o Poder Judiciário, da mesma forma que a ANS, também estaria extrapolando a sua competência para legislar quanto à definição do conceito do requisito legal da contribuição.

Ainda, como nos ensina Carlos MAXIMILIANO[414], devemos lembrar que não se presumem, na lei, palavras inúteis. Logo, devemos buscar o

---

[413] Apelação nº 4008900-55.2013.8.26.0451 – Relator Desembargador Grava Brazil – 8ª Câmara de Direito Privado do TJ/SP – 18.12.2015 – v.u.; Apelação nº 0003379-52.2013.8.26.0564 – Relator Desembargador Hamid Bdine – 4ª Câmara de Direito Privado do TJ/SP – 10.12.2015 – v.u.; Agravo de Instrumento nº 2092440-59.2015.8.26.0000 – Relator Desembargador Silvério da Silva – 8ª Câmara de Direito Privado do TJ/SP – 8.7.2015 – v.u.; Agravo de Instrumento nº 2026765-52.2015.8.26.0000 – Relator Desembargador Francisco Loureiro – 6ª Câmara de Direito Privado do TJ/SP – 19.3.2015 – v.u.; Apelação nº 1000638-22.2014.8.26.0100 – Relator Desembargador Alexandre Marcondes – 3ª Câmara de Direito Privado do TJ/SP – 10.3.2015 – v.u.; Apelação nº 0007925-53.2013.8.26.0564 – Relator Desembargador Donegá Morandini – 3ª Câmara de Direito Privado do TJ/SP – 29.4.2014 – v.u.; Apelação nº 0216227-29.2010.8.26.0100 – Relator Desembargador Teixeira Leite – 4ª Câmara de Direito Privado do TJ/SP – 16.5.2013 – v.u.; Apelação nº 0139234-22.2008.8.26.0000 – Relator Desembargador Maia da Cunha – 4ª Câmara de Direito Privado do TJ/SP – 5.3.2009 – v.u., dentre outros.

[414] MAXIMILIANO, Carlos. *Hermenêutica e aplicação do direito*. Rio de Janeiro: Forense, 1997, p. 250.

significado real das expressões do direito, não havendo frase sem significação, supérflua ou inútil. Pela leitura e interpretação dos artigos 30 e 31 da Lei nº 9.656/98, poder-se-ia dizer que não seria possível a interpretação de que a contribuição para o plano de saúde estaria relacionada à força laboral, pois a força laboral é inerente ao próprio requisito de que o benefício deve decorrer de vínculo empregatício.

Portanto, até para não ser redundante, bem como para não empregar palavras inúteis, ao estabelecer como requisito de elegibilidade desse direito que **(i)** o beneficiário tenha contribuído para o plano de saúde; e **(ii)** o benefício decorra de vínculo empregatício, não seria razoável dizer que ambos – contribuição e vínculo empregatício – têm o mesmo significado para fins de aplicação da lei no que toca à elegibilidade do ex--empregado.

O entendimento desta dissertação é de que a contribuição é, portanto, requisito indispensável para configurar a elegibilidade do ex--empregado ao benefício da manutenção no plano de saúde após o desligamento da empresa.

6.3.3. A Composição do Pagamento Integral a ser assumido pelo Ex--Empregado

Os artigos 30 e 31 da Lei nº 9.656/98 asseguram a manutenção do ex--empregado no plano de saúde após o desligamento, nas mesmas condições de cobertura assistencial, estando o ex-empregado condicionado à assunção do pagamento integral. Confira-se:

> Art. 30. Ao consumidor que contribuir para produtos de que tratam o inciso I e o § 1º do art. 1º desta Lei, em decorrência de vínculo empregatício, no caso de rescisão ou exoneração do contrato de trabalho sem justa causa, é assegurado o direito de manter sua condição de beneficiário, **nas mesmas condições de cobertura assistencial** de que gozava quando da vigência do contrato de trabalho, **desde que assuma o seu pagamento integral**. (Destaque acrescido ao texto original)
>
> ---
>
> Art. 31. Ao aposentado que contribuir para produtos de que tratam o inciso I e o § 1º do art. 1º desta Lei, em decorrência de vínculo empregatício, pelo prazo mínimo de dez anos, é assegurado o direito de manutenção como beneficiário, **nas mesmas condições de cobertura assistencial** de

que gozava quando da vigência do contrato de trabalho, **desde que assuma o seu pagamento integral**.

A controvérsia a ser abordada aqui se refere à apuração do pagamento integral a ser assumido pelo ex-empregado. Para apurá-lo, o Poder Judiciário tem entendido que devem ser observados os valores pagos pela estipulante à operadora de plano de saúde à época do desligamento do ex-empregado, uma vez que são asseguradas as "mesmas condições de cobertura assistencial", o que também abrangeria o preço. Dessa forma, começaremos por avaliar, neste capítulo, o alcance e a repercussão do significado da expressão "mesmas condições de cobertura assistencial". Conforme o glossário de termos técnico da ANS[415], a expressão

> cobertura assistencial" se refere à "segmentação assistencial de plano de saúde que garante a prestação de serviços à saúde que compreende os procedimentos clínicos, cirúrgicos, obstétricos, odontológicos, atendimentos de urgência e emergência determinadas no Rol de Procedimentos e Eventos em Saúde e em contrato.

Isto é, refere-se a cobertura assistencial ambulatorial, cobertura assistencial hospitalar com obstetrícia, cobertura assistencial hospitalar sem obstetrícia, cobertura assistencial odontológica, cobertura assistencial de referência, dentre outras.

Ainda, diante da divergência jurisprudencial quanto ao conceito da expressão "mesmas condições de cobertura assistencial", a ANS, por meio da RN nº 279/2011 estabeleceu que a referida expressão inclui questões relacionadas à segmentação do plano, abrangência geográfica, padrão de acomodação e rede assistencial.

> Art. 2º Para os efeitos desta Resolução, considera-se:
> II – **mesmas condições de cobertura assistencial**: mesma segmentação e cobertura, rede assistencial, padrão de acomodação em internação, área geográfica de abrangência e fator moderador, se houver, do plano pri-

---

[415] Caderno de Informação da Saúde Suplementar: Beneficiários, Operadoras e Planos. Rio de Janeiro: ANS, 2013, p. 45. <http://bvsms.saude.gov.br/bvs/periodicos/caderno_informacao_suplementar_mar2013.pdf> (Acesso em 29.12.2015).

vado de assistência à saúde contratado para os empregados ativos (...) (RN nº 279/2011 – destaque acrescido ao texto original).

Todavia, conforme precedentes do TJSP[416], a expressão "mesmas condições de cobertura assistencial" incluiria não só a rede credenciada, os procedimentos, a abrangência geográfica e outros aspectos da cobertura assistencial propriamente dita, mas também o preço. Por esse entendimento, presume-se que o preço do plano de saúde ficaria "congelado" no tempo porque o ex-empregado deveria assumir o mesmo valor de mensalidade vigente na época do desligamento, ainda que ele tenha ajuizado ação 10 anos depois do seu desligamento, se considerarmos a corrente jurisprudencial, embora não unânime, de que o prazo prescricional seria decenal[417].

Vale relembrar que a redação original dos artigos 30 e 31 da Lei nº 9.656/98, publicado no Diário Oficial da União em 4 de junho de 1998, fazia menção apenas à expressão genérica "mesmas condições" e, após a edição da Medida Provisória nº 2.177-44[418], o texto legal foi alterado para que constasse "mesmas condições de cobertura assistencial", o que evidencia que a intenção do legislador era restringir a manutenção

---

[416] Nesse sentido: Apelação nº 0007079-39.2012.8.26.0445 – Relator Desembargador Ênio Zuliani – 4ª Câmara de Direito Privado do TJSP – 27.3.2014 – v.u.; Apelação nº 0022164-96.2013.8.26.0003– Relator Desembargador Erickson Gavazza Marques – 5ª Câmara de Direito Privado do TJSP – 16.12.2015 – v.u., Apelação nº 4008900-55.2013.8.26.0451 – Relator Desembargador Grava Brazil – 8ª Câmara de Direito Privado do TJSP – 18.12.2015 – v.u., dentre outros.

[417] Nesse sentido: Apelação nº 0025985-06.2011.8.26.0577 Relator Desembargador Theodureto Camargo – 9ª Câmara de Direito Privado do TJ/SP – 15.12.2015 – v.u.; Apelação nº 1004492-09.2015.8.26.0320 – Relatora Desembargadora Mary Grün – 7ª Câmara de Direito Privado do TJ/SP – 2.12.2015 – v.u.; Apelação nº 0014954-85.2012.8.26.0566 – Relator Desembargador Rômolo Russo – 7ª Câmara de Direito Privado do TJ/SP – 18.11.2015 – v.u.; Apelação nº 1095515-51.2014.8.26.0100 – Relator Desembargador J.B. Paula Lima – 10ª Câmara de Direito Privado do TJ/SP – 10.11.2015 – v.u.; Apelação nº 4006053-18.2013.8.26.0019 – Relator Desembargador José Carlos Ferreira Alves – 2ª Câmara de Direito Privado do TJ/SP – 10.11.2015 – v.u.; Apelação nº 1006685-08.2014.8.26.0554 – Relator Desembargador Alexandre Marcondes – 3ª Câmara de Direito Privado do TJ/SP – 27.10.2015 – v.u.; dentre outros.

[418] Disponível em <http://www.planalto.gov.br/ccivil_03/MPV/2177-44.htm#art1> (Acesso em 6.1.2016).

apenas da cobertura assistencial, sem englobar outras condições como, por exemplo, as de preço.

> Art. 30. Ao consumidor que contribuir para plano ou seguro privado coletivo de assistência à saúde, decorrente de vínculo empregatício, no caso de rescisão ou exoneração do contrato de trabalho sem justa causa, é assegurado o direito de manter sua condição de beneficiário, **nas mesmas condições** de que gozava quando da vigência do contrato de trabalho, desde que assuma também o pagamento da parcela anteriormente de responsabilidade patronal. (Texto original antes das 44 Medidas Provisórias).
>
> ---
>
> Art. 31. Ao aposentado que contribuir para plano ou seguro coletivo de assistência à saúde, decorrente de vínculo empregatício, pelo prazo mínimo de dez anos, é assegurado o direito de manutenção como beneficiário, **nas mesmas condições** de que gozava quando da vigência do contrato de trabalho, desde que assuma o pagamento integral do mesmo. (Texto original antes das 44 Medidas Provisórias).

Logo, a interpretação dada pelo Poder Judiciário à expressão "mesmas condições de cobertura assistencial" amplia sua definição para englobar as condições de preço. O fato é que a jurisprudência não se revela o meio adequado para a alteração legislativa, da mesma forma que a regulamentação da ANS também não pode ampliar ou restringir o texto legal.

Superada a discussão acerca do significado da expressão "mesmas condições de cobertura assistencial", temos que a lei assegura ao ex--empregado demitido sem justa causa ou aposentado a manutenção no plano de saúde após o seu desligamento, mantida a mesma abrangência geográfica, rede credenciada, procedimentos e serviços cobertos pelo plano de saúde, dentre outros benefícios. Todavia, é necessário apurar o "pagamento integral" a ser assumido pelo ex-empregado.

Essa questão é colocada com frequência ao Poder Judiciário. Ao ser editada a Lei nº 9.656/98, o legislador não considerou o fato de que a maior parte dos planos de saúde coletivos empresariais existentes no mercado adotavam a modalidade de custeio pós-pagamento até a sua edição.

Nesse tipo de contrato, os empregados utilizavam os serviços médico-hospitalares e, ao final do mês, a operadora de plano de saúde encaminhava à empresa, estipulante do contrato, a fatura com o valor global das despesas. Ou seja, os valores pagos pela empresa eram mensalmente variáveis, conforme a utilização dos serviços médico-hospitalares pelos empregados e/ou seus dependentes. Nessa situação, conforme já explicado, tratava-se de um plano administrado, em que o risco era totalmente assumido pela empresa, e não pela operadora de plano de saúde. A dificuldade apresentada ao Poder Judiciário corresponde, portanto, à impossibilidade de apuração do pagamento integral a ser assumido pelo ex-empregado quando o plano de saúde adotava a modalidade pós-pagamento.

Se aplicássemos o conceito de pagamento integral previsto na Lei nº 9.656/98, correspondente à parcela do empregado e da ex-empregadora, no contexto do plano de saúde que adota a modalidade de custeio pós-pagamento com opção de custo operacional, o ex-empregado passaria a pagar o valor correspondente a toda e qualquer despesa médico-hospitalar por ele incorrida e/ou por seus dependentes, conforme a tabela de honorários médicos definida com a operadora de plano de saúde.

A título exemplificativo, se em determinado mês, o ex-empregado e seus dependentes gastassem R$ 30.000,00 (trinta mil reais), este pagaria R$ 30.000,00 (trinta mil reais), mas se, por outro lado, a despesa médico-hospitalar fosse de R$ 500,00 (quinhentos reais), o ex-empregado pagaria R$ 500,00 (quinhentos reais). Logo, seria o mesmo que não ter plano de saúde, pois o risco da atividade e a sua imprevisibilidade, que eram assumidos pela ex-empregadora, teriam sido repassados ao ex-empregado, que não tem condições financeiras de assumir esse tipo de risco, o qual não é da natureza do plano de saúde.

A questão que se coloca ao Poder Judiciário é saber de que forma seria possível viabilizar o exercício do direito de manutenção no plano de saúde pós-emprego aos ex-empregados que desfrutavam de plano de saúde na modalidade pós-pagamento, não onerando demasiadamente nem a estipulante, nem a operadora, nem o beneficiário, em respeito ao princípio do equilíbrio contratual e da função social do contrato.

Diante desse impasse, e buscando solucionar os litígios que envolvem esse direito, analisaremos dois momentos distintos dessa questão. O primeiro é anterior à edição da RN nº 279/2011, o segundo, é posterior à edição dessa resolução.

Até a edição da RN nº 279/2011, o TJSP[419], diante da controvérsia da viabilização do direito de manutenção no plano de saúde quando não era possível apurar o pagamento integral, estabeleceu diversos critérios para a sua fixação, dentre os quais, **(i)** a apuração do valor médio do período de 12 (doze) ou 6 (seis) meses, multiplicado ou não pelo número de vidas (ex-empregado, na condição de titular do plano, e seus dependentes); **(ii)** a fixação apenas do valor da contribuição do ex-empregado para o plano de saúde; ou, ainda, **(iii)** a fixação de um valor aleatório, baseado, em alguns casos, em processos judiciais semelhantes.

Independentemente do critério adotado pelo Poder Judiciário, qualquer valor inferior ao integral gerará o subsídio financeiro da ex-empregadora ou da operadora de plano de saúde ao ex-empregado, o que, a princípio, viola a Lei nº 9.656/98, pois a manutenção no plano é condicionada à assunção do pagamento integral pelo ex-empregado, salvo se, conforme a RN nº 279/2011, o subsídio financeiro for uma decisão da estipulante.

Houve um movimento generalizado e contínuo do mercado nesse contexto legislativo e jurisprudencial, que ocasionou a reestruturação do modelo assistencial do plano de saúde escolhido por diversas empresas[420]. A principal alteração que foi observada no mercado de saúde, dentre outras, se refere à modalidade de custeio do plano de assistência à saúde. Algumas empresas migraram do modelo pós-pagamento para o pré-pagamento, pelo qual a seguradora de saúde passaria a apurar o prê-

---

[419] Nesse sentido: Apelação nº 1016968-31.2013.8.26.0100 – Relator Desembargador Alexandre Marcondes – 3ª Câmara de Direito Privado do TJSP – 24.6.2015 – v.u.; Apelação nº 1004728-31.2014.8.26.0405 – Relator Desembargador Galdino Toledo Júnior – 9ª Câmara de Direito Privado do TJ/SP – 15.12.2015 – v.u.; Apelação nº 1125965-74.2014.8.26.0100 – Relatora Desembargadora Christine Santini – 1ª Câmara de Direito Privado do TJ/SP – 10.11.2015 – v.u.; Agravo de Instrumento nº 2045903-05.2015.8.26.0000 – Relator Desembargador Miguel Brandi – 7ª Câmara de Direito Privado do TJ/SP – 30.10.2015 – v.u.; Apelação nº 1016478-38.2014.8.26.0564 – Relator Desembargador Carlos Alberto de Salles – 3ª Câmara de Direito Privado do TJ/SP – 29.9.2015 – v.u., Apelação nº 4000339-88.2013.8.26.0565 – Relator Desembargador Piva Rodrigues – 9ª Câmara de Direito Privado do TJSP – 31.3.2015 – v.u., dentre outros.

[420] O ato de reestruturar o modelo assistencial do plano de saúde é comumente chamado de redesenho do plano de saúde, cujo termo, que não é técnico, corresponde tão-somente à alteração das características do plano.

mio por meio de cálculo atuarial, efetuado a partir da implementação de tabela de prêmio por faixa etária.

Nesse novo modelo, a seguradora emite uma fatura para a empresa com o valor de prêmio correspondente a todos os empregados da empresa e seus respectivos dependentes. Qualquer despesa médico-hospitalar adicional incorrida por esses beneficiários será de responsabilidade financeira da própria seguradora de saúde, tendo em vista que o risco da atividade agora assumido por ela.

Dessa forma, considerando um plano contributário, o empregado permanecia pagando o valor simbólico mensal da contribuição. A empresa, por sua vez, passaria a pagar o valor de prêmio correspondente a cada empregado e seu grupo familiar, descontado apenas o valor da contribuição. Ou seja, o custo mensal total assumido pelas empresas aumentou à medida que as despesas médico-hospitalares pagas pela empresa por meio do prêmio passaram a ser uma despesa fixa, variando apenas conforme o número de demissões ou admissões. Isso não ocorria na modalidade de pós-pagamento, pois a parcela da empresa variava conforme a utilização dos serviços médico-hospitalares pelos beneficiários.

Ademais, vale mencionar que o prêmio calculado por beneficiário com base em cálculo atuarial tende a ter um valor significativamente mais elevado do que a contribuição que era suportada pelo ex-empregado enquanto na ativa, uma vez que leva em consideração, dentre outros fatores, o risco, o grupo segurado, a margem de lucro da operadora e a rede credenciada.

Por esse novo modelo assistencial, em que há indicação de um prêmio por beneficiário, é possível apurar a parcela da empresa e a parcela do empregado, as quais, se somadas, compõem o pagamento integral a ser assumido pelo ex-empregado para fins de aplicação dos artigos 30 e 31 da Lei nº 9.656/98.

Ocorre que, embora a reestruturação do modelo assistencial adotado pela empresa seja uma possível solução, ao menos do ponto de vista operacional e jurídico, para a viabilização do direito de manutenção no plano de saúde pós-emprego, passou-se a discutir no Judiciário a retroatividade ou não dessa alteração em relação aos empregados que se desligaram da empresa, ainda no modelo de pós-pagamento.

Os Tribunais Estaduais manifestaram os mais diversos posicionamentos acerca da possibilidade ou não de aplicar o novo modelo de pré-

-pagamento, no qual é possível apurar o prêmio que corresponde a cada beneficiário, sem o subsídio da ex-empregadora ou da operadora de plano de saúde.

Assim, diante de um cenário de incertezas e insegurança jurídica, bem como da desigualdade de tratamento a diversos ex-empregados na mesma situação jurídica, o STJ manifestou entendimento[421] no sentido de que **(i)** a expressão "mesmas condições de cobertura assistencial" não engloba o preço; **(ii)** o plano de saúde dos ex-empregados deverá ser sempre equiparado ao plano de saúde dos empregados ativos; e **(iii)** a alteração do modelo assistencial consistente na migração do pós-pagamento para o pré-pagamento é aplicável a todos, independentemente da data do desligamento ou aposentadoria do ex-empregado.

Saliente-se que esse posicionamento, embora ainda esteja em construção perante o STJ, é de grande relevância para o mercado de saúde suplementar como direcionamento para solucionar essas demandas, mantendo a sustentabilidade do plano de saúde e o equilíbrio do contrato de plano de saúde coletivo empresarial, bem como conciliando os interesses da estipulante, da operadora e do beneficiário.

A solução consistente na migração do modelo de pré-pagamento para pós-pagamento, contudo, traz grande impacto no mercado, uma vez que o subsídio da empregadora aos empregados ativos passa a representar uma despesa fixa e previsível, fazendo com que o benefício do plano de saúde seja cada vez mais oneroso para as empresas. É evidente que a escolha do modelo de custeio variará conforme as condições e realidade de cada empresa. É possível que o plano de saúde na modalidade pré-pagamento, por exemplo, não seja o modelo mais adequado para todas as empresas em razão da alta despesa fixa que esse benefício representará, podendo tornar insustentável o benefício.

Logo, é de suma relevância encontrar uma solução para viabilizar a adoção do modelo de pós-pagamento, compatibilizando-o ao direito previsto nos artigos 30 e 31 da Lei nº 9.656/98, como forma de assegurar a sustentabilidade desse benefício, não apenas aos ex-empregados, mas também aos atuais empregados. Isso porque, conforme já verificado, as

---

[421] Nesse sentido: Recurso Especial nº 531.3701-SP – Relator Ministro Raul Araújo – 4ª Turma do STJ – 7.8.2012 – v.u.; e Recurso Especial nº 1.479.420-SP – Relator Ministro Ricardo Villas Bôas Cueva – 3ª Turma do STJ – 1.9.2015 – v.u.

empresas não são obrigadas legalmente a oferecer o plano de saúde aos seus empregados, não podendo comprometer os seus recursos financeiros de forma superior à sua capacidade. Da mesma forma, esse direito deve ser protegido como forma de garantir o acesso dos cidadãos aos planos de saúde privados.

Nesse contexto, vale lembrar que a RN nº 279/2011 dispõe que o direito previsto nos artigos 30 e 31 da Lei nº 9.656/98 não se aplica na hipótese de plano de saúde que adote a modalidade de custeio pós-pagamento com opção custo operacional, sob o fundamento de que, nesse modelo, não existe a contribuição do empregado para o plano de saúde[422].

O fato é que os artigos 30 e 31 da Lei nº 9.656/98 não estabelecem se o plano de saúde ao qual o ex-empregado desfrutava enquanto vigente o contrato de trabalho deveria adotar a modalidade pré-pagamento ou pós-pagamento, não havendo qualquer vedação legal para a adoção do modelo pós-pagamento, visto que cada empresa tem uma realidade diferente. Além disso, também não há qualquer vedação legal para a implementação de contribuição em planos de saúde que adotem essa modalidade de custeio, sendo uma decisão da empresa, estipulante do contrato, se o subsídio do plano de saúde dos ativos será integral ou parcial.

Ademais, se adotássemos o posicionamento manifestado em alguns precedentes do Poder Judiciário, essa normativa careceria de aplicabilidade, uma vez que, segundo o TJSP, se a contribuição não é um requisito legal, não há vinculação entre a existência de contribuição

---

[422] Art. 6º Para fins dos direitos previstos nos artigos 30 e 31 da Lei nº 9.656, de 1998, e observado o disposto no inciso I do artigo 2º desta Resolução, também considera-se contribuição o pagamento de valor fixo, conforme periodicidade contratada, assumido pelo empregado que foi incluído em outro plano privado de assistência à saúde oferecido pelo empregador em substituição ao originalmente disponibilizado sem a sua participação financeira.

§1º Os direitos previstos nos artigos 30 e 31 da Lei nº 9.656, de 1998, não se aplicam na hipótese de planos privados de assistência à saúde com característica de preço pós-estabelecido na modalidade de custo operacional, uma vez que a participação do empregado se dá apenas no pagamento de co-participação ou franquia em procedimentos, como fator de moderação, na utilização dos serviços de assistência médica ou odontológica. (RN nº 279/2011).

e a modalidade de custeio adotada pela empresa. Embora a presente dissertação não compartilhe desse entendimento jurisprudencial, ele só reforça a dúvida quanto à aplicabilidade do §1º do artigo 6º da RN nº 279/2011.

Assim, partindo da premissa de que é possível a implementação de contribuição no plano de saúde pós-pagamento e que essa modalidade de plano de saúde pode ser mais adequada para algumas empresas por possibilitar-lhes oferecer plano de saúde aos seus empregados, é tarefa do Poder Judiciário, por meio da hermenêutica, sanar as lacunas existentes hoje na Lei nº 9.656/98 e na regulamentação da ANS, a fim de viabilizar a aplicação do direito de extensão do plano de saúde aos beneficiários de plano que adotavam a modalidade pós-pagamento.

No novo cenário regulatório, o critério do valor médio, que era proveniente das Resoluções CONSU nºs 20/99 e 21/99, foi revogado pela RN nº 279/2011, como bem pondera Luiz Celso DIAS LOPES[423]:

> para corrigir essa grave falha regulatória, que perdurou por 13 anos, a ANS fez constar da nova regulamentação regra mais inteligente e apropriada, com vistas ao equilíbrio dos contratos e a equidade das relações, no qual o conceito de integralidade tem por número a questão do custo por faixa etária.

Pela RN nº 279/2011, foi determinado, nos §§1º e 2º do artigo 16, que, na hipótese de o ex-empregado ser mantido no mesmo plano de saúde dos empregados ativos, deverá ser cobrado o valor integral estabelecido na tabela de custo por faixa etária[424], conforme previsto no artigo 15 da RN nº 279/2011, sendo permitido à ex-empregadora subsidiar o plano do ex-empregado.

---

[423] LOPES, Luiz Celso Dias. A garantia de manutenção em planos coletivos empresariais para demitidos e aposentados – artigos 30 e 31 da Lei 9.656/98. In: CARNEIRO, Luiz Augusto Ferreira (Org.). *Planos de saúde*. Aspectos jurídicos e econômicos. Rio de Janeiro: Forense, 2012, p. 308.

[424] LOPES, Luiz Celso Dias. A garantia de manutenção em planos coletivos empresariais para demitidos e aposentados – artigos 30 e 31 da Lei 9.656/98. In: CARNEIRO, Luiz Augusto Ferreira (Org.). *Planos de saúde*. Aspectos jurídicos e econômicos. Rio de Janeiro: Forense, 2012, p. 308.

A RN nº 279/2011 estabeleceu regras para a viabilização do direito de extensão do plano, sendo obrigatória a cobrança por faixa etária dos inativos, com subsídio ou não da empresa, conforme esta decidir. Também é obrigatório que a empresa apresente aos seus empregados, desde o momento da inclusão no plano de saúde, a tabela de faixa etária que mostre o custo por faixa etária do empregado a fim de que ele tenha prévio conhecimento dos valores. Essa foi, inclusive, uma das medidas adotadas por empresas, as quais implementaram a tabela de prêmios por faixa etária aos ex-empregados, gerando também questionamentos perante o Judiciário.

Contudo, ainda não há, ao que se sabe, precedentes na Justiça Comum acerca da aplicabilidade da RN nº 279/2011. Há, contudo, um precedente na Justiça do Trabalho referente à implantação das regras da RN nº 279/2011, o qual ainda está *sub judice*[425]. Nesse precedente, o Tribunal Regional do Trabalho – 2ª Região manifestou entendimento quanto à validade da implementação da cobrança por faixa etária dos ex-empregados, em cumprimento à RN nº 279/2011, a qual não é aplicada aos empregados ativos, os quais permanecem contribuindo apenas com parte do custeio do plano, sendo o valor remanescente assumido pela empregadora.

Como foi possível verificar, ainda não há uma solução exata para a viabilização do desse benefício pós-emprego, que seja plenamente satisfatória para todas as partes envolvidas na relação jurídica. Se há implementação da faixa etária para os beneficiários, o empregado, enquanto na ativa, não perceberá a sua cobrança, pois participará apenas com sua contribuição, mas quando se desligar, questionará o valor a ser por ele assumido, suscitando abusividade quanto ao critério utilizado para a realização da cobrança e, muitas vezes, invocando o Estatuto do Idoso como forma de coibir qualquer tipo de aumento em razão de sua faixa etária[426]. Se a ex-empregadora opta por subsidiar o ex-empregado no pagamento do prêmio do plano de saúde, mantém com aumento constante

---

[425] Processo nº 0000139-47.2014.5.02.0432 – Relator Desembargador José Carlos Fogaça – 7ª Turma do TRT-2ª Região – 26.2.2015.

[426] Nesse sentido: AgRg no REsp nº 1.315.668-SP – Relatora Ministra Nancy Andrighi – 3ª Turma do STJ – 24.3.2015 – v.m.; e REsp nº 866.840-SP – Relator Ministro Luis Felipe Salomão – 4ª Turma do STJ – 7.6.2011 – v.m.

o passivo da empresa decorrente desse subsídio financeiro, para o qual não há previsão legal.

O fato é que o valor do prêmio não pode ser fixado de acordo com as possibilidades financeiras de cada indivíduo, uma vez que o plano de saúde é um contrato de natureza coletiva, que está atrelado a todo o grupo segurado. É o mutualismo que faz vantajoso o contrato de seguro. Assim, não pode ser aplicado conforme as necessidades financeiras de cada beneficiário, individualmente considerado.

Ademais, não é plausível que o setor privado seja compelido a arcar com uma despesa que não é parte de sua atividade. O oferecimento do plano de saúde como benefício é uma decisão da empresa. A viabilidade, contudo, do exercício desse direito pelo ex-empregado é obrigação a ser assumida por cada um dos ex-empregados, não podendo gerar uma obrigação extra às empresas. É exatamente esse o questionamento suscitado por essa dissertação: a busca pelo equilíbrio dessa relação jurídica.

É nesse momento que se torna necessário invocar a força vinculante dos contratos e dos seus termos, de modo que, se o terceiro aceitar o benefício pós-emprego, deverá aceitar os termos do contrato de plano de saúde contratado pela estipulante e a operadora de plano de saúde.

A solução para esse impasse poderá vir por meio do marco regulatório da saúde, mas também dependerá da cooperação do Poder Judiciário na aplicação da lei, do contrato e no preenchimento das lacunas, para assegurar a função social do contrato de plano de saúde coletivo empresarial consistente na garantia sustentável desse benefício aos empregados e ex-empregado, assegurando o acesso e manutenção desses cidadãos ao plano de saúde privado.

6.3.4. Considerações sobre o Cenário Jurisprudencial do Direito de Extensão do Plano de Saúde Pós-Emprego

Após a análise da atuação do Poder Judiciário em relação à norma jurídica, que estabelece o direito do ex-empregado de permanecer no plano de saúde pós-emprego, verificamos que os artigos 30 e 31 da Lei nº 9.656/98 não são sempre aplicados em conjunto com a RN nº 279/2011, a qual regulamentou os referidos dispositivos legais. Ademais, o poder de regulamentação da ANS é frequentemente colocado à prova pelo Poder Judiciário, sob o fundamento de que a agência reguladora estaria extrapolando o seu poder normativo para ampliar ou restringir o direito previsto na Lei nº 9.656/98.

Ocorre que, como é possível observar nos precedentes jurisprudenciais, a distinção atribuída a **(i)** um ato normativo da ANS que amplie ou restrinja direito e **(ii)** um ato da ANS que explique as definições dos termos empregados nos artigos 30 e 31 da Lei nº 9.656/98 ou, ainda, estabeleça diretrizes para o cumprimento do direito ali previsto, dependerá da verificação do objetivo desse ato normativo pelo Poder Judiciário, isto é, se a regulamentação a ser aplicada será favorável ou não ao consumidor. Em outras palavras, trata-se de exemplo prático da aplicação da teoria do diálogo das fontes, cuja interpretação está alinhada com o entendimento de Claudia LIMA MARQUES em relação à invocação dessa teoria somente para proteger o consumidor. Pela mesma lógica, se, por meio da jurisprudência, o Poder Judiciário ampliar o direito previsto nos artigos 30 e 31 da Lei nº 9.656/98 ou flexibilizar os requisitos legais de elegibilidade do direito, para favorecer o consumidor, não se constatará qualquer extrapolação do poder jurisdicional.

Ao contrário, a presente dissertação se permite não compartilhar desse entendimento, uma vez que a demanda individual levada ao Poder Judiciário como meio de tutela do direito de um ex-empregado, se decidida com base nessas premissas, impactará não somente àquele beneficiário, mas toda a coletividade de segurados. Além disso, em razão da inexistência de uniformidade jurisprudencial quanto à forma de solução das questões judicializadas aqui trazidas para análise, cria-se também um tratamento diferenciado e desigual entre os próprios ex-empregados.

Ademais, vale lembrar que, em relação a uma determinada lei, como por exemplo a regulamentação editada pela ANS, o regulamento consiste em fonte delegada legítima, concedida ao Poder Executivo, cujo objetivo é apenas tornar uma determinada lei exequível quando demasiadamente genérica, passando a integrá-la ante a necessidade de especificação da forma de cumprimento do direito[427]. Como já dito, esta dissertação concorda com a impossibilidade de alteração legislativa, seja para ampliar ou restringir o texto legal, por meio de resolução nor-

---

[427] BOBBIO, Norberto. *Teoria do ordenamento jurídico*. 2ª ed. Trad. Ari Marcelo Solon. São Paulo: EDIPRO, 2014, p. 51.

mativa, hierarquicamente inferior à lei. Mas, por outro lado, desde que respeitados os limites de competência e hierarquia das normas, a ANS cumpre o seu papel previsto na Lei nº 9.961/2001 como agência reguladora responsável pela regulamentação, monitoramento e fiscalização das práticas do mercado de saúde suplementar, devendo o Poder Judiciário levar em consideração a regulamentação editada pela agência.

Diante desse cenário de judicialização e insegurança jurídica, mostra-se cada vez mais necessário o marco regulatório da saúde, que ainda não foi elaborado. Dentre diversas outras questões que envolvem o direito à saúde, é de suma relevância que nesse desejado marco regulatório consistente na alteração da Lei nº 9.656/98, o direito à extensão do plano de saúde pós-emprego, criado em 1998 pela Lei de Planos de Saúde, receba um tratamento mais específico e completo, com diretrizes mais detalhadas sobre o seu cumprimento.

Mas apenas o marco regulatório não resolverá os problemas da saúde suplementar. É preciso haver uma conscientização e um trabalho coordenado entre todos os agentes do setor: Judiciário, ANS, profissionais médicos, operadoras e beneficiários.

O alinhamento entre o Poder Judiciário e a ANS quanto ao objetivo comum que perseguem tem se mostrado essencial para a proteção do direito à saúde, também sendo função de ambos proteger a sustentabilidade desse setor. Tendo cada qual competência e jurisdição independentes, eles devem buscar atuar em conjunto, pois de nada adianta teoricamente conferir aos indivíduos mais acesso à saúde suplementar, se este setor poderá estar fadado ao colapso econômico, social e político. Para tanto, ANS e Judiciário poderiam investir mais na participação mútua em conferências, reuniões e Câmaras Técnicas no intuito de discutir assuntos que envolvam a saúde suplementar e seus desafios, inclusive formas de conciliar a aplicação da regulamentação da ANS – e eventual necessidade de edição ou aprimoramento de novas normas – com o entendimento, constantemente formado e manifestado pelos magistrados, acerca da regulamentação aplicável aos casos concretos.

Nesse sentido, inclusive, algumas soluções já foram ou estão sendo implementadas em diversos tribunais, ainda que com ênfase na saúde pública. Um exemplo são os Núcleos ou Câmaras de Apoio Técnico aos Tribunais de Justiça, que os magistrados podem consultar antes de proferir uma decisão judicial em casos específicos, a fim de solucionar dúvidas ou buscar maiores subsídios para a fundamentação de sua decisão[428].

Da mesma forma, a população brasileira tem o seu papel de se conscientizar para um uso mais racional dos serviços de saúde, público ou privado, e para a necessidade de adotar métodos de prevenção de doenças, por meio de hábitos mais saudáveis. Paralelamente, diante do constante fenômeno do envelhecimento populacional e da falência da seguridade social, também é necessário, na atual sociedade, que os indivíduos passem a criar e desenvolver formas que permitam a poupança constante de valores que serão destinados a suportar suas necessidades relacionadas à saúde.

Atrelado ao papel do cidadão brasileiro, podemos dizer que o oferecimento de plano de saúde pelo setor produtivo é, como já foi verificado nesta dissertação, fundamental para a sociedade brasileira, que, mesmo não tendo a obrigação legal de oferecer o benefício ao empregado, contrata o plano de saúde privado e busca de diversas formas defender a manutenção desse benefício em suas organizações.

Nesse sentido, vale mencionar o Projeto de Lei nº 10/2015, ainda em trâmite perante o Senado Federal, que trata da criação do chamado VGBL Saúde, alterando as regras de seguro de vida com cobertura por sobrevivência. A intenção desse projeto é reverter o cenário atual, a fim de estimular o empregador a contribuir, total ou parcialmente, para o custeio de seguros, de modo a auxiliar seus empregados a acumularem recursos destinados a saúde[429]. Confira-se:

---

[428] Conforme explica Angélica Lúcia Carlini, a criação desses núcleos ou câmaras técnicas foi incentivada pela Resolução nº 31 do Conselho Nacional de Justiça. Eles são compostos por profissionais multidisciplinares que analisam os casos judiciais a fim de fornecerem laudos técnicos para os magistrados fundamentarem de forma mais específica e técnica suas decisões. Os estados do Espírito Santo, Goiás, Mato Grosso do Sul, Mato Grosso, Alagoas, entre outros, já adotaram essas Câmaras Técnicas, e a tendência é que elas sejam instaladas em maior número e que incluam tanto os serviços de saúde pública como os de saúde privada. CARLINI, Angélica Lúcia. Judicialização da saúde pública no Brasil. In: CARNEIRO, Luiz Augusto Ferreira (Org.). *Planos de saúde*. Aspectos jurídicos e econômicos. Rio de Janeiro: Forense, 2012, p. 41.

[429] Conforme consta na Justificação desse Projeto de Lei, "Os empregadores, por sua vez, são, atualmente, desestimulados de participarem do custeio, total ou parcial, de planos de seguros com cobertura por sobrevivência em favor de seus empregados e dirigentes, pois,

4. No caso do pretendido seguro de vida com cobertura por sobrevivência, com isenção tributária sobre os rendimentos obtidos – quando os recursos forem destinados ao pagamento de despesa relacionada à contraprestação de plano privado de assistência à saúde ou de seguro saúde, é relevante consignar que as alterações demográficas da população brasileira, e a tendência dela se tornar cada vez mais longeva, tornam de extrema importância aproveitar o atual bônus demográfico – maior parte das pessoas em idade economicamente ativa, para incentivar as pessoas a acumular recursos para, quando se retirarem do mercado de trabalho, terem condições de enfrentar o pagamento das referidas contraprestações. Certamente seu valor será agravado, não só em função da idade elevada, mas, também, do constante aumento dos custos de procedimentos médico-hospitalares, sempre em níveis superiores aos dos índices inflacionários e de reposição dos proventos do benefício de aposentadoria concedido pela previdência oficial. (Justificação do PL nº 10/2015).

Por fim, podemos abordar a relevância do papel dos profissionais médicos e da operadoras de planos de saúde, que devem buscar, cada vez mais, atender os seus objetivos por meio da prestação de serviço com padrão de qualidade elevado, reduzindo o índice de desperdício diário com materiais, medicamentos e equipamentos, criando novas alternativas de modelos assistenciais[430], bem como utilizando a tecnologia a seu favor, mediante, por exemplo, interação com os beneficiários quanto às diversas questões de saúde e de conhecimento do seu plano de saúde e de sua rede credenciada. Além disso, é crescente o investimento que tem sido realizado em programas de promoção de saúde e prevenção

---

suas contribuições não contam com tratamento equalizado ao das vertidas para o custeio de planos de benefícios de previdência privada, situação esta que o presente Projeto de Lei pretende resolver com a alteração da redação do art. 2º do Decreto-Lei nº 2.296, de 1986, e da alínea "p" do parágrafo §9º do artigo 28 da Lei nº 8.212, de 24 de julho de 1991, ou seja, tais contribuições não onerarem a respectiva folha de pagamento, não integrando a remuneração dos empregados e dirigentes para efeitos trabalhistas, previdenciários e de contribuição sindical, nem a base de cálculo para as contribuições do FGTS." Disponível em <http://www2.camara.leg.br/proposicoesWeb/fichadetramitacao?idProposicao=944251> (Acesso em 7.1.2016).

[430] Disponível em <http://www.ans.gov.br/aans/noticias-ans/sobre-a-ans/3092-mudanca-de-modelo-assistencial-e-foco-de-seminario-internacional-da-ans-2 (Acesso em 7.1.2016).

de doenças, também apoiado pela ANS[431]. Vale mencionar, de resto, o esforço de diversas instituições para aprimorar o setor de saúde suplementar, como, por exemplo, o IESS, que incentiva o aprimoramento e aprofundamento de pesquisas e a produção científica em saúde suplementar[432].

6.4. A Busca pela Justiça das Decisões: Intervencionismo ou Função Corretiva?

Como visto ao longo desta dissertação, o conceito de saúde é mais do que a ausência de doenças: é um estado de bem-estar físico e mental do indivíduo. Para assegurar o direito à saúde do cidadão, os planos privados de assistência à saúde conquistaram o seu espaço na sociedade, de modo que eles se tornaram um dos benefícios que o cidadão mais deseja adquirir, a ponto de, no modo de ver da sociedade, ser um dos indicadores de ascensão social. Diante desse fenômeno de *apartheid social*, um dos meios mais frequentes de acesso ao plano de saúde privado é pelo emprego formal, que ofereça o plano de saúde como uma política de benefícios aos seus empregados enquanto vigente o contrato de trabalho.

Nesse contexto político, econômico e social, a Lei nº 9.656/98 criou o direito dos ex-empregados demitidos sem justa causa ou aposentados de optarem por permanecer no plano de saúde de que desfrutavam na vigência dos seus contratos de trabalho após o seu desligamento da

---

[431] "A ANS está estimulando todas as operadoras de planos de saúde a realizarem, a partir de 6/12 (domingo), uma mobilização digital em prol da qualidade de vida junto aos seus beneficiários de forma que estes se conscientizem sobre a importância de uma mudança de comportamento baseada na adoção de atitudes saudáveis. A pesquisa Vigitel Saúde Suplementar 2014, realizada pelo Ministério da Saúde em parceria com a ANS, trouxe dados específicos sobre a prevalência dos fatores de risco e proteção para doenças não transmissíveis entre os beneficiários de planos de saúde. Dados do estudo mostram que cresceu o número de beneficiários que relataram excesso de peso. Se em 2008, 47% dos entrevistados informaram estar acima do peso, em 2014, esse percentual passou para 52%. Entre os homens, o número passou de 57% (2008) para 61% (2014). Já entre as mulheres, era de 39% (2008) e alcançou 45% (2014)". Disponível em <http://www.ans.gov.br/aans/noticias-ans/qualidade-da-saude/3090-ans-estimula-acao-sobre-qualidade-de-vida > (Acesso em 7.1.2016).

[432] Disponível em < http://iess.org.br/?p=eventos&evento=33> (Acesso em 7.1.2016).

empresa, desde que esses ex-empregados se comprometessem a assumir o pagamento integral do plano. Esse foi o primeiro passo legislativo que, como medida de política pública, atingiu o seu objetivo de defender o acesso à saúde privada àqueles cidadãos que possuíam emprego formal. E, após 18 anos da edição dessa lei, verificamos os desafios encontrados no mercado de saúde suplementar para manter a acessibilidade e sustentabilidade do benefício, que, diante dos problemas orçamentários e de gestão do sistema público de saúde, auxilia o Estado a cumprir o seu dever constitucional de garantir o direito à saúde a todos.

Em razão de diversas questões reflexas a esse direito *per se* (como, por exemplo, aumento de tecnologia, inflação médica, litígios que envolvem cobertura assistencial, dentre outros), mas que implicam o aumento do custo da saúde e a tendência de enrijecimento da legislação relacionada a aspectos de saúde, fiscais e trabalhistas para além dos limites já estabelecidos nas normas em vigor, os conflitos decorrentes do direito de manutenção no plano de saúde pós-emprego foram levados ao Poder Judiciário, que tem tido papel atuante e relevante na solução dessas demandas.

Como bem pontua Luiz Henrique Sormani BARBUGIANI, é necessária a intervenção do Poder Judiciário nos contratos que envolvem planos de saúde para controlar e, em muitas situações, atenuar as consequências e reflexo da prestação desse serviço quanto a aspectos econômicos, sociais, políticos e jurídicos[433]. Embora essa interferência tenha por objetivo manter o equilíbrio da relação contratual, é importante que o Judiciário leve em consideração, principalmente, os aspectos econômicos da relação jurídica, pois de nada adiantará oferecer um benefício que não se sustentará financeiramente. Nessa hipótese, uma decisão judicial protecionista ao extremo será apenas um paliativo antes do colapso do sistema de saúde privado.

A análise jurisprudencial desses litígios ao longo dos últimos quase 10 anos mostrou um amadurecimento do conhecimento pelos magistrados acerca do direito propriamente dito, que lhes é trazido para assegurar mediante o provimento jurisdicional, bem como de questões interdisciplinares que se refletem favorável ou desfavoravelmente nesse

---

[433] BARBUGIANI, Luiz Henrique Sormani. *Planos de saúde*: Doutrina, jurisprudência e legislação. São Paulo: Saraiva, 2015, p. 77.

direito e que devem ser levadas em consideração a fim de cumprir a função social do contrato e da Lei de Planos de Saúde. Como bem pontua Ricardo Luis LORENZETTI, *a tarefa do intérprete tornou-se decisiva. Prova disso é o caráter de protagonista que se reconhece ao juiz, assim como o esforço criativo da jurisprudência e da doutrina. A linguagem jurídica contaminou-se de genética, economia, moral, tecnologia, computação, mas é pouco o que exporta para o resto da sociedade*[434].

Diante da relevância da atuação do juiz, é importante analisarmos a função dos magistrados na aplicação do direito e seus limites. Os juízes produzem direito como consequência do processo de interpretação, consistente na transformação de uma expressão em outra, passando o juiz a produzir a norma.

Todavia, o que se tem observado é uma tendência do crescimento da discricionariedade do Poder Judiciário ao mitigar o texto legal em favor da aplicação de princípios, que são considerados regras de direito ante o seu grau de generalidade e proximidade aos valores tidos como inspiradores do direito positivo. Nesse aspecto, no momento da aplicação da norma, o Poder Judiciário tem realizado o chamado processo de ponderação dos princípios, de modo que é estabelecida uma hierarquia entre eles. Assim, diante do caráter mutável dessa hierarquia principiológica, o juiz não resolve o conflito de forma definitiva, pois cada solução vale para uma controvérsia particular.

Como foi possível observar na atuação do Poder Judiciário no tocante às questões suscitadas pelos beneficiários do plano de saúde coletivo empresarial frente à aplicação do direito de extensão do benefício pós-emprego, a atuação do Poder Judiciário baseou-se, inicialmente, em uma jurisprudência altamente protetiva dos beneficiários, considerados como hipossuficientes e vulneráveis, do ponto de vista técnico e econômico[435]. Todavia, como demonstração do dinamismo do direito e da

---

[434] LORENZETTI, Ricardo Luis. *Teoria da decisão judicial*: Fundamentos de direito. 2ª ed. São Paulo: RT, 2010, p. 43.

[435] "Vulnerabilidade econômica: refere-se à situação de fato prévia à decisão que toma o consumidor, definida por uma constrição econômica que limita consideravelmente as decisões que ele pode tomar, seja porque existe uma situação objetiva que afeta a concorrência, ou um elemento subjetivo, como ocorre no caso dos subconsumidores. Vulnerabilidade cognoscitiva: existem diferenças no volume de informações referentes ao bem ou serviço que constitui o objeto da prestação, e que deram luar ao surgimento da categoria 'forne-

nossa realidade social e econômica, também foi possível observar uma constante alteração da atuação do Poder Judiciário na solução desses conflitos, em razão da preocupação quanto à sua sustentabilidade.

Essa mudança jurisprudencial não revela diminuição da proteção do consumidor nem negação de direitos. Trata-se da tentativa dos magistrados de conciliar os interesses das partes – tanto do beneficiário, como da operadora de plano de saúde e da ex-empregadora –, à vista da melhor solução jurisdicional, que atenda ao objetivo de buscar a justiça e o cumprimento da função social do contrato de plano de saúde e do benefício. Esse fenômeno da judicialização da saúde e sua evolução também é reconhecido pela professora Claudia LIMA MARQUES ao afirmar que *os contratos de seguro foram responsáveis por uma grande evolução jurisprudencial no sentido da conscientização da necessidade de um direito dos contratos mais social, mais comprometido com a equidade, com a boa-fé, e menos influenciado pelo dogma da autonomia da vontade*[436].

O que se pondera nessa nova realidade jurídica, pontua Eros Roberto GRAU[437], é o fato de que, insatisfeita a sociedade com a legalidade e o procedimento legal, a tão procurada justiça ou a injustiça não existem

---

cedores profissionais' e à imposição de deveres de informação, ônus da prova, etc" LORENZETTI, Ricardo Luis, *Teoria da decisão judicial*: Fundamentos de direito, 2ª ed. São Paulo: RT, 2010, p. 255. De acordo com Eric Posner, por sua vez, "Vulnerabilidade não é o mesmo que falta de informação, a qual, aparentemente, tem um papel nesses casos. Quando as cláusulas são exageradas, complexas ou difíceis de ler e os consumidores são vulneráveis, os tribunais normalmente expressam suas dúvidas de que os consumidores tenham entendido suas obrigações sob o contrato, o que tem levado os economistas a investigar o papel das deficiência de informação no cumprimento dos contratos. (...) Consumidores que não possuem informações têm incentivos para obtê-las. Alguns consumidores adquirirão informações mais facilmente do que outros, os que leem os Relatórios aos Consumidores, mas outros consumidores podem aproveitar-se do esforço do primeiro grupo. Se os vendedores não conseguem distinguir facilmente consumidores informados de desinformados, não podem explorar os últimos cobrando deles um preço mais alto. Assim, deficiência de informação sozinha não justifica interferência judicial". POSNER, Eric. Análise econômica do direito contratual. Sucesso ou fracasso? SALAMA, Bruno Meyerhof (Org.). São Paulo: Saraiva, 2010, p. 34.

[436] MARQUES, Claudia Lima. *Contratos no Código de Defesa do Consumidor:* O novo regime das relações contratuais. 6ª ed. São Paulo: RT, 2011, p. 495.

[437] GRAU, Eros Roberto. *O direito posto e o direito pressuposto*. 8ª ed. São Paulo: Malheiros, 2011, p. 103-104.

em si, mas o seu significado é assumido quando se fala de segurança social vivenciada em determinado momento histórico. Por isso, a teoria do direito não é uma teoria da justiça, mas da prestação jurisdicional, pela qual *é possível e desejável, sim, que o direito, em sua positividade, seja interpelado criticamente, a partir de conteúdos éticos e morais nascidos da luta social e política.*

A noção de justiça não é precisa e poderá variar de acordo com a perspectiva para a qual se voltem os olhares. A liberdade de escolha, ainda que seja em condições justas, pode não se mostrar uma base adequada para uma sociedade justa, pois um acordo de vontades não garante uma transação justa: se uma parte tem um poder de barganha menor do que a outra, o seu consentimento talvez não seja totalmente voluntário[438]. Se, por outro lado, estamos diante de uma sociedade em que prevalece a justiça distributiva em detrimento da autonomia privada, os princípios de justiça estabelecem os termos da cooperação social, de modo que as pessoas passarão a ser merecedoras dos benefícios que obtiverem ao cumprir as regras impostas, o que também não significa que a sociedade valorizará as melhores qualidades de um indivíduo, uma vez que não é possível prever quais as características que estarão sendo mais valorizadas em determinado momento da sociedade.

A busca pela justiça social, embora almejada pela sociedade, também dá espaço à insegurança jurídica que tanto se combate. O poder de escolha do juiz significa

> "valoração" e "balanceamento"; significa ter presentes os resultados práticos e as implicações morais da própria escolha; significa que devem ser empregados não apenas os argumentos da lógica abstrata, ou talvez, os decorrentes da análise, linguística puramente formal, mas também e sobretudo aqueles da história e da economia, da política e da ética, da sociologia e da psicologia[439].

---

[438] SANDEL, Michael. J. *Justiça*. O que é fazer a coisa certa. 13ª ed. Trad. Heloísa Matias e Maria Alice Máximo. Rio de Janeiro: Civilização Brasileira, 2014, p. 200-202.
[439] CAPPELLETTI, Mauro. *Juízes legisladores?* Trad. Carlos Alberto Álvaro de Oliveira. Porto Alegre: Sérgio Antonio Fabris Editor, 1999, p. 33.

O problema dos conflitos hiperespecializados e horizontais é que ambas as partes parecem ter razão[440]. E, de fato, cada parte, em suas convicções pessoais, tem sua razão, mas sua razão está limitada ao direito da outra parte e não deve ser imposta uma à outra, e sim conciliada, a fim de que ambas possam desfrutar do seu direito, especialmente considerando que, no caso específico, trata-se de um bem sensível, que é a saúde, e uma espécie de contrato que é de longa duração, sendo essencial que seja equilibrado para ser economicamente viável. O desafio do Poder Judiciário é, justamente, sopesar a razão de cada parte com o direito e a obrigação de cada uma, aliada à função social e a cooperação das partes.

Conforme dito anteriormente, embora tenha ocorrido a passagem de um Estado Liberal, no qual prevalecia a autonomia privada e a não interferência nas relações entre particulares, para o chamado estado social, cuja característica é a socialização dos riscos e das perdas sociais, e em razão da insuficiência de recursos financeiros do Estado frente a fenômenos como a globalização, privatização, crise orçamentária, avanço da tecnologia e internet[441], poderíamos concluir que a atual sociedade está buscando o equilíbrio entre esses dois momentos históricos.

Assim, com base na teoria do diálogo das fontes, na hierarquia das normas, na alocação dos princípios e valores, no conhecimento agregado e na experiência dos magistrados, bem como no contrato celebrado entre a empresa, na condição de estipulante do contrato, e a operadora de plano de saúde, e com base nas informações trazidas aos processos pelas partes contratantes e pelo beneficiário do plano de saúde, imagina-se que o Poder Judiciário exercerá a sua função de intérprete do direito.

De acordo com o contexto jurisprudencial analisado nesta dissertação, foi possível verificar que a legislação aplicável ao direito de manutenção no plano de saúde pós-emprego tem lacunas que deverão ser sanadas com base na interpretação das normas. Como foi verificado, a primeira questão que deve ser objeto de análise aprofundada é a defi-

---

[440] LORENZETTI, Ricardo Luis. *Teoria da decisão judicial*: Fundamentos de direito. 2ª ed. São Paulo: RT, 2010, p. 53.
[441] TIMM, Luciano Benetti. *Direito contratual brasileiro*. Críticas e alternativas ao solidarismo jurídico. 2ª ed. São Paulo: ATLAS, 2015, p. 31.

nição dos conceitos aplicáveis e dos termos legais utilizados pelo legislador para estabelecer o direito do indivíduo. Conforme explica Carlos MAXIMILIANO, *interpretar uma expressão de Direito não é simplesmente tornar claro o respectivo dizer, abstratamente falando; é, sobretudo, revelar o sentido apropriado para a vida real, e conducente a uma decisão reta*[442].

Por outro lado, interpretar não pode ser entendido de forma alguma como alterar. A função do juiz é completar, compreender, mas nunca alterar, corrigir ou substituir o texto legal. A interpretação pode ter por consequência a melhora do texto legal, mas sem negá-lo[443]. A análise da norma recairá na chamada interpretação sistemática, pela qual seus argumentos são extraídos do pressuposto de que as normas de um ordenamento constituem uma totalidade ordenada. Assim, a interpretação de determinada norma é feita com base no espírito do sistema[444]. Isso porque a dogmática jurídica interpreta a vinculação da norma[445], devendo também compreender como os tribunais costumam interpretá-la por meio da jurisprudência dos tribunais[446].

Assim como Mauro CAPPELLETTI, esta dissertação não nega que a interpretação do direito implica também na criação do direito e que é natural que toda interpretação seja criativa. No entanto, o que se busca é um equilíbrio quanto ao *grau de criatividade e dos modos, limites e aceitabilidade da criação do direito por obra dos tribunais judiciários*[447].

Isso porque, atualmente, é inegável a relevância da jurisprudência para o direito brasileiro, a qual tem o caráter de fonte de direito. À medida que a jurisprudência firma a interpretação das normas, garante-se maior previsibilidade aos indivíduos, evitando demandas

---

[442] MAXIMILIANO, Carlos. *Hermenêutica e aplicação do direito*. Rio de Janeiro: Forense, 1997, p. 250.
[443] MAXIMILIANO, Carlos. *Hermenêutica e aplicação do direito*. Rio de Janeiro: Forense, 1997, p. 79.
[444] BOBBIO, Norberto. *Teoria do ordenamento jurídico*. 2ª ed. Trad. Ari Marcelo Solon. São Paulo: EDIPRO, 2014, p. 81.
[445] FERRAZ JUNIOR, Tercio Sampaio. *Introdução ao estudo do direito*. Técnica, decisão, dominação. 8ª ed. São Paulo: ATLAS, 2015, p. 27.
[446] FERRAZ JUNIOR, Tercio Sampaio. *Introdução ao estudo do direito*. Técnica, decisão, dominação. 8ª ed. São Paulo: ATLAS, 2015, p. 28.
[447] CAPPELLETTI, Mauro. *Juízes legisladores?* Trad. Carlos Alberto Álvaro de Oliveira. Porto Alegre: Sérgio Antonio Fabris Editor, 1999, p. 21-25.

judiciais desarrazoadas e proporcionando a segurança jurídica às partes. Ademais, os cidadãos baseiam suas opções na tendência dos precedentes dos tribunais, que permitem ao indivíduo conhecer a extensão do seu direito[448]. No caso do direito à manutenção do plano de saúde, como foi visto, ainda há uma multiplicidade de posicionamentos sobre a aplicação do tema, mas esta dissertação acredita que, como já vem acontecendo, os conceitos legais tendem a se tornar cada vez mais claros quanto à sua forma de aplicação, o que mitigará decisões conflitantes e trará maior previsibilidade às partes.

As discussões travadas no seio da sociedade e do mercado de saúde suplementar auxiliam o processo de conhecimento da norma e debate das suas falhas. O processo de edição da RN nº 279/2011 é a prova de que o mercado busca uma forma de reduzir suas falhas e solucionar os litígios. Isso porque, diante dos diversos conflitos relacionados ao direito de manutenção no plano de saúde e o aumento da judicialização desse direito, a ANS organizou uma Câmara Técnica, composta por representantes das operadoras, dos consumidores, dos empregadores, dentre outros interessados nessa questão. Esse é um exemplo de democracia, exercício cívico e busca da conciliação dos interesses das partes.

Da mesma forma, o CNJ tem promovido periodicamente as Jornadas de Direito da Saúde[449], cujo objetivo é debater os problemas inerentes à judicialização da saúde e apresentar enunciados interpretativos sobre o direito. Vale mencionar que a elaboração e escolha dos enunciados são debatidas por um grupo de pessoas, que se inscrevem livremente, composto por representantes de todos os setores da sociedade interessados no tema.

Em 2012, por exemplo, a Secretaria de Estado da Saúde de São Paulo assinou um termo técnico de cooperação com o TJSP e com a Escola Paulista de Magistratura visando fornecer, mediante especialistas das universidades públicas estaduais, conhecimento técnico aos juízes, no intuito de orientar as decisões judiciais[450].

---

[448] TUCCI, José Rogério Cruz e. *Precedente judicial como fonte de direito*. São Paulo: RT, 2004, p. 296.
[449] Disponível em <http://www.cnj.jus.br/eventos-campanhas/evento/133-ii-jornada-de--direito-a-saude> (Acesso em 7.1.2016).
[450] Disponível em <http://www.saude.sp.gov.br/ses/noticias/2012/setembro/saude-firma--termo-de-cooperacao-com-tj-sp-e-escola-paulista-de-magistratura> (Acesso em 7.1.2016).

A definição e clareza quanto aos conceitos legais e sua forma de aplicação não significa que a norma estará imutável. A atividade hermenêutica, nesse caso, assim como as normas, pode ser considerada uma atividade dinâmica *quando favorece a adaptação das normas, a operacionalidade das prescrições normativas, em suma, o valor justiça (...)*[451]. A busca pela justiça das decisões é uma das razões de existir do Poder Judiciário, ao qual os conflitos são levados por ser considerado uma forma de solucionar os problemas entre os indivíduos no Estado de Direito. *Diz-se, assim, que o direito deve ser justo ou não tem sentido a obrigação de respeitá-lo*[452]. Como pondera Rubens LIMONGI FRANÇA, *ao magistrado que incumbe, na aplicação da lei ao caso concreto, sem desvirtuar-lhe as feições, arredondar as suas arestas e, sem torcer-lhe a direção, adaptar a rigidez de seu mandamento às anfractuosidade naturais de cada espécie*[453].

Essa contínua adaptação se mostra relevante especialmente em razão de os contratos de planos de saúde serem, por essência, contratos cativos de longa duração, que envolvem, por período indeterminado, um fornecedor e um consumidor com uma finalidade comum, qual seja, assegurar o tratamento ao consumidor se necessário em razão de risco futuro que envolva a sua saúde e/ou de sua família[454].

Os magistrados também podem utilizar como fundamentação para suas decisões o chamado juízo de equidade, pelo qual a análise dogmática auxilia no estabelecimento de condições para que a decisão não apareça como puro arbítrio, mas decorra de argumentos plausíveis[455]. Saliente-se, todavia, que, como já dito, o juízo de equidade não significa decidir de forma contrária à lei com o objetivo de conseguir um resultado que lhe pareça mais justo[456], estando o positivismo jurí-

---

[451] FERRAZ JUNIOR, Tercio Sampaio. *Introdução ao estudo do direito*. Técnica, decisão, dominação. 8ª ed. São Paulo: ATLAS, 2015, p. 236.
[452] FERRAZ JUNIOR, Tércio Sampaio. *Introdução ao estudo do direito*. Técnica, decisão, dominação. 8ª ed. São Paulo: ATLAS, 2015, p. 317.
[453] FRANÇA, R. Limongi. *Hermenêutica jurídica*. 8ª ed. São Paulo: RT, 2010, p. 136.
[454] MARQUES, Claudia Lima. *Contratos no Código de Defesa do Consumidor*: O novo regime das relações contratuais. 6ª ed. São Paulo: RT, 2011, p. 514.
[455] FERRAZ JUNIOR, Tercio Sampaio. *Introdução ao estudo do direito*: Técnica, decisão, dominação, 8ª ed. São Paulo: ATLAS, 2015, p. 66.
[456] LORENZETTI, Ricardo Luis. *Teoria da decisão judicial*: Fundamentos de Direito. 2ª ed. São Paulo: RT, 2010, p. 140-141

dico sempre limitado ao disposto no texto legal, e não podendo cotrariá-lo[457].

Nesse contexto, a presente dissertação tem por entendimento que o Poder Judiciário, na busca pela justiça de suas decisões, está exercendo puramente uma função interpretativa do direito e das normas existentes e aplicáveis à situação concreta. Na análise jurisprudencial que realizamos anteriormente não se vislumbra, nos questionamentos já levados ao Poder Judiciário, que a atuação dos magistrados esteja sendo feita com cunho corretivo, uma vez que não se discutem abusividades propriamente ditas nessas ações.

O objeto de controvérsia nas ações judiciais que envolvem o direito de manutenção no plano de saúde é puramente a aplicação das normas, do contrato e o exercício desse direito. Questões reflexas, como, por exemplo, se o ex-empregado possui condições financeiras suficientes de arcar com o pagamento integral, se é justo ou não que o ex-empregado arque com esse pagamento integral, são alheias ao cumprimento dos artigos 30 e 31 da Lei nº 9.656/98 e a sua discussão, trazida a debate, tem utilidade tão-somente para eventual alteração da norma, mas não para a sua aplicação imediata.

No modelo contratual do Estado Liberal, o fato de as partes contratantes poderem estabelecer direitos e obrigações conforme o interesse de cada uma traduzia a ideia de justiça[458]. Cada parte era responsável por defender da melhor forma seus interesses durante a negociação e conforme o poder de barganha de cada um, que, após o consenso, as partes estariam vinculadas pelo contrato, sendo ele lei entre as partes, devendo ser evitada a interferência do Judiciário nos termos do contrato ali celebrado.

De todo modo, independentemente dos limitadores da autonomia privada, o que o Poder Judiciário não deve esquecer é que o contrato não vive isoladamente. Em outras palavras, a sua atuação, em um litígio específico, deve atentar-se para o contingente que será reflexamente atingido. Isso porque *o contrato hipoteticamente individual, em verdade, reflete*

---

[457] BOBBIO, Norberto. *O Positivismo jurídico*. Lições de filosofia do direito. São Paulo: Ícone, 1995, p. 214.
[458] TIMM, Luciano Benetti. *Direito contratual brasileiro*. Críticas e alternativas ao solidarismo jurídico. 2ª ed. São Paulo: ATLAS, 2015, p. 35.

uma parte do todo maior, cuja compreensão é fundamental para que as relações jurídicas sejam disciplinadas[459]

Diante disso, no contexto jurisprudencial das ações cíveis que envolvem o direito de manutenção no plano de saúde pós-emprego, devemos relembrar que, por trás de cada uma das demandas judiciais, existe toda uma população de empregados, ainda na ativa, e ex-empregados, mais seus respectivos grupos familiares, que são afetados pelas decisões judiciais, pelas constantes necessidades de reestruturação do plano de saúde para atender à legislação e às diretrizes jurisprudenciais criadas pelos Tribunais. Logo, mais do que o interesse individualizado – que obviamente também merece ser protegido de acordo com as necessidades desse indivíduo –, o Judiciário deve ter em mente que essas ações tratam, na realidade, de um interesse coletivo, na medida em que todo o grupo segurado será afetado pelas decisões individuais de cada Tribunal.

Assim, além da necessidade de um marco regulatório que exprima todas as inquietações discutidas na presente dissertação com base no estudo desse direito e mais outras preocupações já possivelmente identificadas pela sociedade e pelo mercado de saúde suplementar, é importante que todos os agentes atuantes nesse setor busquem conjuntamente – e não isoladamente – meios para viabilizar a sustentabilidade do plano de saúde coletivo empresarial como forma de garantir a acessibilidade à assistência à saúde.

---

[459] USTÁRROZ, Daniel. O solidarismo no direito contratual brasileiro. In: MARQUES, Cláudia Lima (Org.). *Diálogo das fontes*. Do conflito à coordenação de normas do direito brasileiro. São Paulo: RT, 2012, p. 253.

7.
Conclusão

Nesta dissertação, pretendemos demonstrar a relevância, na atualidade, dos planos de saúde coletivos empresariais oferecidos pelas empresas aos seus empregados como parte da política de benefícios. Em razão da insuficiência de recursos financeiros pelo sistema público de saúde e da sua incapacidade de prestar atendimento, de forma adequada e com qualidade, à população brasileira, o acesso à assistência à saúde privada tornou-se a maior preocupação dos cidadãos brasileiros, criando uma espécie de *apartheid social*, consistente na segregação entre os indivíduos que têm condições financeiras para adquirir um plano de saúde privado e aqueles que não têm.

De acordo com informações da ANS, foram constatados, em junho de 2015, 50,5 milhões de vínculos com planos privados de assistência à saúde, dos quais 33,6 milhões estavam alocados em planos coletivos empresariais. O que se observa é um aumento ou uma redução proporcional desse dado em relação ao crescimento ou retração do emprego formal. Se comparado ao mês de dezembro de 2014, a ANS apurou uma redução de 200.000 vínculos.

Assim, a expansão dos planos de saúde coletivos empresariais permitiu o aumento do acesso à assistência à saúde privada por meio do emprego formal. Embora não haja nenhuma obrigação legal das empresas de oferecer plano de saúde aos seus empregados, o setor produtivo tem auxiliado o Estado no cumprimento do seu dever constitucional de prover a assistência à saúde aos cidadãos.

A importância desse canal, pelo qual os indivíduos passaram a ter acesso à saúde privada, foi acentuada à medida que a Lei de Planos de

Saúde criou o direito de permanência do ex-empregado demitido sem justa causa ou aposentado como beneficiário do plano de saúde coletivo empresarial após o seu desligamento da empresa, mantendo as mesmas condições de cobertura assistencial desfrutadas na vigência do contrato de trabalho. Para o exercício desse direito, o legislador estabeleceu alguns requisitos de elegibilidade: **(i)** o plano de saúde deve ser proveniente de uma relação de vínculo empregatício, **(ii)** o ex-empregado deve ter contribuído para o plano de saúde, **(iii)** o ex-empregado deverá assumir o pagamento integral do plano.

Em razão da competência atribuída pela Lei nº 9.961/2000, na qualidade de agência reguladora, responsável pelo monitoramento, pela fiscalização e regulação do setor de saúde suplementar, a ANS editou a RN nº 279/2011, que revogou as Resoluções CONSU nºs 20/99 e 21/99, a fim de regulamentar o direito de extensão do benefício pós-emprego previsto nos artigos 30 e 31 da Lei nº 9.656/98.

A ANS, por sua vez, buscou esclarecer a definição de "contribuição"; "mesmas condições de cobertura assistencial" e "novo emprego", bem como estabeleceu diretrizes a serem observadas tanto pelas estipulantes, que eram as empresas, quanto pelas operadoras de planos de saúde e pelos beneficiários para o exercício desse direito.

A título exemplificativo, a ANS dispôs que é dever da empresa comunicar ao seu empregado o seu direito de permanecer no plano de saúde após o seu desligamento. Além disso, refletindo a disposição das revogadas Resoluções CONSU nºs 20/99 e 21/99, a ANS manteve a determinação de que o ex-empregado deverá manifestar o seu interesse no exercício desse direito no prazo máximo de 30 dias, a serem contados da comunicação da-ex-empregadora.

Também foi determinado que, no ato da contratação do plano de saúde, a operadora deverá apresentar aos beneficiários o valor corresponde ao seu custo por faixa etária, ainda que o empregador adote como critério de pagamento o preço único ou opte pelo financiamento. Assim, no momento da contratação do empregado e da sua inclusão no plano de saúde, a empresa deverá apresentar ao empregado a tabela de preços por faixa etária, para que ele possa ter conhecimento dos termos do contrato de plano de saúde desde logo.

A RN nº 279/2011 também tratou das opções da ex-empregadora quanto à operacionalização do direito, isto é, se manterá os empregados e ex-empregados no mesmo plano de saúde, com as mesmas características de cobertura assistencial e preço, ou se segregará os ex-empregados em um plano exclusivo, podendo estabelecer condições diferenciadas de rede assistencial, padrão de acomodação e área geográfica como opção mais acessível, sendo que também poderá haver condições de reajuste, preço e faixa etária diferenciados do plano de saúde dos ativos.

Contudo, muitas demandas foram levadas ao Poder Judiciário com o intuito de questionar o alcance dos requisitos de elegibilidade à manutenção no plano de saúde e as diretrizes para o seu cumprimento.

O primeiro ponto questionado pelos ex-empregados é a determinação da ANS referente ao prazo máximo de 30 dias para que o ex-empregado manifeste, de forma inequívoca, seu interesse em permanecer no plano de saúde após o seu desligamento, sob o argumento de que, ao restringir o texto legal, a ANS teria extrapolado a sua competência regulatória.

O segundo requisito levado à apreciação pelo Poder Judiciário se refere ao conceito de "contribuição" do empregado para o plano de saúde. Discute-se, especificamente, se o empregado deveria contribuir para o custeio do plano mediante o desconto mensal de um valor em seu holerite ou se bastaria a contribuição com sua força de trabalho, uma vez que o benefício do plano de saúde configuraria salário indireto (não obstante, como já demonstrado nesta dissertação, esta linha de raciocínio viole a CLT, na qual está disposto, expressamente, que a assistência médica não é salário).

O terceiro aspecto abordado pelas ações judiciais é a obrigação do ex-empregado de assumir o pagamento integral. Para tanto, primeiramente, o que se discute é o alcance da expressão "mesmas condições de cobertura assistencial", uma vez que os ex-empregados alegam que ela deveria ser interpretada não só como a mesma rede credenciada, padrão de acomodação, abrangência geográfica, segmentação do plano, mas também o preço. Em outras palavras, se o empregado optar por exercer o seu direito mediante o ajuizamento de ação 10 anos após o seu desligamento – nesse caso estamos nos baseando na corrente jurisprudencial que adota o prazo decenal como o prazo prescricional para essas ações de manutenção no plano de saúde –, o Judiciário deveria determinar que fosse aplicado ao ex-empregado o mesmo valor do plano de saúde vigente na época do seu contrato de trabalho, mesmo que a empresa já tenha, juntamente com a operadora de plano de saúde, alterado, por exemplo, a modalidade de custeio do plano.

Ainda em relação à questão do pagamento integral, o Judiciário passou a ter que analisar as diferentes modalidades de plano de saúde no tocante à formação de preço. Isso porque, se o seguro saúde do qual o empregado era beneficiário adotava a modalidade de pré-pagamento – ou seja, a operadora apurava o valor de prêmio correspondente a cada beneficiário com base em cálculo atuarial, o qual é pago pela empresa, independentemente da utilização dos serviços médicos –, era possível apurar a parcela da contribuição do empregado e a parcela subsidiada pela ex-empregadora, as quais compõem o "pagamento integral" a ser assumido pelo ex-empregado.

No entanto, quando a modalidade adotada para o plano de saúde é o pós-pagamento – ou seja, a empresa paga à operadora apenas uma taxa de administração e, paralelamente, o valor das despesas médico-hospitalares incorridas pelos seus empregados e dependentes com base na tabela de honorários médicos –, não é possível, a princípio, apurar o valor da parcela subsidiada pela empresa, pois o valor da mensalidade varia mensalmente conforme a utilização dos serviços médico-hospitalares pelos empregados e/ou seus dependentes.

Diante desse impasse quanto à apuração da parcela patronal nos planos de pós-pagamento para compor o pagamento integral a ser assumido pelo ex-empregado para o exercício do direito, foi possível identificar a significativa divergência jurisprudencial relativa à definição de critérios para a fixação do valor a ser arcado pelo beneficiário, o que gerou insegurança jurídica e tratamento diferenciado entre os próprios beneficiários, em razão da multiplicidade de soluções encontradas pelo Judiciário.

Nesse contexto, passamos a analisar, nesta dissertação, o papel do Poder Judiciário no preenchimento das lacunas legislativas e na interpretação do ordenamento jurídico aplicável ao direito de extensão do plano de saúde pós-emprego. Foi possível observar o impacto da interpretação realizada pelo Poder Judiciário consistente na flexibilização dos requisitos de elegibilidade do direito, como, por exemplo, a irrelevância da contribuição do empregado sob o argumento de que, a despeito do disposto na CLT, o benefício do plano de saúde configuraria salário indireto.

A questão mais sensível levada ao Judiciário se refere, no entanto, à apuração do pagamento integral a ser assumido pelo ex-empregado nas hipóteses em que o plano de saúde adota a modalidade de custeio pós-pagamento. E é evidente que o Poder Judiciário não pode negar a prestação jurisdicional quando provocado, de modo que é necessário que sejam identificadas formas de solução para esse conflito, a fim de garantir o direito do ex-empregado assegurado pela Lei de Planos de Saúde.

Por outro lado, esta dissertação se propõe a refletir sobre as decisões proferidas nas ações individuais, questionando, especificamente, se elas produzirão reflexo em toda a coletividade de beneficiários, bem como na viabilidade financeira do oferecimento do benefício pela empresa. Isso porque a fixação pelo Judiciário de valores de mensalidade, mediante a aplicação de critérios sem amparo técnico, impacta não apenas o indivíduo que busca a tutela jurisdicional, mas todo o grupo segurado, ante possibilidade de desequilíbrio econômico, uma vez que as mensalidades não representam o pagamento integral.

Os referidos precedentes jurisprudenciais suscitam, ainda, a aplicação de princípios de direito, como, por exemplo, a função social, a boa-fé, o mutualismo e a cooperação, a fim de justificar a fixação de valores de mensalidade inferiores ao pagamento integral, à medida que o ex-empregado não possui condições financeiras de arcar com o valor do plano de saúde privado no qual tem direito de permanecer após o seu desligamento da empresa.

Nesse contexto, a presente dissertação ponderou a relevância da conciliação das normas aplicáveis com os princípios de direito, no intuito de buscar o equilíbrio da relação contratual. Entendemos que o provimento jurisdicional protetivo ao extremo inviabilizará o oferecimento do plano de saúde coletivo empresarial, uma vez que os custos com o plano de saúde passam a impactar diretamente as despesas assumidas pela empresa, bem como a sua atividade econômica principal e a competição com empresas que, eventualmente, não ofereçam o benefício ou cuja população segurada tenha uma sinistralidade reduzida ou um desequilíbrio econômico em menor extensão.

É inegável que o juiz é criador do direito e, para tanto, deve desenvolver meios próprios e adequados para interpretar a norma. O poder de criação é, em suma, inerente a essa atividade. Todavia, é fundamental que a discricionariedade do magistrado esteja pautada em limites objetivos, como, por exemplo, o ordenamento jurídico existente, de acordo com a hierarquia das normas, bem como em limites subjetivos, como, por exemplo, os princípios de direito e valores, dentre os quais também é definida uma hierarquia própria.

Embora não seja possível estabelecer um modelo assistencial de plano de saúde perfeito para a viabilização do direito de extensão do plano de saúde pós-emprego nas hipóteses em que a ex-empregadora adotava o modelo de custeio pós-pagamento, é necessário que tanto o Judiciário quanto a ANS estejam abertos a discutir possíveis soluções encontradas pelas empresas e operadoras para fixar a contraprestação com a qual arcará o ex-empregado, com critérios técnicos e fundamentados, a fim de garantir a razoabilidade e coibir abusividades nas práticas comerciais.

Do mesmo modo, também é necessário que o beneficiário compreenda que a saúde privada não compartilha dos mesmos princípios da saúde pública, como, por exemplo, a universalidade e gratuidade. Logo, não é razoável que o Judiciário estabeleça que a contraprestação dos planos privados de saúde seja, por exemplo, pautada no valor pago pela seguridade social aos indivíduos ou, ainda, que seja fixada de acordo com os recursos financeiros de cada beneficiário. Pela essência do contrato de seguro, prevalece o princípio do mutualismo, mantendo a solidariedade entre o grupo seguro. Ademais, diante das disposições do Estatuto do Idoso e das regras da ANS e CDC, é vedada a seleção de risco e/ou a cobrança diferenciada entre os beneficiários em razão de suas condições particulares.

Portanto, nota-se que a judicialização do direito de manutenção no plano de saúde gera consequências do ponto de vista econômico, social, político e cultural. Além disso, como foi mencionado nesta dissertação, os questionamentos suscitados em torno desse direito estão pautados em bases sólidas, seja por parte do beneficiário, da empresa, da operadora, da ANS ou do Judiciário. Para solucioná-lo, é de suma importância que todos os agentes desse setor estejam alinhados na busca de um objetivo comum.

A redução dos custos na saúde é essencial para a sustentabilidade do setor. Assim, cada um tem o seu papel na viabilidade desse direito. A mudança cultural quanto à conscientização da necessidade de medidas preventivas de saúde, a incorporação de hábitos mais saudáveis, o incentivo à prestação de um serviço de saúde de alta qualidade, a busca pelo cuidado com a saúde coletiva e individual, são todas medidas necessárias e cumulativas para reduzir os custos da saúde. Essa mudança refletirá, por consequência, na sinistralidade do grupo segurado, no controle de custos de manutenção desse benefício, seja pela ex-empregadora, seja pelo beneficiário, agora na qualidade de ex-empregado, que passa a ter relação direta com a operadora, exceto pelo fato de que permanecerá atrelado ao plano de saúde contratado e negociado pela sua ex-empregadora.

Diante disso, conforme recentemente apreciado pelo Superior Tribunal de Justiça, a melhor interpretação atribuída ao direito previsto nos artigos 30 e 31 da Lei nº 9.656/98 é a de que devem ser asseguradas ao ex-empregado as mesmas condições de cobertura assistencial, entendido o termo "mesmas condições de cobertura assistencial" apenas como rede assistencial, padrão de acomodação, abrangência geográfica, não incluindo o preço, o qual poderá variar de acordo com o plano de saúde paradigma, ou seja, aquele oferecido pela empresa aos seus empregados, mantendo o tratamento equiparado para ativos e inativos.

Essas reflexões nos permitem concluir que estamos diante de um contrato cativo de longa duração, também chamado de contrato relacional, o qual gera a expectativa pelo contratante de que o vínculo se estenderá por um longo período, sendo essencial que o comportamento das partes seja baseado na boa-fé, confiança e cooperação. Dessa forma, diante da natureza dos contratos de plano de saúde, mostra-se importante a flexibilização pelo Judiciário do rigor empregado na interpretação do direito e dos contratos, bem como na aplicação dos princípios contratuais a fim de evitar a ruína e o colapso do sistema de saúde, que prejudicariam não só o beneficiário, mas também as empresas. Essa conciliação e o equilíbrio entre os interesses das partes é o exercício prático dos deveres de solidariedade, cooperação e lealdade entre as partes contratantes.

REFERÊNCIAS

ALVIM, Pedro. *O contrato de seguro*. 3ª ed. Rio de Janeiro: Forense, 1999.

ARAÚJO JUNIOR, José Tavares. Poder de mercado no setor de saúde suplementar. In: FARINA, Laércio; GUIMARÃES, Denis Alves (Orgs.). *Concorrência e regulação no setor de saúde suplementar*. São Paulo: Singular, 2010.

BALSEMÃO, Adalgiza. Competências e rotinas de funcionamento dos conselhos de saúde no sistema único de saúde no Brasil. In: *Direito sanitário e saúde pública* – Coletânea de Textos. Volume 1. Brasília: Ministério da Saúde, 2003.

BANDEIRA, Paula Greco. *Contratos aleatórios no direito brasileiro*. Rio de Janeiro: Renovar, 2010.

BARBUGIANI, Luiz Henrique Sormani. *Planos de saúde*: Doutrina, jurisprudência e legislação. São Paulo: Saraiva, 2015.

BOBBIO, Norberto. *Teoria do ordenamento jurídico*. 2ª ed. Trad. Ari Marcelo Solon. São Paulo: EDIPRO, 2014.

–. *O positivismo jurídico*. Lições de filosofia do direito. São Paulo: Ícone, 1995.

BOTTESINI, Maury Ângelo. Contratos de planos e seguros privados de assistência à saúde – princípios básicos da atividade – suporte jurídico-legal e constitucional. In: CARNEIRO, Luiz Augusto Ferreira (Org.). *Planos de saúde*. Aspectos jurídicos e econômicos. Rio de Janeiro: Forense, 2012.

BOTTESINI, Maury Ângelo; MACHADO, Mauro Conti. *Lei dos Planos e Seguros de Saúde*. Comentada artigo por artigo. 3ª ed. Forense: Rio de Janeiro, 2015.

BRASIL. Ministério da Saúde. Organização Pan-Americana da Saúde. Financiamento Público de Saúde. Série ECOS. Economia da Saúde para a Gestão do SUS. Eixo 1. Volume 1. Brasília, 2013.

BOQUINHAS, José Miguel. *Políticas e sistemas de saúde*. Coimbra: Almedina, 2012.

CAPPELLETTI, Mauro. *Juízes legisladores?* Trad. Carlos Alberto Álvaro de Oliveira. Porto Alegre: Sérgio Antonio Fabris Editor, 1999.

CARLINI, Angélica Lúcia. Judicialização da saúde pública no Brasil.

In: CARNEIRO, Luiz Augusto Ferreira (Org.). *Planos de saúde*. Aspectos jurídicos e econômicos. Rio de Janeiro: Forense, 2012.

CARNEIRO, Luiz Augusto Ferreira. Princípios básicos de seguros e planos de saúde. *Planos de saúde*. Aspectos jurídicos e econômicos. Rio de Janeiro: Forense, 2012.

CECHIN, José. *A história e os desafios da saúde suplementar*: 10 anos de regulação. São Paulo: Saraiva, 2008.

CLARK, Robert; MORRILL, Melinda Sandler. *Retiree health plans in the public sector*: Is there a funding crisis? United States: Edward Elgar Pub, 2010.

CORDEIRO, António Menezes. *Direito dos seguros*. Coimbra. Almedina, 2013.

COSTA, Augusto Cesar de Farias. Direito, Saúde Mental e Reforma Psiquiátrica. In: *Direito sanitário e saúde pública* – Coletânea de Textos. Volume 1. Brasília: Ministério da Saúde, 2003.

DALLARI, Sueli Gandolfi. Direito Sanitário. In: *Direito sanitário e saúde pública* – Coletânea de Textos. Volume 1. Brasília: Ministério da Saúde, 2003.

DEODADO, Sérgio. *Direito da saúde*. Portugal: Almedina, 2012.

FEITOSA, Maria Luiza Pereira de Alencar Mayer. *Paradigmas inconclusos*: Os contratos entre a autonomia privada, a regulação estatal e a globalização dos mercados. Coimbra: Coimbra Editora, 2007.

FERRAZ JUNIOR, Tercio Sampaio. *Introdução ao estudo do direito*: Técnica, decisão, dominação. 8ª ed. São Paulo: ATLAS, 2015.

FIELD, Robert I. *Health care regulation in America*: Complexity, confrontation, and compromise. New York: Oxford, 2007.

FIGUEIREDO, Leonardo Vizeu. *Curso de direito de saúde suplementar*. Manual jurídico de planos e seguros de saúde. São Paulo: MP Editora, 2006.

FORGIONI, Paula A. *Teoria geral dos contratos empresariais*. 2ª ed. São Paulo: RT, 2010.

FRANÇA, R. Limongi. *Hermenêutica jurídica*. 8ª ed. São Paulo: RT, 2010.

FRIED, Charles. *Contract as promise*. A theory of contractual obligation. 2nd ed. New York: Oxford, 2015.

GODOY, Claudio Luiz Bueno de. *Função social do contrato*. São Paulo: Saraiva, 2004.

GOMES, Orlando. *Contratos*. 26ª ed. Rio de Janeiro: Forense, 2007.

GRAU, Eros Roberto. *O direito posto e o direito pressuposto*. 8ª ed. São Paulo: Malheiros, 2011.

GREGORI, Maria Stella. *Planos de saúde*: A ótica da proteção do consumidor. 3ª ed. São Paulo: RT, 2011.

GUIMARÃES, Ulysses. Discurso do Deputado Ulysses Guimarães, presidente da Assembléia Nacional Constituinte, em 5.10.1988: por ocasião da promulgação da Constituição Federal. v. 102, nº 938, p. 19 a 26, São Paulo: RT, dez/2013.

HAVIGHURST, Clark; BLUMSTEIN, James F.; BRENNAN, Troyen A. *Health care law and policy*. Reading, notes and questions. 2nd ed. United

States: University Casebook Series, 1998.

HENDERSON, James W. *Health economics and policy*. 5th ed. South-Western Cengage Learning, 2011.

JUSTEN FILHO, Marçal. *O direito das agências reguladoras independentes*. São Paulo: Dialética, 2002.

KAZMIER, Janice L. *Health care law*. 1st ed. United States: Cengage Learning, 2007.

KONGSTVEDT, Peter R. *Essentials of managed health care*. 6th ed. Burlington: Jones & Bartlett Learning, 2013.

KOZAK, Barry. *Employee benefit plans*. United States: Carolina Academic Press, 2010.

LANDO, Ole; BEALE, Hugh. *Principles of european contract law*. Parte I e II. The Comission on European Contract Law (Prepared by). United States: Kluwer Law International, 2000.

LOPES, Luiz Celso Dias. A garantia de manutenção em planos coletivos empresariais para demitidos e aposentados – artigos 30 e 31 da Lei 9.656/98. In: CARNEIRO, Luiz Augusto Ferreira (Org.). *Planos de saúde*. Aspectos jurídicos e econômicos. Rio de Janeiro: Forense, 2012.

LOPEZ, Teresa Ancona. *Princípio da precaução e evolução da responsabilidade civil*. São Paulo: Quartier Latin, 2010.

LORENZETTI, Ricardo Luis. *Teoria da decisão judicial*: Fundamentos de direito. 2ª ed. São Paulo: RT, 2010.

MACEDO JUNIOR, Ronaldo Porto. *Contratos relacionais e defesa do consumidor*. 2ª ed. São Paulo: RT, 2007.

MACNEIL, Ian R. *O novo contrato social*. Trad. Alvamar de Campos Andrade Lamparelli. Rio de Janeiro: Elsevier, 2009.

MARQUES, Claudia Lima. *Contratos no Código de Defesa do Consumidor*: O novo regime das relações contratuais. 6ª ed. São Paulo: RT, 2011.

–. *Diálogo das fontes*. Do conflito à coordenação de normas do direito brasileiro. São Paulo: RT, 2012.

MARTINS-COSTA, Judith. *A boa-fé no direito privado*: Critérios para a sua aplicação. São Paulo: Marcial Pons, 2015.

MATHIAS, Guilherme Valdetaro. O código civil e o código do consumidor na saúde suplementar. In: CARNEIRO, Luiz Augusto Ferreira (Org.). *Planos de saúde*. Aspectos jurídicos e econômicos. Rio de Janeiro: Forense, 2012.

MAXIMILIANO, Carlos. *Hermenêutica e aplicação do direito*. Rio de Janeiro: Forense, 1997.

MELLO, Marco Aurélio. Saúde suplementar, segurança jurídica e equilíbrio econômico-financeiro. In: CARNEIRO, Luiz Augusto Ferreira (Org.). *Planos de saúde*. Aspectos jurídicos e econômicos. Rio de Janeiro: Forense, 2012.

MELLO, Celso Antônio Bandeira de. *Curso de Direito Administrativo*. 23ª ed. São Paulo: Malheiros, 2007.

MEULEN, Ruud Ter et al. *Solidarity in Health and Social Care in Europe*. Philosophy and Medicine (Book

69). Netherlands: Kluwer Academic Publishers, 2001.

MIRAGEM, Bruno. *Eppur si muove*: Diálogo das fontes como método de interpretação sistemática no direito brasileiro. In: MARQUES, Cláudia Lima. *Diálogo das fontes*. Do conflito à coordenação de normas do direito brasileiro. São Paulo: RT, 2012.

MIRAGEM, Bruno; CARLINI, Angélica. *Direito dos seguros*. Fundamentos de Direito Civil, Direito Empresarial e Direito do Consumidor. São Paulo: RT, 2014.

MORRISEY, Michael A. *Health insurance*. 2nd ed. Chicago: HAP, 2014.

MOURAD, Nabil Ahmad et al. *IRFS*: Normas Internacionais de contabilidade para operadoras de saúde: Precificação, solvência e contabilização. São Paulo: ATLAS, 2010.

NEGREIROS, Teresa. *Teoria do contrato*: Novos paradigmas. 2ª ed. Rio de Janeiro: Renovar, 2002.

NORONHA, Fernando. *Direito das obrigações*. São Paulo: Saraiva, 2010.

NUNES, Luiz Antonio Rizzatto. *Comentários à lei de plano privado de assistência à saúde*. São Paulo: Saraiva, 2000.

PENTEADO, Luciano de Camargo. *Efeitos contratuais perante terceiros*. São Paulo: Quartier Latin, 2007.

PEREIRA, Caio Mário da Silva. *Instituições de Direito Civil*: Contratos. Volume III. 17ª ed. Rio de Janeiro: Forense, 2013.

PRATT, David A.; REECE, Sharon. *ERISA and employee benefit law*: The essentials. United States: American Bar Association, 2012.

PIETRO, Maria Sylvia Zanella Di. *Direito administrativo*. 20ª ed. São Paulo: ATLAS, 2007.

PORTER, Michael E.; TEISBERG, Elizabeth Olmsted. *Repensando a saúde*: estratégias para melhorar a qualidade e reduzir os custos. Porto Alegre: Bookman, 2007.

POSNER, Eric; SALAMA, Bruno Meyerhof (Org.) *Análise econômica do direito contratual*. Sucesso ou fracasso? São Paulo: Saraiva, 2010.

POSNER, Richard A. *How judges think*. London: Harvad University Press, 2010.

POZGAR, George D. *Legal aspects of health care administration*. 11st ed. United States: Jones & Bartlett Learning, 2012.

RIZZARDO, Arnaldo. *Contratos*. 13ª ed. Rio de Janeiro: Forense, 2013.

ROCHA, António Manuel da; CORDEIRO, Menezes. *Da boa-fé no direito civil*. Coimbra: Almedina, 1953.

ROPPO, Enzo. *O contrato*. Portugal: Almedina, 2009.

ROPPO, Vicenzo. *Il contrato*. Milano: Giuffrè, 2001.

ROSENVALD, Nelson. *Dignidade humana e boa-Fé no Código Civil*. São Paulo: Saraiva, 2005.

SANDEL, Michael. J. *Justiça*. O que é fazer a coisa certa. 13ª ed. Trad. Heloísa Matias e Maria Alice Máximo. Rio de Janeiro: Civilização Brasileira, 2014.

SANTOS, Ricardo Bechara dos. *Direito de seguro no novo Código Civil e legislação própria*. Rio de Janeiro: Forense, 2006.

SCAFF, Fernando Campos. *Direito à saúde no âmbito privado*: Contratos de adesão, planos de saúde e seguro-saúde. São Paulo: Saraiva, 2010.

SAMPAIO, Aurisvaldo. *Contratos de plano de saúde*. São Paulo: RT, 2010.

SILVA, Clóvis V. do Couto. *A obrigação como processo*. Rio de Janeiro: Editora FGV, 2006.

SILVA, José Afonso da. *Curso de Direito Constitucional Positivo*. 35ª ed. São Paulo: Malheiros, 2012.

SLOAN, Frank A.; HSIEH, Chee-Ruey. *Health economics*. United States: The MIT Press, 2012.

SULTZ, Harry A.; YOUNG, Kristina M. *Health care USA:* Understanding its organization and delivery. 8th ed. Burlington: Jones & Bartlett Learning, 2013.

TELLES, Inocêncio Galvão. *Direito das obrigações*. 7ª ed. Lisboa: Coimbra Editora, 2014.

–. *Manual dos contratos em geral*. 4ª ed. Lisboa: Coimbra Editora, 2010.

TIMM, Luciano Benetti. *Direito contratual brasileiro*. Críticas e alternativas ao solidarismo jurídico. 2ª ed. São Paulo: ATLAS, 2015.

TOJAL, Sebastião Botto de Barros. A constituição dirigente e o direito regulatório do estado social: O Direito Sanitário. In: *Direito sanitário e saúde pública* – Coletânea de Textos. Volume 1. Brasília: Ministério da Saúde, 2003.

TUCCI, José Rogério Cruz e. *Precedente judicial como fonte de direito*. São Paulo: RT, 2004

USTÁRROZ, Daniel. O solidarismo no direito contratual brasileiro. In: MARQUES, Cláudia Lima. *Diálogo das fontes*. Do conflito à coordenação de normas do direito brasileiro. São Paulo: RT, 2012.

VARELLA, Drauzio; CESCHIN, Mauricio. *A saúde dos planos de saúde*. Os desafios da assistência privada no Brasil. 1ª ed. São Paulo: Paralela, 2014.

VARELA, João de Matos Antunes. *Das obrigações em geral*. Volume 1. 10ª ed. Coimbra: Almedina, 2009.

VASCONCELOS, Pedro Pais de. *Contratos atípicos*. Dissertação de Doutoramento. 2ª ed. Lisboa: Almedina, 2009.

VENOSA, Sílvio de Salvo. *Direito civil*. Teoria geral das obrigações e teoria geral dos contratos. Volume 2. 6ª ed. São Paulo: ATLAS, 2006.

ZWEIFEL, Peter. *et al. Health economics*. 2nd ed. New York: Springer, 2009.

ÍNDICE

AGRADECIMENTOS 5
PREFÁCIO 7
SUMÁRIO 11

INTRODUÇÃO 13

1. "SEGURO SAÚDE" E "PLANO DE SAÚDE": TERMINOLOGIA 17

2. A NATUREZA JURÍDICA VARIÁVEL DO CONTRATO DE PLANO DE ASSISTÊNCIA À SAÚDE 21

3. A RELEVÂNCIA DO SETOR DE SAÚDE SUPLEMENTAR 53

4. O SURGIMENTO DO DIREITO DE MANUTENÇÃO NO PLANO DE SAÚDE PÓS-EMPREGO 97

5. OS PRINCÍPIOS CONTRATUAIS E A CRISE DA SAÚDE SUPLEMENTAR 145

6. AS NORMAS DO BENEFÍCIO PÓS-EMPREGO E SUA COMPREENSÃO 169

7. CONCLUSÃO 221

REFERÊNCIAS 229
ÍNDICE 235